编辑委员会

主　编：徐国华

常务副主编：刘文辉

编委会成员：黄振林　黄建荣　涂育珍

汤显祖研究集刊

徐国华 / 主编

黄天骥 题

（第三辑）

CHINA THEATRE PRESS
中国戏剧出版社

图书在版编目（CIP）数据

汤显祖研究集刊 / 徐国华主编． — 北京：中国戏剧出版社，2020.1
ISBN 978-7-104-04912-8

Ⅰ．①汤… Ⅱ．①徐… Ⅲ．①汤显祖（1550-1616）—人物研究—文集②汤显祖（1550-1616）—戏剧文学—文学研究—文集 Ⅳ．① K825.6-53 ② I207.37-53

中国版本图书馆 CIP 数据核字（2020）第 004951 号

汤显祖研究集刊

责任编辑：张　霞
责任印制：冯志强

出版发行：	中国戏剧出版社
出 版 人：	樊国宾
社　　址：	北京市西城区天宁寺前街 2 号国家音乐产业基地 L 座
邮　　编：	100055
网　　址：	www.theatrebook.cn
电　　话：	010-63385980（总编室）
传　　真：	010-63383910（发行部）

读者服务：010-63381560
邮购地址：北京市西城区天宁寺前街 2 号国家音乐产业基地 L 座

印　　刷：	北京长阳汇文印刷厂
开　　本：	787mm×1092mm　1/16
印　　张：	17.25
字　　数：	260 千字
版　　次：	2020 年 1 月　北京第 1 版第 1 次印刷
书　　号：	978-7-104-04912-8
定　　价：	82.00 元

版权专有，违者必究；如有质量问题，请与出版社联系调换。

目 录

第一篇 汤显祖的人生变奏与思想轨迹

汤显祖的人生实践与精神追求 / 许怀林 ··· 3
汤显祖的追梦人生 / 杨安邦 ··· 14
以"至情"匡扶"世情"
——试析汤显祖"至情"思想之哲学内蕴与晚明文化思潮的关系 / 汪若如 ··· 24
《牡丹亭》：汤显祖之梦的解析 / 施旭升　张　磊 ······································· 34
论汤显祖澳门之行的意义 / 李伟昉 ·· 46
怎一个"梦"字了得 / 李小兰 ·· 58

第二篇 "临川四梦"的文本传播与舞台实践

汤显祖的《牡丹亭》戏曲刊本插图的图像学研究 / 王春阳 ·························· 63
白先勇与《牡丹亭》/ 龚　刚 ·· 71
《邯郸记》在明清时期的演出传播 / 杨　桐　王省民 ································· 75

"还魂记型"戏曲考略 / 李连生 ·· 86
对"临川四梦"评点的传播学解读 / 王省民 ·································· 111
至情绝唱,梦圆乡音
——评2017年首届汤显祖国际戏剧节之音乐剧《汤显祖》/ 廖夏林　麻慧蓉 ··· 124
汤显祖文化的当代价值 / 徐永明　毋丹 ······································ 132

第三篇　"临川四梦"的文本美学与曲学观念

经典唱尽雅俗韵,玉茗千秋绝妙词 / 黄振林 ·································· 161
简论"临川四梦"的创作时空与作品属性 / 饶兴华 ························· 170
"一生儿爱好是天然"
——论杜丽娘的"死亡"与"重生"/ 徐晨 ································· 179
论汤显祖戏曲文体选择之后的诗学宗尚 / 袁茹 ······························ 189

第四篇　汤显祖佚文稽考与文献考辨

汤显祖"轻生"句的考辨 / 党红梅　邓汉 ···································· 205
汤显祖《广昌哭王守备庙》之谜
——汤翁与广昌之四 / 姚澄清 ·· 215
汤显祖《牡丹亭》用典考释 / 高琦 ·· 226
试论《牡丹亭》的逆向思维创作手法 / 赵勤 ································· 252
汤显祖与黎川 / 龚重谟 ··· 264

后记 ·· **269**

第一篇

汤显祖的人生变奏与思想轨迹

汤显祖的人生实践与精神追求

许怀林

摘 要 汤显祖生活在明朝中后期，科举仕途不畅，而志气不减。上奏弹劾权臣，切谏皇帝；在徐闻、遂昌两地兴利除弊，热心办学，受到绅民爱戴。他厌恶官场，辞官归家，安贫守道，创作《南柯记》《牡丹亭》等戏剧，写作《感宦籍赋》等诗文，针砭社会弊病，教化启迪世人。他是中国生存环境中成长起来的文化巨匠，应该抛弃"欧洲中心论"思想影响下加给他的帽子。

关键词 汤显祖；徐闻；遂昌；《南柯记》；欧洲中心论

汤显祖（1550—1616），字义仍，号若士，抚州府临川县人，我国明代晚期杰出的戏曲家、文学家，与徐光启（1562—1633）、宋应星（1587—1666）两位伟大的科学家相互辉映，在中国和世界文学史上有着重要的地位。汤显祖毕生意气慷慨，仕途多舛，但不因贬黜而气馁，不为官卑而偷生，不求升迁而苟且。退居乡里之后，更以全副精力，创作出戏曲精品，给中华文化宝库留下了丰厚的遗产。既以其人格魅力令民众怀念，亦以其文学成就为世人仰慕。

一、关注民瘼，兴利除弊

我们缅怀乡贤汤显祖，阅读其诗文，了解其仕履，首先感受到的是他纯粹的人品，刚正的人格。他出身于书香门第，从小受到良好的家庭熏陶。汤显祖家族以诗书传家,其高曾祖三代皆为儒士,藏书丰富,擅长诗文。其父汤尚贤是嘉靖年间的老庄学者,并开办"汤氏家塾",礼聘南城罗汝芳教授宗族子弟。伯父汤尚质酷爱戏曲,母亲也熟读诗书。正是悠久的家学文化传统,日常的耳濡目染,自然而然地养成了汤显祖对儒学与诗文的爱好。他进入社会以后,很幸运地"少小逢先觉,平生与德邻"(《负负吟》)。他在勤奋中崛起,于书无所不读,于诗文无所不精,五经、诸史、百家之外,通天文地理医药卜筮等书,在丰厚的儒家经典、诸史百家知识体系中,承继了"学以为己""修身""明德"的优良传统,养成了端正做人、公直处世的品格节操,遇事唯理是求,坚守道义,关注民瘼,不阿附权势。

汤显祖适应时代要求,走读书应举之路,然而科场一再受挫,却抵制权相张居正的利诱,不与其子交结:"吾不敢从处女子失身也。"① 万历十一年(1583)终于考中进士,不受辅臣申时行、张四维招致,出为南京太常寺博士,六年后迁任南京礼部祠祭司主事。这是个六品的闲散官,而他毫不懒散,关心时事,直言朝政。万历十九年(1591),神宗以星变责罚言官欺蔽,汤显祖奏上《论辅臣科臣疏》,弹劾首辅申时行与言官相互纠结,窃盗威柄、贪赃枉法,并切谏皇帝,指出"言官岂尽不肖,盖陛下威福之柄潜为辅臣所窃,故言官向背之情,亦为默移";朝政前十年坏于张居正,后十年坏于申时行。② 神宗看到汤的奏疏十分恼怒,说汤显祖"假借国事攻击元辅",将他罚降为徐闻县典史。

徐闻县,隶属广东省,位于雷州半岛南端的"瘴海"地区;典史,是知县的下属,掌管缉捕、稽查狱囚,是没有官品的胥吏。汤显祖承受着严酷处罚,不忧伤畏惧,不减生活勇气。见当地有好斗轻生之习,在知县熊敏协助下,创办"贵生书院",教导民众知书识礼,珍惜生命,宣传"天地之性人为贵","君

---

① 〔明〕邹迪光:《临川汤先生传》,徐朔方笺校《汤显祖全集附录·传》,北京古籍出版社1999年版,第2581页。
② 汤显祖著、徐朔方校:《汤显祖全集·诗文》卷四十三,北京古籍出版社1999年版,第1275—1279页。

子学道则爱人"，"天下之生皆当贵重"的人生信念。① 他在徐闻县耐心教诲诸生，也接近乡民，乃至贱民蛋户，诚恳交谈启迪，"无论与诸生相劝励，不敢虚其来，即朴莲编民，流离蛋户，有见，未尝不晌尉而提诱之。"② 蛋户，或疍民，还称蜑户，是分布在广东、福建沿海的水上居民，他们以船为家，捕鱼为业，受到封建统治者的歧视和迫害，不许陆居，不列户籍，贬抑为贱民。大概因政绩不俗，汤显祖一年后被量移内地，升任平昌（即遂昌）知县，临别时告诫徐闻诸生要振作精神："天地孰为贵，乾坤只此生；海波终日鼓，谁悉贵生情。"③ 离开以后还敦促徐闻县乡绅认真办好书院："闻贵生书院成，甚为贵地欣畅。然必有人焉，加意讲德弦歌鼓箧其中，乃不鞠为茂草耳。"④ 汤显祖在徐闻生活的时间不长，留在当地的影响很大，清代人反观往事，充分肯定他创建贵生书院开风气之先的意义："自明义仍先生来徐闻建书院，而徐益知向学，当时沐其教者，辍魏科登赋仕，后先辉映，文风称极。"（《五夫子宾兴条例芳名录》碑）

汤显祖在平昌（遂昌）主政五年，如古循吏。遂昌县虽然属于内地，然而是浙江省西南部的山区穷县，处于"万山溪壑中"，开发程度不高，田少山多，耕耘采伐劳务，"则旁郡之流佣（工）"，故此流亡人口聚集。社会上多盗贼，"长老子弟无赖者"与盗贼纠结牟利，"盗以故出没不可迹。"在山区，还有老虎进入民舍伤人。所谓"遂昌斗大县，赋寡民稀，故学舍、仓庾、城垣等作俱废"⑤。面对穷困紧迫的环境，汤显祖没有畏缩，而是积极应对，实施"仁政惠民"，获得民众拥戴。他告诉友人自己在遂昌"一以清静理之，去其害马者而

---

① 汤显祖著、徐朔方校：《汤显祖全集》，《贵生书院说》诗文卷三十七，北京古籍出版社1999年版，第1225页。熊敏，江西新昌（今宜丰县）人，万历十八年任徐闻县令。
② 汤显祖著、徐朔方校：《汤显祖全集》，《答徐闻乡绅》诗文卷四十四，北京古籍出版社1999年版，第1331页。
③ 汤显祖著、徐朔方校：《汤显祖全集》，《徐闻留别贵生书院》诗文卷十一，北京古籍出版社1999年版，第463页。
④ 汤显祖著、徐朔方校：《汤显祖全集》，《答徐闻乡绅》，北京古籍出版社1999年版，第1331页。
⑤ 汤显祖著、徐朔方校：《汤显祖全集》，《遂昌新作土城碑》诗文卷三十五，北京古籍出版社1999年版，第1201页；《答王伯皋》诗文卷四十五，第1355页。

已。士民惟恐弟一旦迁去，害马者又怪弟三年不迁。"①他在遂昌县悉心兴利除弊，惩治豪强，罢却酷刑，减省赋税，勒杀盗酋，灭虎除害。他为政廉洁，诚信待人，得到敦厚名医何晓的襄助，审理狱讼"或笞囚过当"，即授意何晓诊治，使其无恙；"民或斗殴相杀伤赴庭下"，他吩咐何晓仔细医治过后，才耐心听其诉讼。因此"五年中，县无斗伤、笞系而死者"。②

汤显祖在遂昌兴办"相圃书院"，影响至深。他上任之后，见县学讲堂鄙陋破败，无有藏书，也没有其他可以做讲堂之用的地方，于是用自己的俸银和讼案中罚得的木材，新建了学舍与射堂，合称"相圃书院"。有学舍30间，每间可容二人，"合之可坐生徒六十人"。之后又划拨粮田给书院，发布文告称：

> "本县重建射圃，两旁书舍共三十间，聚诸生有志者，日夜诵习。僻邑得之，号为盛事。但恐以后无人守视，容易圮坏，因查本县城隍庙仅庙祝一名，食田二百三十箩；寿光宫道士三名，食田至二百五十箩。夫费国租以养游食之人，不若移以养菜色之贫士。今于城隍庙庙祝粮内拨田八十五箩，递年遴择诸生主之，以岁请教官查视修理，稽核实数，年终开报，以免欺冒。又于寿光宫中拨田一十五箩，与住相圃人看守门墙。"浙江省提督学政批准了这个决定，于是"将申允文移并拨过土名田亩租额，逐一备细开列"，刻石立碑，以免年久"更易移换，冒费侵渔"。③

汤显祖"作兴学校"的这个决策，抑制神庙道宫，扶持儒学文教，没有增加官府开支，也未加重百姓负担，损有余，补不足，成效立现。相圃书院的屋

---

① 汤显祖著、徐朔方校：《汤显祖全集》，《答李舜若观察》诗文卷四十五，北京古籍出版社1999年版，第1344页。
② 汤显祖著、徐朔方校：《汤显祖全集》，《平昌送何东白归江山·序》诗文卷十二，北京古籍出版社1999年版，第511页。
③ 汤显祖著、徐朔方校：《汤显祖全集》，《给相圃租石移文》诗文卷五十一，北京古籍出版社1999年版，第1627页。遂昌民俗以4箩为1亩，每亩收租老秤60斤。

宇有钱维修,"诸生膏火"也得到资助,遂昌县的文教事业自然能够比较稳定地发展。他身为知县,既勤谨施政,又热心教学,以教授自况,和诸生"相师友而游至夜分",对诸生讲说《诗》《书》六艺之文,相互质疑问难,"手为批避其文,时时横经程义,陈说古者",激励诸生上进,"礼乐在平昌,诸生立射堂。山形君子似,地脉圣人傍……有鹄求臣子,为侯应帝王。同科非尔力,得隽乃吾祥"。①

尤为难得的是,他在遂昌曾经"除夕遣囚""纵囚观灯",对犯罪者施以人道关怀。这明显是效法其师罗汝芳在宁国府的作为。罗汝芳(1515—1588),南城人,是泰州学派代表者,一生深入下层讲学,教化士民,以发人"良知"和济人急难闻名于世。曾任太湖知县、宁国知府,讲学时都让囚犯静坐听讲,还给狱犯发回家路费。汤显祖的做法,也是在行仁政,祈望启发其良心而改悔自新。

汤显祖关注民瘼的诸多善政,不免触犯豪强权贵而遭非议。他不逢迎上司,不会看长官颜色行事,尤其是对矿监害民进行抨击。万历二十五年(1597),朝廷派遣太监到两浙开矿,纵横骚扰,遂昌县有矿,正遭其害。汤显祖给友人信中写道:"搜山使者如何,地无一以宁,将恐裂(原注:时有矿使至)"对此他很愤恨:"中涓凿空山河尽,圣主求金日夜劳。赖是年来稀骏骨,黄金应与筑台高。"② 太监(中涓)敢于在地方横行,凭借的是朝廷权威;搜刮民脂民膏,皆因帝王填不满的贪欲。他讥弹皇帝无所畏惧,却无力抗阻朝命,赶不走矿监;又不堪小人攻击,遂主动辞官,再三拒绝出仕,回归故里。

汤显祖在遂昌主政,取得兴教、劝农、安民之效,受到百姓爱戴,有"一时醇吏声为两浙冠"的声誉,得到民众爱戴。遂昌人得知他辞官回乡,赶到扬

---

① 汤显祖著、徐朔方校:《汤显祖全集》,《相圃新成十韵示诸生》诗文卷十二,北京古籍出版社1999年版,第478页。
② 汤显祖著、徐朔方校:《汤显祖全集》,《寄吴汝则郡丞》诗文卷四十五,北京古籍出版社1999年版,第1363页;《感事》诗文卷十二,北京古籍出版社1999年版,第510页。

州钞关码头,涕泣相留。万历三十六年(1608),他60大寿前夕,遂昌画师徐侣云专程到临川为他画像,带回供在相圃书院。处州知府郑辂思写《相圃生祠画像记》,称赞汤显祖"行可质天地鬼神,文能安民人社稷"。万历四十四年(1616),汤显祖病逝,消息传至徐闻,徐闻县兴建"汤公祠",以此表达对他的崇敬和怀念。县官何其多,但能如此博得民众心悦诚服、历久怀念者能有几人?

二、感悟人生,追求梦想

汤显祖家居二十年,淡泊安贫,摆脱了官场羁绊,全身心从事文学创作,追求正义梦想,把自己对人生的感悟写成剧本"四梦"。《紫钗记》《牡丹亭》表达了挣脱封建牢笼,追求个性解放的愿望,对理学、礼教进行了批判;《南柯记》《邯郸记》借梦中之景,备述人间险诈之情,抨击社会病态怪象,对明朝统治进行影射和辛辣讽刺。

他平日居家处事,与乡邻平和交往,不入官府,而"急人之难甚于己。人有困斗,昏夜叩门户而请。即有弗逮,必劳宛助之,不以贫无力解"。乡邻有困难或争斗,深夜都会来求助于他。即便是满足不了需求,他也耐心相助,不借口贫穷而推诿。在家中极尽孝道,对父母"柔气愉色",顺着他们的好恶而"先意为之";与五个兄弟解衣分餐,"以一人而兼兄弟五人以事其亲"。邹迪光评议汤显祖:"为邑吏有声,志操完洁,洗涤束缚,有用与行矣,公盖其全哉。"不是舆论批评的那种无学、无才、"无用亦无行"的文人。[①]

汤显祖创作戏剧"四梦",是在表达对社会现实的见解,一如写《论辅臣科臣疏》,旨在鞭挞人间丑恶,教化世人,具有普遍性认识价值。友人对他说:"君有如此才,何不讲学?"汤曰:"此正吾讲学。公所讲是性,吾所讲是

---

① 邹迪光:《临川汤先生传》,附录·传,北京古籍出版社1999年版,第2581—2584页。

情。"① 理学家宣讲人性，是在抽象层面说事，汤显祖以传奇故事发议论，则是寓理于情，更能打动人心。他在人物的悲欢离合故事之中，"往往托时事以刺贵要"。丘兆麟《汤若士绝句序》有云：先生才既殊绝，而意复清虚，"以其静心闲阅世人之闹，以其痴情冥砭世人之黠"。冷眼看世界，于轻言细语中针砭腐臭邪恶。明白此中奥妙，方能看懂"临川四梦"。试以《南柯记》为例：

该剧本写成于"万历庚子夏至"，即万历二十八年（1600）汤显祖家居的时候，当年51岁。故事梗概：淳于棼做梦二十年，成了驸马，官至南柯郡太守，最后醒来，一切皆空。从入梦到醒悟，过程曲折离奇，全景展示现实中的生活场景，上起朝廷皇帝，下至农商小民，傍及历史典故，释教观音如来，统统包含在画面中，都是评点、讥刺、批判的对象。全本44出（齣），每出皆隐含"冥砭"。

第七出《偶见》，说扬州禅智寺契玄禅师讲经，把佛教的戒律挖苦了一番。开幕一个僧人唱"普贤歌"："终朝顶礼拜如来，人肉样的莲花业作台。一家儿酒和色，三分气命财，领着个铁围山难布摆。"道白又说"五戒五戒，好生尴尬"。僧侣们信守戒律，实在是不得已而为之，他们是自然人，难免会有世俗民众的"酒、色、财、气"需求，正所谓"因缘和合，虫蚁一般心"。汤氏说情，是在人的生物本性上说的。

第二十一出《录摄》，借南柯郡幕僚、胥吏的口，陈述官场吏治腐败状。幕僚录事官唱道："为官只是赌身强，板障。文书批点不成行，混账。权官掌印坐黄堂，望相。勾他纸赎与钱粮，一抢。"官员赌身材，希求有门板一样的外形，实际能力则很差，"文书批点不成行，混账"。缺了正职，以下属暂代，即是"权官"，办事只管打抢一样的罚款，要钱粮。衙门懒散，"日高三丈，还不见六房站班"。一个"下乡油得嘴光光"的胥吏上场，"出堂忒迟，因此告状的候久都散了"。胥吏说"我从来衙里，没有本《大明律》。"断案定罪要不要遵照这法律文书，录事官答"可有，可无。"审理诉讼"要银子不要？""可有，可

---

① 冯梦龙：《古今谭概》，评论，北京古籍出版社1999年版，第2595页。

无。""不要银子,做官么?"……

第二十四出《风谣》,编写一段使者到南柯郡巡视,说是淳于棼治理南柯郡二十年,事事循良,民安国泰,听到百姓的议论,父老们说:"征徭薄,米谷多。"秀才说:"行乡约,制雅歌。"妇女说:"多风化,无暴苛。"商人说:"平税课,不起科,商人离家来安乐窝,关津任你过。"……与前一出比较,前者是贪腐败坏,后者是施行德政,从正反两方面表达下层民众对朝政的诉求。

老百姓的期望未能如愿,淳于棼的循良却招来厄运,惨遭国王剥夺了一切。第四十出《疑惧》,写淳于棼素服愁容上场,旁白:"太行之路能摧车,若比君心是坦途;黄河之水能覆舟,若比君心是安流。"淳于棼大叹:"天哦!淳于棼有何罪过也?"把批判的锋芒直指君王。社会罪恶的总根在专制集权体制,帝王是罪魁祸首,比崎岖山路更险恶,比汹涌浪涛更可怕。欲加之罪,何患无辞!呼天喊冤又有何用。同时代的黄宗羲(1610—1695)对君王的专题批判写道:"凡天下之无地而得安宁者,为君也。是以其未得之也,荼毒天下之肝脑,离散天下之子女,以博我一人之产业,曾不惨然!曰'我固为子孙创业也'。其既得之也,敲剥天下之骨髓,离散天下之子女,以奉我一人之淫乐,视为当然,曰'此我产业之花息也'。然则为天下之大害者,君而已矣。"汤显祖说的则是就淳于棼个人的遭遇而发。

最后,第四十四出《情尽》,淳于棼从梦境中清醒过来,恍然大悟,原来婚姻、富贵、生天,一切皆空了:"我淳于棼这才是醒了。人间君臣眷属,蝼蚁何殊?一切苦乐兴衰,南柯无二。等为梦境,何处生天?小生一向痴迷也。"淳于棼表示决心:"从今把梦蝴蝶掐了羽翅","呀,要你众生们看见了普世间因缘如是。"

剧终一首《清江引》写道:"笑空花眼角无根系,梦境将人殢。长梦不多时,短梦无碑记,普天下梦南柯人似蚁。"殢,音替,又读昵,意为困扰、纠缠、滞留。人们希求美好的生活前景,谚谓"梦寐以求",所以"梦境将人殢"是社会常情。

梦,终归是虚幻;可是又能责备哪个不该追求美好生活?在芸芸众生皆穷苦的时代，作者感慨"普天下梦南柯人似蚁！"像蚂蚁一样数不胜数的人在做南柯梦，梦想当官发财，梦想美满婚姻，梦想民富国安。可是结果呢？梦醒之后，冷酷的现实使梦中之花消失殆尽，诸色皆空。

汤显祖以他如椽之笔，借淳于棼梦幻二十年的故事，将宏观世界的社会浓缩在一人的微观世界之中，将其人的荣辱悲欢典型化；戏演到最后，再从微观的典型之中升华出来，使个性具有普遍性，赋予它教化世人的宏观价值，而这正是汤显祖创作的宗旨所在。

三、中国化的巨匠，别具传世文化价值

汤显祖在科考路上屡次受挫，出仕不久又遭扼制，遂辞官家居二十年，安贫乐道，回味人生，记心得于笔端，作"四梦"以传情。万历五年至七年间（1577—1579）写《紫箫记》，万历二十六年（1598）离遂昌知县任归故里写《牡丹亭》，二十八年（1600）写《南柯记》，二十九年（1601）写《邯郸记》。第一部作品《紫箫记》，是他在考试一再不第的打击中完成的。后续的三部作品，都是辞官以后所写。汤显祖从自己的亲身经历中感悟人生滋味，提炼为戏曲，把道义寄寓于说唱抒情之中，不是一本正经的讲学说教。友人帅惟审看到《紫箫记》，说"此案头之书，非台上之曲"，该是看重其警示价值。汤显祖敬重其师罗汝芳，承继其"先觉觉天下"思想，尽己所能，走着一条与"江右王门"学者不同的觉人之路，终于成就了在中国文坛上的光辉业绩。

汤显祖写"四梦"，是以入梦的形式，得一片广阔天地，任思想自由驰骋，描绘现实世界，铺陈人间悲欢离合，尽情针砭卑污丑恶。人生如梦，人生就是一场戏。观众在欣赏梦戏之时，进入角色，一同欢笑一同哭泣，洗涤心灵，受到真切的教化和启迪。与此同时，他也写了大量不是梦境的诗文，比如在29岁左右写出《郡贤赞》，颂扬抚州府境内的志士仁人，像南宋初年崇仁县欧阳澈，力主抗金，反对投降，为忠义而被杀；宋末元初在家乡抵抗元兵的忠义百姓李

天勇等人。万历二十五年（1597）在遂昌知县任上，阅读《宦林全籍》之后，写出长篇《感宦籍赋》，极尽其描摹之才，撮述官场百态，仕宦境遇，各种钻营之术，抒发忿恨之情。他写道：幸者乃为公侯之子，卿相之孙；次则纳赀而为郎；又其甚者，作奸犯科；买功爵于攫金之后，乞告身于枕袖之时；"有凤凰之官，则必有蚁虱之使；有金玉之英，则必有粪土之士。"天无二日，人有十等，同朝为官，境遇不平，"有十年而不调，有一月而累加"，"有受万金而无讥，有拾片羽而为瑕"，"得时者随俯仰而皆妙，失志者任语嘿以无佳"，等等，他一连列出12种截然相反的境况。非常明显，把这些直面社会世态的诗文和"四梦"相参并观，正可加深对作家心声的品读。

我们温习先辈的人生经历，深刻感受到他们"文节俱高"的强势魅力。先贤们文章学术造诣高深，品德节操纯良刚正，永远是教化后人的宝贵精神财富。

汤显祖生活在乡邦故土之上，交游于泰州学派群体之中，是我国传统文化园地里成长起来的大树。汤显祖与同时代的科学家徐光启（1562—1633）、宋应星（1587—约1666），思想家罗汝芳（1515—1588）、李贽（1527—1602）等先后辉映，作出了超越前人的贡献，在中华文化丰碑上留下了深深的印记。

20世纪以来，学界解读汤显祖的戏曲作品，往往把他称作"东方的莎士比亚"，意在推尊其地位，其实是矮化了他。中国的戏剧家、文学家汤显祖，无须以英国的莎士比亚做标杆。他们两人尽管年龄相近，但所处的生活环境两样，文化背景、思想观念、风俗习惯全都不同，相互间不存在任何联系，是各走各的路，创作出适合自己同胞口味的佳作。两人各有个性，东西方各有价值取向。没必要把汤显祖比作"东方的莎士比亚"，也不能说莎士比亚是西方的汤显祖。用莎士比亚测量汤显祖，是以西方社会样式考虑世界的"欧洲中心论"观念的体现，实质上是西方殖民主义思想的反映。

发生于18世纪的英国工业革命是催生"欧洲中心论"的温床。工业革命揭开了欧洲资本化道路的序幕。随着新兴资本主义国家经济与科技进步，出现大规模的海外侵略殖民扩张，奠定了欧洲的霸权地位。将世界踩在脚下的现实，形成以欧洲为中心的历史观。这种史观认为任何民族国家必然顺着欧洲的模式走，都要以欧洲为界标。这种观念因殖民者的脚印扩散，浸入东方人的脑海，于是有了"东方的威尼斯""东方的巴黎"等名号……在这股思潮冲击下，"汤是东方的莎"就流出来了。无可否认，"欧洲中心论"历史观在社会、经济、文化、政治等各个思想领域，造成了深远的影响。

"欧洲中心论"历史观和狭隘的种族优越论当然是经不住实践的考验。尤其是"二战"后民族解放运动高涨，殖民地纷纷独立，社会发展的多样性、世界文明的多元性日益成为共识，以欧洲为准、以西方为尊的观念逐渐退出了市场。今天我们温习古代先哲的文学成就，发扬"文节俱高"优良传统，坚持文化自信，必然要抛弃加在他头上的帽子，还他一个真切的面容。

汤显祖是临川的杰出才子，是中国明代的文化明星。在16世纪人类文明大舞台上，东西方的两位文学巨匠同时登场，汤显祖以《牡丹亭》《还魂记》等"四梦"，莎士比亚以《哈姆雷特》等剧，同期献演，各因其宜，自有特长。他们各自评点生活中的社会现实，启迪世人。他们的智慧才华硕果，是世界人民共享的精神遗产，必将与世长存，盛演不衰。

汤显祖的追梦人生

杨安邦

临川才子多仕儒,唯有汤显祖以情长。生活在一个以耕读传家、以科举出仕土壤的汤显祖,曾经是远近闻名的八股文高手,但在人生的道路上,最终却走出了一条截然相反的道路。他创作了"临川四梦",为我国戏曲史、文化史写下了光辉灿烂的一页,也因此成为我国乃至世界上的一位文化名人。他生于临川,长于临川,最后又终老于临川,临川和汤显祖的名字连在一起。他是家乡临川人民的骄傲,是一位令中华民族骄傲而值得我们纪念的文化名人。

一、启蒙教育埋下伏笔

汤显祖出生在临川(今江西抚州市)城东文昌里一个书香之家,祖上四代都有文名,家藏经书四万余卷。在文昌里汤显祖的祖居大门上有一副对联,上书:"北垣回武曲,东井映文昌"。①"武曲""文昌",表明了家族对子孙的殷切期望。这从汤显祖的取名上也可看出一丝端倪——荣宗耀祖。

汤显祖受家庭熏陶,又熟读经书,诸史百家之外,"通天官、地理、医药、

---

① 汤显祖著、徐朔方校:《雷阳初归,别乐少南文学。文学故从其大人之燕,归青云读书,谈予所居北垣回武曲、东井映文昌为胜,漫云》,《汤显祖全集》(一),北京古籍出版社1999年版,第477页。

卜筮、河籍、墨、兵、神经、怪牒诸书"①，不仅广泛涉猎"非圣"之书，更广交"义气"之士。汤显祖天资聪颖，从小就显示了聪明才华。他5岁学会对对子，12岁就会写诗，13岁学古文词，14岁中了秀才，21岁以全省第8名中举，26岁时，就有第一部诗文集《红泉逸草》刊行于世，汤显祖的科举功名之路，似乎近在咫尺。

少年时期的汤显祖有两位先生：邻县东乡人徐良傅和南城人罗汝芳。徐良傅是嘉靖十七年（1538）进士，曾任吏科给事中，后因得罪首相夏言被革职为民，回乡做了教师。汤显祖与徐先生很相投，从徐师研习《左传》《史记》《文选》及唐宋八大家，这些与科举八股文背道而驰的古文，影响了汤显祖对科举考试的热度。从后来他的一些怀念徐良傅的诗文中，还可看出徐先生的精神品格也对他产生影响。

罗汝芳是明代中后期著名教育家和文学家，也是泰州学派的代表人物，今人尊为明末清初启蒙思想家之先驱。罗汝芳任刑部郎中时曾告假回籍省亲，其时，应汤家之请在家塾为子弟讲课。后来罗汝芳又回到家乡南城讲学，在从姑山设前峰书屋，汤显祖又跟随左右受学。同时受学的还有来自宣城的沈懋学。

罗汝芳的老师颜钧，颇不平常，有侠者古风，颜钧的老师徐越任云南布政使时被害，他不辞艰辛远赴边地，求得老师的骸骨。这种侠气仗义之风本可称羡，然而却为朝廷所不容，将他下狱。罗汝芳见此变卖田产，力救老师出狱。先生的这一壮举，给19岁的汤显祖留下深刻的印象，以致影响他后来的科举之路。

从后来汤显祖科考所为和《牡丹亭》《南柯记》等剧中有关兴办教育、推行乡约的描写以及风调雨顺、民安国泰的"理想国"的描写，看得出幼时受恩师徐良傅特别是罗汝芳两人的言传身教，他们对汤显祖的文学思想和人格品节均产生重要影响。

---

① 邹迪光：《汤义仍先生传》，毛效同编《汤显祖研究资料汇编》（上），上海古籍出版社1986年版，第81页。

二、拒绝附势科考受阻

汤显祖22岁和25岁，两次春试不第；28岁和31岁时，在全国性的科考中一再落榜。究其原因，前两次缘于考官的偏好，后两次则与汤显祖的个人情感和处事原则相关。

汤显祖28岁时，第三次赴京春试。那时当朝首辅张居正想让自己的儿子在进士考试中名列前茅，他看中了临川才子汤显祖及好友沈懋学，安排堂弟张居直前往游说，希望俩才子与首辅之子张嗣修交友，并同场考试，以衬张嗣修的"才学"。应当说，这是一条做官的捷径，但汤显祖委婉地谢绝了。在汤显祖看来，这种安排显然令人不齿；再说，他的老师罗汝芳因被张居正弹劾而下野，为了师生情，他也不会附势张居正。后果是汤显祖落第，沈懋学高中状元，张居正公子张嗣修名列第二。这段故事，时代相近的两种著作，钱谦益的《列朝诗集小传》和谈迁的《枣林杂俎》，都有记载。①

汤显祖落第后没有被击倒，仍旧饮酒作诗。前来探望他的人，竟然比探望新科状元沈懋学的还要多。汤显祖家乡临川文风典重，不仅诸多江西同乡欢送他离京返乡，而且当船至县城码头时，抚州知府古之贤率众亲自到码头迎接，知府拉着汤显祖的手说："虽然你这次没有考中，但是我觉得比考中头名状元更光彩、更荣耀。"②

汤显祖31岁时，第四次赴京春试。这次张居正欲让长子张敬修和三子张懋修推上龙虎榜，于是又派人来游说，仍然希望汤显祖与首辅之子交友并同场考试，以彰显"才学"。汤显祖再次拒绝了张居正"结纳"的美意，并对来人说："吾不敢从处女子失身也。"③结果这次科考，张之三子张懋修高中状元，长子张

---

① 徐朔方：《汤显祖年谱》，上海古籍出版社1980年版，第32页。
② 罗传奇、张世俊主编：《临川文化史》，广东高等教育出版社1993年版，第203页。
③ 邹迪光：《汤义仍先生传》，毛效同编《汤显祖研究资料汇编》（上），上海古籍出版社1986年版，第81页。

敬修以二甲第 13 名赐进士出身，而汤显祖再次名落孙山。

汤显祖虽然科场一再受挫，但是名誉鹊起，海内之人士都以能见到汤显祖一面为荣幸。后来，汤显祖曾说道："某少有伉壮不阿之气，为秀才业所消，复为屡上春宫所消，然终不能消此真气。"① 其正直刚强、不肯趋炎附势的品格可见一斑。

三、性情中人官场受挫

万历十一年（1583）汤显祖 34 岁时，第五次上京春试。恰逢张居正病故，汤显祖终于得以跻身进士的行列。

中进士后，朝廷张四维和申时行两位新内阁又想拉这位临川才子做门生，派儿子前来拉拢，汤显祖想到徐、罗两位恩师，再度婉拒。他说："余方木强，故无柔曼之骨。"② 汤显祖一副硬铮铮的骨头。虽然他中进士，但也无法官居要津。其时友人曾荐举他到时人所认为的美缺北京吏部供职，他也谢绝。一年后，汤显祖自请到南京，做了掌管礼乐祭祀的太常寺博士。那时南京为留都，官署只是安置闲散或受冷遇排挤官员的地方，汤显祖在南京六年，发奋读书，研究戏曲，广泛交游，关心时政。

在汤显祖《酬心赋序》里，记录的一件事对我们认识汤显祖颇有帮助。有次翰林编修冯梦祯曾对汤显祖的考官沈自邠说："你的门生不会有人超过汤生吧。"沈自邠点点头，然后冯梦祯说，可惜此人"骨相凉薄"。③ 在一次宴席上，沈自邠当面对汤显祖说：以你这样的高才为何直到现在才考取进士，很值得想

---

① 汤显祖著、徐朔方校：《答余中宇先生》，《汤显祖全集》（二），北京古籍出版社1999年版，第 1320 页。

② 汤显祖著、徐朔方校：《酬心赋序》，《汤显祖全集》（二），北京古籍出版社1999年版，第 1320 页。

③ 同上。

一想。一个人不要上进，就当引退。看你样子若进若退，究竟想要怎样？① 若进若退，正是汤显祖在以科举取士的社会里，对自己人生取向的迟疑。

在留都南京的日子里，汤显祖进一步修改《紫箫记》，完成了《紫钗记》的创作。虽然设在留都南京的官署，多为闲职，但对汤显祖来说，留都的平静生活也未能持续太久。万历十九年（1591）闰三月，天空出现彗星，这在古代中国被视为"不祥之兆"，皇帝借此责备言官不力，汤显祖挺身而出，撰写了《论辅臣科臣疏》，这篇锋芒犀利的奏文，列举了辅臣申时行、科臣杨文举的种种劣迹，结尾甚至指斥昏庸的朝政，奏文如一响春雷振聋发聩，然而却触怒了皇帝，汤显祖被贬到偏远的岭南，到广东徐闻县做了一名小小的典史。汤显祖这位刚直的性情中人官场受挫。

四、离乡南渡起念牡丹

汤显祖临行前在家乡临川暂住，由于天气酷热，到家生病，又患疟疾，病愈后已抵近徐闻报到的日期，他收拾行囊，踏上了南行之路。

汤显祖的行船从南城经南丰到广昌靠岸，然后转陆路至宁都。在宁都再次乘船，经于都、赣州、南康，到达章水的源头——大庾。大庾以庾岭得名，地处赣粤边陲，是连通中原与岭南的要冲。自唐代张九龄主持庾岭凿山开道后，这里便成为中原通往南方的管道，很多名人贤士贬谪岭南，都行经大庾岭。明代时设有南安府。

大庾，地处江西南端，它的特别之处在于，早在南宋年间就流传着官宦小姐鬼魂与人间青年男子相爱交欢的故事，南宋大学者洪迈《夷坚志》一书记录

---

① 汤显祖著、徐朔方校：《酬心赋序》，《汤显祖全集》（二），北京古籍出版社1999年版，第1320页。

了有关故事,这个故事后来被人们扩展为话本《杜丽娘慕色还魂记》。①

据说汤显祖南渡时,在大庾驿站小住期间,曾向驿站官员打听附近景致,也曾前往府衙后花园探幽寻胜。南安府的林园,有牡丹亭、梅花观,小桥流水,亭阁栏杆,好不精致。正流连忘返间,只见墙角一棵梅树在"叮叮当当"的砍伐声中轰然倒下。汤显祖好不纳闷:这么好的梅树,为何要砍?询问之后,听得一段离奇的故事:

原来,这里的前任杜太守有个如花似玉的女儿,长到情窦初开的年龄,遇见了一位多情的公子。两人在花园私会,遭到父亲怒责,被迫拆散,后忧郁成疾,不幸而亡。她生前将自己的美貌描画下来,藏在紫檀匣里,埋在梅树下。后来杜太守将自己的爱女葬在这棵树下。从此,每当月黑风高之时,这梅树便会发出"还我魂来!还我魂来!"的呼唤。现任太守不堪梦魇之苦,不得已只好雇人砍树。

汤显祖听了这个故事,深感离奇,陷入深深的思考。他后来以此为题材创作《牡丹亭》传奇,或许从这时起,就在构想。而汤显祖这部《牡丹亭》传奇,后来竟成为与王实甫《西厢记》相媲美的古典戏曲瑰宝。

五、弃官归隐追梦寻情

汤显祖贬谪广东徐闻,虽为逐臣,且时间仅半年,但他仍有政绩可载。半年后,调任浙江遂昌知县。遂昌是个山区县,他借鉴友人赵邦清的经验,施行仁政,为当地百姓做了许多好事,政绩可圈可点。遂昌治政的同时,也使他对当朝吏治的腐败体察更深,他最终下决心弃官归隐。

万历二十六年(1598)三月,汤显祖赴京述职后,便向吏部辞职,随后他

---

① 〔宋〕洪迈:《夷坚志》甲志第十一卷《张太守女》,《续修四库全书》第1264册,影印民国十七年刘氏求恕斋刻求恕斋丛书本,上海古籍出版社2002年版,第718页。

离开遂昌，穿江过水，回到了家乡临川。归家后的当年七月，汤显祖从城东文昌里旧宅移居相隔两公里的城内沙井新居——玉茗堂，从此在玉茗堂从事他的诗文与戏剧创作。自此，汤显祖摆脱了祖辈对他科举出仕、博取功名的期望与压力，寻求情至梦回的心灵之路。

在玉茗堂，汤显祖完成了"临川四梦"，即《紫钗记》《牡丹亭》《南柯记》和《邯郸记》的创作。

《紫钗记》是他创作的第一部完整的传奇，严格地讲，其处女作是《紫箫记》。大约在其未仕之前（1577）与友人临川才子谢九紫、吴拾芝、曾粤祥和写于临川家中，只是《紫箫记》写到第34出就中断了，该剧在爱情描写、主题思想、剧情结构等方面尚存在缺陷，曲词也有过于追求骈俪的不足，但此次创作的经验与教训，为他后来《紫钗记》改写打下了基础。十年后，汤显祖在南京太常寺博士任上，将《紫箫记》删削润色，易名为《紫钗记》，万历十五年（1587）将全剧初稿写成。该剧以唐传奇《霍小玉传》为本事，创作中做了较大改动，剧情演述唐代诗人李益之事，增加了卢太尉这一人物，在对卢太尉专横跋扈的揭露中，也反映了汤显祖的个人经历。《紫钗记》中的男女主人公形象鲜明，光彩照人，它标志着汤显祖戏剧创作思想的飞跃和艺术上的成熟。

到汤显祖归家的当年秋天，他以当时的拟话本《杜丽娘慕色还魂记》为蓝本改编创作的戏曲《牡丹亭》就问世了。《牡丹亭》全剧55出，演述了宋代江西南安郡太守杜宝的女儿杜丽娘因爱而死，又因爱而生，起死回生的婚姻悲喜剧故事。这部歌颂婚恋自主、爱情至上的戏曲，围绕"梦"展开，剧中梦境与现实、生与死、离与合穿插演绎，唱词与曲调幽艳婉转，表演场景如梦如幻，为"情"唱了一首热烈的赞歌，它一经面世便震惊四座，获得迅速而广泛的流布，最终成为中国古代爱情戏中继《西厢记》之后影响最大、艺术成就最高的一部杰作。世人皆说：牡丹一出，西厢失色。

《牡丹亭》很快风行一时，其时省城南昌等地到处上演，汤显祖自己也观看《牡丹亭》的演出。据他的《滕王阁看王有信演牡丹亭二首》诗中记述，宜伶名角王有信在江南名楼滕王阁演唱,"韵若笙箫气若丝,牡丹魂梦去来时"①,盛况空前,观者如堵,深夜才渐次散去。同乡友人帅机的家里也请宜伶演唱《牡丹亭》,汤显祖有《帅从升兄弟园上作》组诗,描写了小宜伶们演唱《牡丹亭》中《惊梦》《寻梦》的场景,尤其是第三首"小园须着小宜伶,唱到玲珑入犯听。曲度尽传春梦景,不教人恨太惺惺",②生动逼真地表现出汤显祖教小宜伶演唱的情景。

汤显祖的居所玉茗堂,成为宜伶戏班活动舞台。他每每参与编演自己创作的戏,并手把手教宜伶演唱《牡丹亭》的故事。"玉茗堂开春翠屏,新词传唱《牡丹亭》,伤心拍遍无人会,自掐檀痕教小伶"。③汤显祖的《七夕醉答君东二首》,透露了他辅导小宜伶演唱《牡丹亭》时急切的心情。

汤显祖归家后,很少再外出,他以"茧翁"自号,到过的地方,以省城南昌为最远。或许他意识到,今生只剩下一件事必须去做,那就是戏曲创作。《牡丹亭》完成后,万历二十八年(1600)夏,即归家的第三年,汤显祖写出了《南柯记》(全称《南柯梦记》)。全剧44出,依据唐传奇《南柯太守传》,情节变动不多。剧情叙述唐代书生淳于棼政治生活成败的"美梦"与"恶梦",一方面通过淳于棼居官南柯治理得物阜民丰,寄托自己现实中不能实现的愿望;另一方面,通过淳于棼的宦海浮沉,揭露统治集团内部争权夺利的斗争,表现了作者对丑恶现实的鄙夷和憎恶。这部剧作,是汤显祖戏剧创作上的新发展、新飞跃。

万历二十九年(1601),即汤显祖归家后的第四年秋,他创作完成《邯郸记》,这是"临川四梦"中艺术成就仅次于《牡丹亭》的剧作,汤显祖同时并作

---

① 汤显祖著、徐朔方校:《滕王阁看王有信演牡丹亭二首》,《汤显祖全集》(二),北京古籍出版社1999年版,第838页。
② 汤显祖著、徐朔方校:《帅从升兄弟园上作》,《汤显祖全集》(二),北京古籍出版社1999年版,第786页。
③ 汤显祖著、徐朔方校:《七夕醉答君东二首》,《汤显祖全集》(二),北京古籍出版社1999年版,第791页。

题词。该剧取材于唐传奇《枕中记》，全剧30出，叙述唐代秀才卢生备尝富贵荣华与风波险阻的黄粱美梦，借用梦境，批判时政，表达了作者对官场的极端厌恶。剧作结构虽简单，但思想和艺术上均取得卓越的成就。至此"临川四梦"创作完结。

汤显祖有诗记述了演唱后二梦的情景，如《唱二梦》，叙写《南柯记》和《邯郸记》完稿后，先交给小宜伶学唱，"半学侬歌小梵天，宜伶相伴酒中禅。缠头不用通明锦，一夜红氍四百钱"。[①] 诗中，汤显祖一边饮酒，一边论禅，一边听戏，三者并用，统于一身。

万历三十四年（1606），距他离世尚有十年时，他的《玉茗堂文集》即在南京出版。汤显祖，他把一生所有的追念和缅怀，梦想和追寻，全部都寄寓在戏里。他所有的戏曲，故事的核心都是"情"，他把"情"演绎到极致，而这正是他自己生命个性的艺术写照。万历四十四年六月十六日，即公元1616年7月29日，汤显祖在临川玉茗堂逝世。而这一年，也是西方莎士比亚和塞万提斯两大艺术明星离世之年。

从《紫箫记》到《邯郸记》，汤显祖走过了二十多年的戏曲创作道路。他的光彩夺目的戏曲创作，起步于《紫箫记》。《紫钗记》剧作，比《紫箫记》前进了一步，差不多脱尽骈绮派的羁绊，特别是"至情"战胜强权的戏剧主题，光彩照人的人物形象，标志着汤显祖创作思想的飞跃和艺术上的成熟。到了《牡丹亭》就独树一格，显示出他的天才，焕发出民主思想的光辉，开拓了我国古典戏剧的表现领域，奠定了我国戏曲浪漫主义流派的基石，与《西厢记》一起成为镶嵌在我国戏剧史上两颗交相辉映的明珠。后二梦《南柯记》和《邯郸记》，是作者集大半生的阅历所成，作为寓言性的讽世剧，抨击了明代的黑暗政治。"临川四梦"是一个艺术整体，构成一幅明末社会的现实图景，也从各个侧面反映了汤显祖的时代和思想的发展过程。

[①] 汤显祖著、徐朔方校：《唱二梦》，《汤显祖全集》（二），北京古籍出版社1999年版，第822页。

正如汤显祖自己所说，他的戏曲创作都是"因情成梦，因梦成戏"。① "四梦"所系皆为情，它反映了汤显祖的时代，反映了他全部的爱和恨。可以说：一部《牡丹亭》，足以奠定汤显祖在中国乃至世界文坛中的地位，而"临川四梦"这个整体，则使得汤显祖更具伟大，成为我国乃至世界上的一位文化名人。

---

① 汤显祖著、徐朔方校：《复甘义麓》，《汤显祖全集》（二），北京古籍出版社1999年版，第1464页。

以"至情"匡扶"世情"[①]

——试析汤显祖"至情"思想之哲学内蕴与晚明文化思潮的关系

汪若如

摘　要　汤显祖身处极动荡、极混乱、极变革、极矛盾的晚明时期，其思想具有多元性、复杂性、批判性。他于道学上极用力，又浸淫佛老二氏之学颇深，并立足自己的哲学思想发展出一套以"情"为本体的文论观。本文试图从他的哲学思想、宗教意识和艺术理念入手，分析他的精神归属与思想变迁，辨析他的主要倾向与内在不可解的矛盾，据此讨论他"至情"思想中有关"生生之仁""赤子良心"的哲学内蕴，以及其戏剧创作中，试图以"至情"，反抗、匡扶晚明"世情"的内在逻辑与理想，并呈现出他一以贯之地对人世的炽热的深情关怀。

关键词　至情；世情；心学；生生之仁；赤子之心；罗汝芳；李贽；达观

一、陆离光怪，有明一代

从嘉靖末年开始，晚明成为中国近世历史一个光怪陆离的时期，其社会图

[①]　原载《"汤学聚珍"——2016年中国·抚州汤显祖剧作展演暨国际高峰学术论坛选文选集》上海古籍出版社2017年8月版。

景无论是政治经历还是文化思潮都充满着张力。阳明心学的崛起极大地冲击了明代士人对正统程朱理学的认同，而自王艮以来王门后学泰州学派以其热切地对世道民生的关怀及其对个体性原则的张扬，吸引了大批拥趸者。同时，"三教合一"作为唐宋以后中国思想的基本走向。至晚明时期，一方面，三家在义理上进一步融合会通，都以"性命之学"作为接引后学的便利津梁，"儒家之教，教人顺性命以还造化，其道公；禅宗之教，教人幻性命以超大觉，其义高；老氏之学，教人修性命而得长生，其旨切。教虽三分，其道一也"①，包括王学本身虽根本上与禅宗相区别，但两者之间的缠绕也颇明显；另一方面，在生活实践上，晚明士大夫阶层为政问学的同时，也迷恋于登坛说法、广结莲社或醮斋炼丹、求仙问药，几成群体性的社会习尚。游移于儒释之间，追究生命之义理，寻求精神之慰藉，是晚明士人普遍的精神状态。

《临川四梦》巨大的艺术成就与后世影响，使汤显祖作为一个戏剧创作大家的地位毋庸置疑。对他戏曲观的认识，一贯集中在"情"之一字，主情说、至情论、唯情论对汤显祖戏剧理念的认识不可谓不深且广，然而身处一个极动荡、极混乱、极变革、极矛盾的晚明时代的汤显祖，他的思想也是多元、丰富的，并与当时大多数明代士人一般，既有明显的倾向性，却也内蕴着不知何去何从的内在矛盾。作为一个复杂的、立体的晚明传统士人的汤显祖，远不止一个戏剧创作家所能概括，他于道学上极用力，又浸淫佛老二学颇深，并立足自己的哲学思想发展出一套以"情"为本体的艺术观。他晚年曾自言"学道无成，而学为文。学文无成，而学诗歌。学诗赋无成，而学小词。学小词无成，且转而学道。犹未能忘情所习也。"②可见他对"道""文""思""诗"同样的感情及其在"大道""文词"之间徘徊且终不能释怀的矛盾之处。

汤显祖思想中儒释道三家的根底，都来源于他的家庭。"家君恒督我以儒

---

① 程芸：《性命圭旨·大道说》，《汤显祖与晚明戏曲的嬗变》，中华书局2006年版，第56页。
② 汤显祖著、徐朔方校：《与陆景邺》，《汤显祖全集·诗文》卷四十七，北京古籍出版社1999年版，第1436页。

检，大父辄要我以仙游"①，汤显祖的父亲汤尚贤"家为严君，乡称畏友……为文高古，举止端方……"②，是位风骨崚嶒的儒者，其祖父汤懋昭则是一名"蚤综籍于精赜，晚言筌于道术。捐情末世，托契高云"③的高蹈之士，而他的祖母笃信佛教，诵读经文不倦。汤显祖虽在其父的督导下精读十三经，立修齐治平之志，走科举入仕之途，但也自幼结缘佛道，精神中交织着出世情怀。

在汤显祖的生平中，公认对他思想影响极大者有三，授业恩师罗汝芳，晚明四大高僧之一的达观，以及以"异端"自居的晚明士林焦点人物李贽。《答管东溟》中他自陈"得奉陵祠，多瑕豫。如明德先生者，时在吾心眼中矣。见以可上人之雄，听以李百泉之杰，寻其吐属，如获美剑"。④谈的是万历十二年至万历十九年（1584—1591）的南京为官时期，影响了自己之后一生的思想转折及其影响来源，明德先生即罗汝芳，可上人即达观，李百泉即李贽。

二、生生之仁，赤子心怀

罗汝芳字惟德，号近溪，从学于王艮高弟颜山农（钧），是泰州学派的重要思想家。汤显祖于遂昌任上曾作《秀才说》："嗟乎，吾生四十余矣。十三岁时从明德罗先生游。血气未定，读非圣之书。所游四方，辄交其气义之士，蹈厉靡衍，几失其性。中途复见明德先生，叹而问曰：'子与天下士日泮涣悲歌，意何为者，究竟于性命何如？何时可了？'夜思其言，不能安枕。久之有

---

① 汤显祖著、徐朔方校：《和大父游城西魏夫人坛故址·诗序》，《汤显祖诗文集》卷二，上海古籍出版社1982年版，第22页。
② 徐朔方：《文昌汤氏宗谱》，《汤显祖年谱》，中华书局1958年版，第4页。
③ 汤显祖著、徐朔方校：《和大父游城西魏夫人坛故址·诗序》，《汤显祖诗文集》卷二，上海古籍出版社1982年版，第22页。
④ 汤显祖著、徐朔方校：《答管东溟》，《汤显祖诗文集》卷四十四，上海古籍出版社1982年版，第1229页。

省……"①万历十四年（1586）夏，罗汝芳应邀至南京多次举会、讲学，彼时任南京太常寺博士的汤显祖与焦竑偕门人故旧至城西永庆禅寺与老师聚首，明德先生以"性命"相究问，给汤显祖以极大的震动，至此，他再未曾止歇过对生命之本质、依据、价值的思索，并以传统儒家哲学与罗汝芳的道学为主要依托。贬官徐闻其间，他所作的两篇道学文章《贵生书院说》《明复说》中都可见罗汝芳思想的影响与渗透。

罗汝芳思想的核心可归结为"生生之仁""赤子良心"。"仁为天地之性，其理本生化而难已；人为天地之心，其机尤感触而易亲"②，"孔门《学》《庸》，全从《周易》'生生一语'化得出来……故父母兄弟子孙，是替天命生生不已，显现个肤皮，天命生生不已，是替孝父母、弟兄长、慈子孙通透个骨髓"③。造化流行不息，天地间生气盈注，生生之仁是天地之性，是宇宙精神人世法则，人人代代无穷已，即是对"生生之仁"的负载，而践履此"生生之仁"，也就成了人的生命意义与价值所在。于是，自然生命的繁衍中，就被先验的注入了孝、悌、慈的道德律，且此孝、悌、慈非一人之孝悌慈，而是全天下之孝、悌、慈。而最能体现"生生之仁"的，是"赤子之心"的本然状态。"欲求希圣希天，不寻思自己有甚东西可与他打得对同，不差毫发，却如何希得他？天初生我，只是个赤子；赤子之心，浑然天理，细看其知不必虑，能不必学，果然与莫之为而为，莫之致而至的体段，浑然打得对同过"④，"天性之知，原不容昧，但能尽心求之，明觉通透，其机自显而无蔽矣。故圣贤之学，本之赤子之心以为根源，又征诸庶人之心，以为日用"⑤。浑然天成、无所不适的赤子的原生状态，即圣

---

① 汤显祖著，徐朔方校：《秀才说》，《汤显祖诗文集》卷三十七，上海古籍出版社1982年版，第1166页。（本文所引汤显祖著述除另有说明者，均以此本为据，以下不另注）
② 罗汝芳：《耿中丞杨太史批点近溪罗子全集》，《四库全书存目丛书集部》129册，第155页。
③ 黄宗羲：《明儒学案》卷34，沈芝盈校点，"泰州学案三"，中华书局1985年版，第783页。
④ 同③，第764页。
⑤ 同③，第771页。

贤境界，赤子所作所为未经思虑与学习，也没有一个孝悌慈的目的，却天然的符合了天道伦常，是以罗氏视"童子捧茶"为圣人之道。源于阳明心学的罗氏学说肯定了人为"天地之心"的地位，看重人的自然生命价值，又以道德人伦为旨归，充溢着热切的世俗关怀。

汤显祖《贵生书院说》，"天地之性人为贵……孟子恐人止以行色自视其身，乃言此形色即是天性，所宜宝而奉之。知此则思生生者谁。仁孝之人，事天如亲，事亲如天……大人之学，起于知生。知生则知自贵，又知天下之生皆当贵重……仁孝之心尽死，虽有其生，正与亡等。""贵生"思想发端于先秦，主要反映在杨朱一系的利己主义思想中，突出的是对个体自然生命的推重。汤显祖的"贵生"思想既张扬了人在天地万物中的主体地位，重视个体的自然生命（形色），更将"贵生"落实到人的社会存在，强调了人的生物性、社会性、精神性的统一。这正是心学传统尤其罗氏思想中"生生之仁"的承袭。《明复说》"天命之成为性，继之者善也……仁如果仁，显诸仁，所谓'复其见天地之心'，'生生之谓易也'……吾人集义勿害生，是率性而已。夫子循循然善诱人，引人知性……吾儒日用性中而不知者，何也？'自诚明谓之性'，赤子之知是也。'自明诚谓之教'，致曲是也。""明复"即推动普通人对"天命之性"的明觉与归复，"明复"的前提为"知性"，性乃是"天"之生生不已的仁德，孝慈等人伦禀受于天命，"赤子"状态是发自本心的在日用中对人伦的贯彻，赤子之心虽会被尘俗熏染，但可以通过教化、引导，可以去蔽。此处依旧是对罗氏思想的接受与坚持。

三、童子寸心，骷髅半百

李贽是否实际上曾与汤显祖会面，已不可考。万历十八年（1590），汤显祖在南京礼部祠祭司主事任上，李贽的《焚书》在湖北麻城出版，汤显祖于友人家中得见，其后特致书苏州知府石昆玉："有李百泉先生者，见其《焚书》，畸人也。肯为求其书驰荡否?"(《寄石楚阳苏州》)致仕闲居后,于《答岳石帆》中又云:"《狂狷辩》(李贽万历早期著作)极中当今假道学之病。"

畸人者,畸于人而侔于天。乖异人伦,不耦于俗。如庄子笔下的支离疏、佝偻丈人、滑介书等。汤显祖生性耿介,不流于俗,"宁为狂狷,毋为乡愿"(《合奇序》),且在《秀才说》中领悟到"豪杰之士是也,非迂视圣贤之豪"。"畸人"是道家之思想,"狂狷"为儒者所推重,其内在有相近之处。孔子曾言"狂者进取,狷者有所不为"(《论语·子路》),王阳明尤其推崇豪狂,"狂者志存古人,一切纷嚣俗染不足以累其心,真有凤凰于千仞之心。一克念,即圣人矣。"归其根底,畸人、狂狷之士都是超俗率真、希于天道,对浑然赤子的回归。畸人侔于天,与天、道比肩,更高于狂狷。

不耦于世、拒斥流俗、对假道学的批判、以及同属泰州学派内在学理的相近,都可以成为汤显祖倾慕李贽的前提,但李贽思想中极为重要的"童心说"却与汤显祖所认同的"赤子良心"有着根本的差异。"童心者,真心也。若以童心为不可,是以真心为不可也。夫真心者,绝假纯真,最初一念之本心也。若失却童心,便失却真心;失却真心,便失却真人。人而非真,全不复有初矣。"李贽受业于王艮之子王襞,又曾问学于罗汝芳,其"童心"是对王阳明的"良知"、王畿的"初心"、罗汝芳的"赤子良心"的承袭与推进,王阳明将正统理学那里的外在于人的"理",内化为人的主体意识,主张"心即理",开始了心学突显个体意识的传统,但"心即理"的前提也使得"良知"不能摆脱普遍理性规则的主导。王畿进一步因禅注儒,认为"良知"为无,实际上是对良知内蕴的天赋道德的否定。李贽继承了这一思路,既排斥由外而内的"多读书识义理",也反对一切内在的先验的道德观念的掺杂,将王艮以来泰州学派张扬个体自由意识的倾向推至一个新的高度。这与汤显祖坚持的罗氏内蕴天赋道德意识的"赤子良心"是不同的。

万历十八年(1590)十二月,南京,汤显祖初会达观于好友邹元标府上,二人一见如故,达观还在雨花台高座寺为他主持受记,赐其禅名"寸虚"。紫柏并非一般避居山林的出世僧徒,相反,他有着担荷天下的用世之心,这无疑与汤显祖声气相投。而身体的病痛、子女的早殇、对政局的失望……人生种种不得已的摧折，也令汤显祖倾向于释教中寻求精神的慰藉、心灵的安顿。然而，紫柏曾数度试图接引汤海若而不得，根源在于"情""佛"对立的矛盾。紫柏主张以理折情，灭情复性，将情、理视作两个对立的范畴，认为理的明复须以消除情为前提。《与汤义仍》的尺牍中，有云"真心本妙，情生则痴……理明则情消，情消则性复，性复则奇男子能事毕矣，虽死而何憾焉！"[①]但即使正统理学，也认为性、情二者互为条件，不可相无，更何况浸染于张扬个体情感意志的心学思潮，且一生尚情的汤显祖。他在《寄达观》中道："情有理必无，理有情必无，真是一刀两断语……迩来情事，达师应怜我。白太傅苏长公终是为情使耳。"表现出他对达观"情—理"相无的佛学理念的质疑。

由此可见，汤显祖的哲学思想主要来源于罗汝芳，他虽在精神上倾慕李贽，但他的理想还是修齐治平人伦敦化，他虽对佛道之学钻研之深，但主导他的还是对世道民生的热切关怀。

四、世总为情，至情永存

汤显祖关于生死根因、性命下落的总的思想旨要，势必影响着他艺术观念的思想价值取向。

对汤显祖文论观的考察，有三段文献至关重要。

> 世总为情，情生诗歌，而行于神。天下之声音笑貌大小生死，不出乎是。因以惨荡人意，欢乐舞蹈，悲壮哀感鬼神风雨鸟兽，动摇草木，洞裂金石。其诗之传者，神情合至，或一至焉；一无所至，而必曰传者，亦世所不许也。

---

① 达观：《紫柏老人集》卷二十三，转引自程芸：《汤显祖与晚明戏曲的嬗变》，中华书局2006年版，第49页。

以"至情"匡扶"世情"

《耳伯麻姑游诗序》

万物当气厚材猛之时,奇迫怪窘,不获急与时会,则必溃而有所出,遁而有所之。常务以快其情结。过当而后止,久而徐以平。其势然也。是故冲孔动楗而有厉风,破陻蹈决而有潼河。已而其音泠泠,其流纡纡。气往而旋,才距而安,亦人情之大致也。情致所极,可以事道,可以忘言,而终有所不可忘者,存乎诗歌、序记、词辩之间。固圣贤之所不能违,而英雄之所不能晦也。

《调象庵集序》

人生而有情。思欢怒愁,感于幽微,流乎啸歌,形诸动摇。或一往而尽,或积日而不能自休。盖自凤凰鸟兽,以至巴渝夷鬼,无不能舞能歌,以灵机自相转活,而况吾人。奇哉清源师,演古先神圣八能千唱之节,而为此道……使天下之人无故而喜,无故而悲……可以合君臣之节,可以浃父子之恩,可以增长幼之睦,可以动夫妇之欢。可以发宾友之仪,可以释怨毒之结,可以已愁愤之疾,可以浑庸鄙之好。然则斯道也,孝子以事其亲,敬长而娱死,仁人以此奉其尊,享帝而事鬼。老者以此终,少者以此长。外户可以不闭,嗜欲可以少营。人有此声,家有此道,疫疠不作,天下和平。岂非以人情之大窦,为名教之至乐也哉。

《宜黄县戏神清源师庙记》

在他的艺术观念中,汤显祖首先确定了"情"的本体地位。"人生而有情","世总关情,情生诗歌"是他的立论前提。

不同于传统缘情论关于情感生发环节的"感物"说,汤显祖立足于心学传统对"心—物"关系的辨析,认为美感根源于人心,情感的生发,是势不可当的气激荡天地万物,包括情。物之动与情之动在气的作用下是统一而不可分的,没有一个由物而心的先后、因果关系。

"思欢怒愁,感于幽微",情感的生发幽晦微妙,无从辨析不可言传,艺术既以情为根本，那么情感又如何获得审美价值？汤显祖认为，情感转换为具体可感的形式如歌舞，是灵机自相转活的过程，即行于神。艺术的高下，在于情神是否合至，即对情的表现是否神妙自然。

更重要的是，气会从"激荡"趋于"和缓"，于是"其音泠泠，其流纡纡"，万物呈现出一种宁静安和的状态，而人情也抵达了一种相似的状态，其极致便是"天机泠如"之境，即"赤子之心"的本然状态，这种状态寄寓于诗歌、序记、词辩等艺术形式，与道相通。

《庙记》一文旨在为戏曲正名，提高其艺术地位。而其路径最终还是归到了对儒家功利主义的乐教传统的继承。从孔子"兴观群怨"的艺术社会功能到荀子"（声乐）可以善民心，其感人深，其移风易俗易"的政教文艺观，汤显祖显然并不拒斥。这种一方面张扬个人情感生发的内在性、自为性，一方面指向纲常人伦的维护，在汤显祖的思想里，看似矛盾，其实大可深究。情，既是个体之情、自然爱欲，更是天地之情，即"生生之仁"，个体之情与天地之德在源初与归旨上是一致的，是"孝悌慈"等伦理情感。是以与其说汤显祖"以情反理"，不如说汤显祖的"至情"，所要抵抗的正是当时的"世情"。

也因此，《牡丹亭》中，杜丽娘作为至情的化身，她的天然之情被不合理的现实关系所压抑，无法在当时的环境中实现，于是便"因情成梦"，哪怕在梦里都要实现。至情既与道一体，自然便也有"生生不已"的特性，死者可以生，生者可以死，但梦醒还魂之后"人须实礼"，因为现实中顺应本心而为的道德纲常，也是情。而汤显祖"四梦"中最后一梦《邯郸记》，全剧30折，黄粱梦部分占25折，整个梦境依据晚明官场为原本，抨击的是一个至情无处容身的世界。私欲横流，世风沦丧，真情不存，人与人之间只有相互利用与倾轧的关系，作为人生命存在本质内涵与价值指向的真实、自由、自发的天性之情，又哪里得见。这般世情，非真是幻。然而，梦醒后的度脱，与其说是汤显祖宗教意识、超越情怀的体现，不如说是大梦觉后依旧无路可走的彷徨与悲哀，不得不寄望一个彼岸世界，这是他对茫茫世情的忧患，又何尝不是整个晚明士林普遍精神危机的缩影呢？

汤显祖依据自己的哲学跟脚，以"至情"反对"世情"，并将"至情"最终指向人的自然性与社会伦理性统一的存在，试图将"至情"的张扬作为匡扶"世情"的良方，而这也构成了"四梦"共同的哲学基础。汤显祖的思想固然有其局限性，然而，无论他的理想能否经世致用得以实现，这种对人、以及人所生存的世界的一以贯之的炽热关怀，不正是汤显祖最动人最深情之所在吗？他的思想与深情无疑具备超越时代的意义，令人感佩钦服，并化作巨大的艺术感染力，存于"四梦"当中，成为后世之无尽藏也。

《牡丹亭》：汤显祖之梦的解析

施旭升　张　磊[①]

摘　要　从"释梦"和原型批评的角度来解析汤显祖名剧《牡丹亭》，特别是其中所蕴含的"至情"的艺术理想，当不失为一种新的尝试。由此，本文就汤显祖创作中的梦与剧的辩证法以及《牡丹亭》原型意义和艺术表现进行了具体而深入的分析。

关键词　汤显祖；牡丹亭；梦的解析；原型批评

一、梦与剧的辩证法

显然，从"梦的解析"的角度来审视汤显祖及其《牡丹亭》的创作，我们不难从中解读出诸如男性/女性、梦境/现实、舞台/社会、性欲/政治等一系列二元对立统一的元素，它们构成了一种相互对立而又相互指涉的永恒的"符号指涉"的关系。在这一系列二元对立的元素的相互关联中间，不仅可以激发人们丰富绮丽的思考和感悟，而且本质上还可以把《牡丹亭》还原为这样一场"白日梦"：既是剧作者汤显祖的"惊梦"，也是主人公杜丽娘与柳梦梅的共同的"寻梦"。

我们知道，关于梦和释梦的论述，在弗洛伊德的精神分析中乃是与"无意

---

① 作者施旭升，中国传媒大学教授，博士生导师；张磊，博士，山西大学文学院教师。

识"学说、恋父（母）情结、超我/自我/本我的心理结构论等紧密关联。弗洛伊德认为，梦的意义正在于主体愿望（Wish）的实现（即所谓"欲望的升华"），梦所包含的基本内容就是身体刺激、白日残余和梦幻思维。其中，梦幻思维又进而变形为幻象或幻象序列，使得梦成为某种以心理意象的形式而显现的一种叙事。虽然经过梦的加工所完成的变形，构成梦幻思维的素材已经难以辨认出其原生状态及其发生机制；但是，梦的加工经过浓缩、转化以至具象化，形成某种视觉意象，再经过二次加工等过程却是可以得到确切的心理学的解释的。然而，用精神分析以及在其基础上生发出来的原型批评的方法能否使得汤显祖《牡丹亭》的创作及其中柳杜之梦艺术表现获得深入一步的解析，则还仅仅是一个尝试而已。

确实，《牡丹亭》全剧的独特之处不仅表现在杜丽娘与柳梦梅相识相爱于梦中，而且以"梦"来贯穿全剧更是汤显祖的艺术独创。元明以来的爱情戏中男女主人公或者先期在某一现实的场合一见倾心，或者是将现实中的有情人归结为前世姻缘，如莺莺与张生佛殿"惊艳"，王瑞兰与蒋世隆"踏伞"相爱，李千金于"墙头马上"相识裴可俊，霍小玉因紫钗而与李益结亲。唯独《牡丹亭》一剧中的杜丽娘、柳梦梅不仅生前从未谋面，甚至根本未知有对方的存在，全部剧情皆源于杜丽娘在"游园"之后的一场春梦。梦境中出现了幻想中的意中人，"将奴搂抱去牡丹亭畔，芍药阑边，共成云雨之欢"。[①]以至于梦醒之后，杜丽娘还以梦当真、以虚作实，寻找梦中人；甚至为此抑郁而死，而且又死而复生。

这种以性爱为核心的"惊梦"和柳杜的"梦中之爱"为主线来构造剧情的方法，一般论者多以一个似是而非的"情"字来解释，认为：汤显祖让杜丽娘只能在梦境中相识意中人"正说明封建礼教与封建家长是如何压抑与剥夺了一个少女爱的任何可能，而迫使她只能孤独地陶醉于幻梦之中。"并由此断定，

---

① 汤显祖：《牡丹亭》，徐朔方、杨笑梅校注，人民文学出版社1998年版，第56页。

"这正是杜丽娘的悲剧所在。"①

其实，这种关于"情"与"梦"的社会学的解释远没有达到心理学层次上的揭示。《牡丹亭》题词云：

"天下女子有情，宁有如杜丽娘者乎？梦其人即病，病即弥连，至手画形容，传于世而后死。死三年矣，复能溟漠中求得其所梦者生。……梦中之情，何必非真？天下岂少梦中之人耶？……人世之事，非人世所可尽。自非通人，恒以理相格耳。第云理之所必无，安知情之所必有邪？"②

显然，一般地只是在社会学的意义上来谈"情"说"梦"仍不免汤显祖所批评的"以理相格"之嫌。"情"与"梦"的深层的心理基础却就在于"欲"，也就是是一种本我的体现。这也说明，它为什么会油然而生，为什么又是那样深沉而执着。所以，毋宁说，《牡丹亭》不啻是一部直接表现人类之"欲"的杰作。梦，只是其表，一种根植于人之本能的"欲"才是其里。

梦与剧，其实有着一种天然的联系。唯其是在梦中，杜丽娘少女的心勃然绽放，她的青春的热情与人性的欲望才能没遮拦、无掩饰地自由奔泻。在梦中她摆脱了一切礼教的束缚与人为的拘束，她的心灵与肉身自由舒展、自如张开，是那样青春勃发、激情洋溢。她羞涩而欣然地接受了柳梦梅给她"如花美眷，似水流年，在幽闺自怜"的赞美与怜香惜玉之情，她惊喜而温柔地体味着"忍耐温存一晌眠"，与意中人儿"紧相偎，慢相连，恨不得肉儿般团成片"。试想若不是在自由的梦境中，杜丽娘如何得这"天留人便，草籍花眠"③，她如何能

---

① 朱栋霖：《牡丹亭的魅力——为青春版牡丹亭演出而作》，见 http://www.xiju.net/readnews.asp?newsid=1756.
② 《牡丹亭·题词》，汤显祖：《牡丹亭》，徐朔方、杨笑梅校注，人民文学出版社1998年版，第4页。
③ 汤显祖：《牡丹亭》，徐朔方、杨笑梅校注，人民文学出版社1998年版，第55—56页。

与他相识相爱，而且痛快地"幽会"——"做爱"，让"情"如此自由无拘束地热烈奔放一番，以至于使杜丽娘如此刻骨铭心呢！

汤显祖紧紧抓住杜丽娘一"梦"，发挥了一连串的奇思妙想。表现出一种人生如戏的世界观。一奇，让杜丽娘去"寻梦"。杜丽娘游园后，"竟夜无眠"，即去花园中寻寻觅觅，"只图旧梦重来"。梦，本是虚幻的，但是却要去"寻"，此又是一奇。奇中以见"情"之真与"情"之坚。二奇，寻梦不见，杜丽娘一病憔悴，她就自行描画，"写真"留春，这又见行为之奇。三奇，杜丽娘一病不起，在中秋之夜情殇，临终嘱将她葬在梅树下，将春容画卷藏在太湖石下。四奇，柳梦梅"拾画""叫画"，竟引来杜丽娘香魂翩然降临，与他夜夜幽媾。这是奇而又奇。五奇，柳梦梅掘坟竟使杜丽娘还魂复活，令人不胜惊奇。从惊梦、寻梦到写真、情殇、拾画、叫画、回生，都是由梦中之情生发出的一连串奇幻之行。汤显祖是写"梦"的圣手，"临川四梦"《紫钗记》《邯郸记》《南柯记》都以"梦"的构思深化戏剧创意，其中《牡丹亭》一"梦"最为奇幻新颖。汤显祖把杜丽娘一"梦"发挥得淋漓尽致。

在《牡丹亭》中，梦与剧是处于这样一种密切关联之中。正是梦境的自由流动、变幻潇洒为《牡丹亭》的艺术表现提供了，使梦境富有浪漫的诗意，烘托出梦中之情的浪漫浓烈。而其后生发的一连串行动也都是风雅别致之举，充满诗意。汤显祖让杜丽娘之情萌发于这一连串充满诗意的戏剧情境与意象中，奇幻的梦境、浪漫的风流行为与优雅的诗情意象，烘托出杜丽娘之情。这是《牡丹亭》的浪漫诗情构思，也是《牡丹亭》的艺术风格。它与昆曲的柔媚缠绵之美最为熨帖。从这一点看，在昆曲《牡丹亭》的舞台呈现中，就不妨在浪漫、诗情乃至方面下功夫。

现实中的不可能就转而在梦境中得以实现了。杜丽娘"惊梦"之爱，不是"惊鸿一瞥"，而是立即迅速燃烧至炽热点。《惊梦》写得很明白，这对初恋情人不仅一见倾心而且爱得很深，他们相爱而且幽会——做爱了，不仅只有心灵的互相吸引，而是更有肌肤相拥的热烈深切。《惊梦》如此热辣辣地表现杜丽娘的爱与欲，人们并不觉得其庸俗，相反却足以显出汤显祖对"情"的思考的深刻。

杜丽娘自述："可知我常一生儿爱好是天然。"①她对性、对爱、对美的追求，是天然而然形成，不需任何人为。所以汤显祖说："情不知所起，一往而生。"汤显祖以杜丽娘"惊梦"，显示这"情"乃是天然的，天然的欲望与情爱是任何力量也遏制不住的。他充分肯定了"情"，其中包括情欲与情感，乃至个性思想，也就是充分肯定"人欲"的天然合理性。其中"惊梦"一出，使潜藏于杜丽娘内心深处的"情"一下子全面觉醒了。与其说杜丽娘在梦中相识了一个"人"，不如说这个"人"让她感受到了情欲的热辣辣的魔力。梦醒之后，与其说她要寻找这个"人"，不如说杜丽娘要寻找那令她铭心刻骨的"情"与"欲"。这一思想显然受到作者所生活的那个时代的个性反叛思潮的影响。汤显祖曾受教于心学左派王艮的传人罗汝芳，他赞赏与接近左派王学的另一思想家李贽的叛逆思想，李贽猛烈抨击"存天理灭人欲"的宋明理学，而主张"吃饭穿衣就是人伦物理"，肯定"人欲"即解放人性，例如他热烈赞扬卓文君私奔是"善择佳偶"。汤显祖充分肯定"情"即"人欲"的思想，与李贽的叛逆思想相一致。

从而，在思想史的意义上，如果说明代的异端思想以王阳明的心学、李贽的《焚书》、汤显祖的"临川四梦"为标志，反抗代表主流意识形态的理学霸权，那么，很显然，杜丽娘就是一个在父权制理性逻辑宰制下冲破金丝笼的叛逆象征。"这般花花草草由人恋，生生死死随人愿。便酸酸楚楚无人怨。"②她的梦想并不只是"肉儿般团成片，日下胭脂雨上鲜"的性体验，而是人的主体精神的自由。然而，从"惊梦"以至"还魂"，杜丽娘仍被身为"西蜀名儒、南安太守"的乃父杜宝视之为"妖魂托名"，在皇帝亲自操控下，借助"定时台上的秦朝照胆镜"验明正身、厘清是人是鬼。

毋庸置疑，梦不仅是愿望的满足，而是启示，是对未来的预测或预示，故而人们重视梦的智慧。荣格认为，不是所有的梦都有同等的价值的，有些梦只

---

① 汤显祖：《牡丹亭》，徐朔方、杨笑梅校注，人民文学出版社1998年版，第53页。
② 同上书，第67页。

涉及琐事，不大重要，而另一些梦——原型介入了梦——则震撼人心，如此神秘的神圣，如此奇异陌生，不可思议，仿佛来自另一个世界，这些梦是更重要的。翻开汤显祖的作品集，可以发现包括诗、文、赋、书札、传奇在内的许多作品都有梦幻描写。他是梦思诗人，他的梦何其多哉！他新春做梦（"新春做梦江南好，故物怀悲川上盈"）①，他朝日梦寐（"闲情深洞壑，朝梦减觚棱"）②，他梦中看花（"不如剩取摘残锦，梦里同看五色花"）③，他梦入烟雨（"云林几宿恣奇游，梦入吴江烟雨秋"）④。其中传奇和诗写梦最为出色。他的诗记梦的篇什相当多，无论记美梦、好梦，还是记噩梦、怪异之梦，写来都那样真率自然，毫无雕饰，有的则表现得感情真挚，寓意遥深。传奇作品"玉茗堂四梦"的强大艺术魅力，更是与其出色而寓意深远的梦幻描写分不开的。他写梦的作品，尤其是"四梦"传奇所表现出来的情感欲望与道德意识，更是值得深入思索的。汤显祖善于在梦境中游弋、神思，让身心在自由状态中呈现灵异的光辉。他的整个生命在现实世界总是受到拘束和压抑，可他在梦与非梦之间游戏。将现实虚拟化，将梦境诗意化，创造出感受世界真谛的独特的想象空间与诗情领域。故而，正是出于对世事不平和自身遭遇的强烈感情，汤显祖进行了深刻的"梦思"。正如翠娱阁评汤显祖的《邯郸梦记题词》云："大梦非在困厄与畅快中不易醒。"⑤汤显祖的"梦"是生命情感的投影，是将现世晦暗心灵照亮的生命仪典。在他的梦中，世界有了新的意义，生命有了新的解释，那就是诗意，就是超越生死的生生不息的永恒至境。

---

① 汤显祖著、徐朔方校：《寄孙子京并怀王悦之二首》，《汤显祖全集》（二），北京古籍出版社1998年版，第772页。

② 汤显祖著、徐朔方校：《答戚茂观察东昌杜孝卿三十一韵》，《汤显祖全集》（二），北京古籍出版社1998年版，第778页。

③ 汤显祖著、徐朔方校：《代答》，《汤显祖全集》（二），北京古籍出版社1998年版，第798页。

④ 汤显祖著、徐朔方校：《送洪云林入都暂过毘陵四首》（二），《汤显祖全集》，北古籍出版社1998年版，第850页。

⑤ 汤显祖著、徐朔方校：《邯郸梦记·题词》，《汤显祖全集》（四），北京古籍出版社1998年版，第2438页。

汤显祖的《牡丹亭》，从万历六年（1578年，汤29岁）写作《紫箫记》前后，到万历二十五年（1597年，汤48岁），到遂昌任上写作《牡丹亭》，这就是他所说的"二十年来才一梦，牡丹相向后堂中。"①汤显祖自谓："雨花台下，一梦至今，临风怅伫。"②这雨花台下之梦表面似乎是官宦仕途之梦，但本质上它与《牡丹亭》的梦一样，都是在追思生命的终极意义：

"为人在世，怎生叫作吃饭？"③

"第概云如梦，则醒何复存。"④

"生者可以死，死可以生"，"人世之事，非人世所可尽"。⑤

这是诗之思、梦之思，是通过男女性爱的演述以表现出对生命终极意义的关怀，对生死无常的超越意识。毋庸置疑，不管从哪一个角度讲故事，不管怎样消解矛盾，解构人生，这都是一出生命自身的悲剧。人类社会的法律、礼教、习俗，使人们在和平秩序的保障之下过着一种平凡安逸的生活，使人们忘记了生命的本真状态，忘记了它的神秘与奇迹，心灵的诡异与矛盾。而悲剧艺术正是使我们从平凡安逸的生活常态重新体察到生活内部或生命本源处的深沉冲突，人生的真实内容是为了超越个人生命价值而挣扎。每个人都会面临内心的诘问：我是谁？从何而来，到哪里去？人生的意义何在？所谓"我者未生时，冥冥无所知。天公强生我，生我复何为？"每个人都在用自己的生命作答，人生就是一连串的诘问和选择。"江畔何人初见月，江月何年初照人""今人不见古时月，

---

① 汤显祖著、徐朔方校：《庚戌初夏梦侍漳浦朱澹翁尚书奉常》，《汤显祖全集》（一），北京古籍出版社1998年版，第695页。

② 汤显祖著、徐朔方校：《寄胶州赵玄冲》，《汤显祖全集》（二），北京古籍出版社1998年版，第1434页。

③ 汤显祖著、徐朔方、杨笑梅校：《牡丹亭·寻梦》，《牡丹亭》，人民文学出版社1998年版，第65页。

④ 汤显祖著、徐朔方校：《邯郸记》，《汤显祖全集》（四），北京古籍出版社1998年版，第2443页。

⑤ 汤显祖著、徐朔方、杨笑梅校：《牡丹亭记·题词》，《牡丹亭》，人民文学出版社1998年版，第4页。

今月曾经照古人"……，诗句里皎月横陈，引发的却是人世历历岁月悠悠，人生有限宇宙无穷的喟然长叹。脆弱的美，凋零的青春，《牡丹亭》挖掘出了这种人人感同身受而又无可名状的情感体验，编织了一个象征性的人生寓言，从而引导观众对人生的深沉思考。

　　《牡丹亭》全剧的主导意象是以梦中"牡丹亭"为主体，包括梦中之湖山石边，牡丹亭畔，芍药栏前，柳枝、梅树，以及杜丽娘的游园、写真，柳梦梅的拾画、玩真。"牡丹亭意象"是杜丽娘惊梦、柳梦梅幽会，激发爱情的环境。环境的姹紫嫣红、诗情画意烘托了两人的爱情，象征和赞美了杜丽娘的美艳与爱情的美丽丰盈，富有生命力。牡丹国色天香，雍容华贵；芍药娉婷娇娜，风姿绰约，自唐至明一直被誉为花中双绝，清香流溢，艳压群芳。亭名牡丹，栏为芍药，正是以其姹紫嫣红的风姿影响让人想象杜丽娘青春的美与丰盈。汤显祖以梦入戏，以梦游于道，正是抓住了"道"与"梦"恍兮惚兮相契合的特征。他游梦于道，正是以生命的至情，追思生命之大道，将"梦"作为体道的喻体，总试图逼近对生命终极意义的追问。虽然并不一定就得"道"、正"道"、悟"道"，但正因为有了这游梦于道的生命历程，就决不同于浑浑噩噩的生命过程；有了这游梦于道的艰辛历程，就是老子所说的"独异于人"之处。汤显祖以梦体验生命的意义，以至情之梦体验大道。在世间，杜丽娘被封建礼教残害、压抑，没有"生存"，她的生命异化了。可她一旦"因情成梦"，便进入了生命的永恒状态，开始有了表达的权利。于是，她的生命又有了意义。对杜丽娘来说，"梦即生存"。汤显祖用高超的手法，把一个青春少女的微妙心理、思想发展和姿仪风韵表现得细致、体贴。他写下了一个属于全人类的充满哲理意味的彻底的悲剧，把最有价值的事物，最美丽的女性以及她如何被命运摧毁，惊心动魄地写出来，给我们看，令我们惊悚，让我们感悟，让我们产生大悲悯。在祭奠了丽娘的香魂后，立下誓愿，要尊重生命的花朵，要让大地上出现更合理的生活，要努力让诗意融进每一个角落，每一个生命……因此无怪有那么多女子将她当作自己的闺中良友，或将她当作一面镜子，对映自己的处境和希望。被杜丽娘所打动的也不只是青年女子——丽娘为实现自己生命的价值，超越生死，紧紧追求，实际上也道出了在封建时代怀才不遇、有志难展的文士的心声。

　　汤显祖的见解是受了阳明心学重主观心性的影响，尤其是罗汝芳生生之仁的心学理论的影响，然后根据其所遇到的现实境遇深入思考后而提出的。从汤显祖的个体人格上讲，此情是指其对现实人生的执着以及现实政治的关注，同时也指他丰富的情感世界与充沛的生命活力。正如陈洪谧称赞他的："惟先生以性情为文，故往来千载，脱然畦封；以性情为治，故浮湛一官，俶然适志。其文弗可及，其人愈弗可及也。"①一个情字，成就了汤显祖杰出的人品与文品。汤显祖对梦之至情超越生死，"生者可以死，死可以生"的执着，确实产生了"压倒一切的敬畏情绪"。②"道无始终，物有生死"（《庄子·秋水》）。超越有限的生命，得到永恒无限的大道，以梦来体现宇宙精神，这正是汤显祖之至情道思超越古人、独绝明代剧坛的奥秘所在。梦之至情既是审美的，也是生命的。生命至情和审美至情是不可分离的。真正的审美至情境界也正是生命至情境界，汤显祖正是以强烈的情感投入营造着永恒的审美至情境界！

二、《牡丹亭》艺术表现的原型魅力

　　如前所述，《牡丹亭》演述的首先是一个爱情故事，它展示了生死爱恨的纠葛和厮守："生"对"死"的挽留，"死"与"生"的隔膜；无法摆脱的爱的温暖，不能释怀的恨的伤怀。这是一种对抗，也是一种对应；既是一种疏离，也是一种亲密。面对阻隔阴阳的生与死的深壑，不得不感叹一声：有些事已经发生，无法改变；有的路已然走过，无法回头。正是生死之间的这种对抗与对应、疏离与亲密的融合渗透，才是这出戏的全部伤感和迷人所在，许多人也正是被

---

　　① 陈洪谧：《玉茗堂选集题词》，《汤显祖诗文集》附录，上海古籍出版社1982年版，第1527页。

　　② 马斯洛：《谈谈高峰体验》，《人的潜能与价值》，华夏出版社1987年版，第366页。

这种生死不渝的至情所感染。

汤显祖曾在《宜黄县戏神清源师庙记》中对戏剧舞台所具有的强烈艺术感染力和巨大的感化作用做了极其生动的表述：

> 使天下之人无故而喜，无故而悲。或语或嘿，或鼓或疲，或端冕而听，或侧弁而咍，或窥视而笑，或市涌而排。乃至贵倨驰傲，贫啬争施。瞽者欲玩，聋者欲听，哑者欲叹，跛者欲起。无情者可使有情，无声者可使有声。寂者可喧，喧者可寂，饥可使饱，醉可使醒，行可以留，卧可以兴。鄙者欲艳，顽者欲灵。可以合君臣之节，可以浃父子之恩，可以增长幼之睦，可以动夫妇之欢，可以发宾友之仪，可以释怨毒之结，可以已愁愦之疾，可以浑庸鄙之好……外户可以不闭，嗜欲可以少管……①

儒家向来重视诗乐的教化作用，汤显祖认为戏剧能有上述这样巨大的感染力，是将儒家所说的诗、乐的教化作用扩展而至戏剧。他在极大地提高戏曲艺术的社会地位的同时，打出了他所特有的主张——"至情"的大旗。汤显祖的"至情"更多地充满了对个体自由生命的热爱。这其中虽也有由于个体意识的觉醒而对自身在社会和自然中存在的意义和价值所生发的思索，从而有一种孤寂、凄清、无常的人生感受，但并没有深陷在人生如梦的痛苦里。比如：

> 原来姹紫嫣红开遍，似这般都付与断井颓垣。良辰美景奈何天，赏心乐事谁家院！朝飞暮卷，云霞翠轩；雨丝风片，烟波画船，锦屏人忒看的这韶光贱！②

这里也有人生无常的感伤，但却是让人不要辜负了青春，不要把似水流年

---

① 汤显祖著、徐朔方校：《宜黄县戏神清源师庙记》，《汤显祖全集》（二），北京古籍出版社 1998 年版，第 1188 页。
② 汤显祖著、徐朔方、杨笑梅校：《牡丹亭》，人民文学出版社 1998 年版，第 53 页。

的美好时光都付诸等闲。这和王维《辛夷坞》("木末芙蓉花，山中发红萼。涧户寂无人，纷纷开且落")描绘的任凭芙蓉花自开自落的空无寂灭的景象相比，有很大的不同。杜丽娘说过："这般花花草草由人恋，生生死死随人愿，便酸酸楚楚无人怨。"如果要爱就爱，要生就生，愿死就死，人生还有什么可怨恨的呢？这是超越常理的生命之思，也是汤显祖之情超越常人之处。

　　从现代人接受主体出发，也可以将丽娘视为对个性解放的追求者。但从汤显祖的整体思想而言，绝不仅仅只限于爱情，更不只限于个性解放。汤显祖在该剧的题词中说："如丽娘者，乃可谓之有情人耳。情不知所起。一往而深，生者可以死，死可以生。生而不可与死，死而不可复生者，皆非情之至也。梦中之情，何必非真。天下岂少梦中人耶。必因荐枕席而成亲，待挂冠而为密者，皆形骸之论也。……嗟夫，人世之事，非人世所可尽。自非通人，恒以理相格耳。第云理之所必无，安知情之所必有也？"①汤显祖的目的显然是为了突出这种至情的作用与力量，但此情与一般的男女之情又不相同，他之所以要用一场梦来作为情的实现环境，便是将该剧与一般的爱情戏区别开来，正如他本人所强调的，如果"必因荐枕席而成亲"，亦即将肉体结合作为情的证明，那就是"形骸之论"了。这个"情"没有局限于男女爱情，以还魂的爱情故事为内容，却深刻地折射出当时整个社会在要求变易的时代心声。汤显祖所言之情，是一种宇宙的精神，它生生不息，鼓动万物，使人无端而悲，无端而喜。体现在人类身上，则是生生之仁；表现在具体的人性上，便是包括爱情在内的人之情感。它是一种自然的生机，你无法解释它何以会产生，也不能解释它何以会有如此巨大的力量，但它却能鼓荡人心，超越生死。伟大的心灵往往是十分孤独的，汤显祖也常常只是肤浅地被人理解着。他在《七夕醉答君东》一诗中充分表达了这种痛苦：

---

　　① 汤显祖著、徐朔方、杨笑梅校：《牡丹亭记·题词》，《牡丹亭》，人民文学出版社1998年版，第4页。

> 玉茗堂开春翠屏，新词传唱《牡丹亭》。
> 伤心拍遍无人会，自掐檀痕教小伶。①

确实，戏剧文化的原型意义就在于人性的丰富性和复杂性不断得以彰显和凸现，在于人的精神状态得到不断的改善和更新。在荣格眼中，原型并不是一些固定的形式，而更像一些潜藏在我们心灵最深处——荣格称之为"集体无意识"——的原始人的灵魂，这些原始人在梦中以种种不同的形象出现，当我们遇到难题时，它帮我们想主意，当我们面临危险时，它警示我们。由于它是千百年来的人们感性生活经验的积累，他的智慧和直觉远远超过我们个体的意识。这类深刻体现戏剧文化意义的作品，这类故事和情景深深地插入人类的记忆里，就像在我们的肌体里打下了印记；这类题材对我们是陌生的，然而一看到它们，内心就有一个声音喊出来，这是一种来自血缘的呼喊，它告诉我们：我们一直是认识它们的！在一切伟大的艺术中，仿佛格外有一种魅力，使这两种对立成分保持适当比例——表现丰富的原始感情同时又微妙细致地再现人生。在这类剧本中，我们无疑地看到了一种细致和灵活的性格塑造，一个丰富的和有匠心的故事，充分体现了诗人和剧作家的技术；我们可以透过表层故事，感受到一种隐藏其中的奇异的、未经分析的震撼力，一种冀望、恐惧和情绪的潜流；这种长期沉睡然而永远令人亲近的情绪，几千年来一直潜藏在人们内心的感情深处，织进人们最神奇的梦幻之境。这条溪流可溯源于过去的年代究竟有多远，我们甚至连推测都还不敢；不过看来，激动它，或随它而激动的那种魅力，才是艺术魅力的最终秘诀之一。

---

① 汤显祖著、徐朔方校：《七夕醉答君东》，《汤显祖全集》（二），北京古籍出版社1998年版，第791页。

论汤显祖澳门之行的意义 ①

李伟昉

摘 要 澳门之行是汤显祖生命史上一次十分难得的意外收获，不仅对他的思想与经典传奇《牡丹亭》的创作产生了重要影响，而且某种程度上说，是一件具有标志性意义的事情。澳门之行，让汤显祖有机会艺术地记录了四百年前封闭状态下一个中国文人眼中的外国人及其生活方式，折射出了汤显祖最初主动睁眼看世界的历史瞬间，也从一个侧面反映了明王朝后期封建统治阶级的穷奢极欲与昏庸贪婪，对西方世界既起的先进科学技术的迟钝麻木，及其与西方殖民者进行鸦片交易的事实，预示了山雨欲来风满楼的近代中国屈辱史的必然降临。汤显祖是我国最早有意识主动了解西方文化的古代文人，其相关作品也成为记载澳门中西交往情况最早的文学文献，具有重要的史料价值。

关键词 汤显祖；澳门之行；认知西方；比较意识；意义

1591年5月，晚明政治家和著名传奇剧作家汤显祖因上疏《论辅臣科臣疏》抨击朝政而激怒万历皇帝，被贬到广东雷州半岛最南端的徐闻县。由于身患疟疾，他在家里多待了四个来月，9月份才启程赶往徐闻。一路南下，他不仅饱览了南国沿途许多美丽的风景，写下了不少诗篇，而且在11月初，从广州乘船绕道抵达了香山澳，也就是今天的澳门。

---

① 原载《河南大学学报》（社会科学版）2017年第5期。

大约公元前 3 世纪，也就是秦始皇统一中国的时候，澳门被正式纳入中国版图。在古代，澳门称濠镜、濠镜澳、濠江、镜海、妈阁等，明朝时属香山县（今珠海市）管辖，所以又称香山澳，也可以写成"香山嶴"或"香嶴"。"澳"与"嶴""隩"字的共同意思，就是水边可以停船的港湾。从 1553 年开始，有葡萄牙人来到澳门居住。从 1557 年开始，也就是明朝嘉靖三十六年，葡萄牙人以晾晒货物为借口，以租赁的形式取得了在澳门的居住权，澳门从此成为中国最早和西方发生全面接触的地方。从 1557 年到 1591 年，三十四年过去了，澳门已经成为沟通东西方经济的重要口岸，是晚明对外贸易的主要通道。这是汤显祖澳门之行的大背景。

那么，汤显祖怎么想起来要绕道去澳门呢？主要有两个原因：第一，汤显祖受好奇心驱使，想去看看大明帝国唯一对外开放的窗口究竟是个什么样儿。当然一路走来，也是为了散心，排遣被贬的郁闷。第二，他患有疟疾，一直未能痊愈，到广东后还时有发作。他听说外国商人带进来的西药，治疗疟疾比传统中药见效，所以就想到澳门购买一些西药来治病。

其实，这些已经都不重要了，重要的是，四百年前的澳门之行对汤显祖的影响及其背后的意义。四百年后，特别是在我们隆重纪念世界文化名人汤显祖去世四百周年之际，再来全面、细致、理性地审视与梳理汤显祖的澳门之行，突然发现其意义是无论如何不能被遗忘的，它已经烙上了深深的历史印记。此次澳门之行，让汤显祖眼界大开，可以说是他生命史上一次十分难得的意外收获，不仅对他的思想与创作产生了重要影响，而且某种程度上说，是一件具有标志性意义的事情。

那么，汤显祖的澳门之行，究竟有着什么不同寻常的意义呢？

一、中西方生活方式有差异

汤显祖不愧是一个有心人。他来到澳门，所见所闻，观察细致，很快就对澳门的异域风情有了一些重要发现。他看到居住在这里的"番鬼"们("番鬼"是澳门当地人对外国人的称呼),他们的生活方式和我们内地自给自足的农耕生活不一样。这些葡萄牙商人,不住在田园,而是住在城内漂亮的洋房里,穿着华丽的民族服装,佩戴着珠光宝气,不务农田,不养蚕种桑,专门从事贸易活动。他们把在海外采购来的珍奇异宝,带进中国澳门交易发财。对专门从事买卖活动这种生活方式,汤显祖感到很是新奇,也很陌生,于是便主动记录着西方的这种生活方式,进而自觉对中西生活方式加以比较认识。他从中认识到,中国人固守一方,自给自足,看重稳定;而外国人则贸易为生,漂泊不定,四海为家。

《香岙逢贾胡》一诗就反映了这种认识:

不住田园不树桑,珑珂衣锦下云樯。
明珠海上传星气,白玉河边看月光。①

这首诗既记录了中西方不同的生活方式,又写尽了海上贸易的繁荣景象。明珠与白玉这些奇珍异宝的交易使河水海水都染上了珠宝气,甚至让人分辨不清哪是星光和月光了,可见,珍贵的珠宝、白玉都可以和星月争辉了。应该说,诗人在澳门待的时间不长,走马观花,浮光掠影,却能迅速捕捉到外国商人"不住田园不树桑"的生活特点,足见其眼光、思想的敏锐与对外界了解的渴望。

而行走在街上的葡萄牙女郎又是怎样的一种风采呢?汤显祖在诗中的描绘更是文字生香:

花面蛮姬十五强,蔷薇露水拂朝妆。
尽头西海新生月,口出东林倒挂香。②

---

① 汤显祖:《香岙逢贾胡》,见《汤显祖集》(一),上海人民出版社1973年版,第428页。
② 汤显祖:《听香山译者》之二,见《汤显祖集》(一),上海人民出版社1973年版,第427页。

他说，葡萄牙少女一个个长得面如桃花，衣服上都沾洒着玫瑰香水儿。这些美丽的少女宛如西海边上刚刚升起来的新月，而口中呼出的香气，就像是早晨树林中的倒挂鸟张着尾翅而放出的香气。诗中的"尽头西海新生月"一句，说明汤显祖对葡萄牙的自然地理位置是有所了解的：地处欧洲最西端，面对浩瀚的大西洋。这一句诗，和葡萄牙文学之父贾梅士《葡国魂》中的诗句"陆终于此，海始于斯"，有异曲同工之妙。

贾梅士（1524？—1580），被公认为葡萄牙最伟大的诗人。今天澳门最大的公园白鸽巢公园，又名贾梅士公园，公园内有一个贾梅士洞，安放着他的半身铜像。这位生于四百多年前的诗人，传说因触犯宫廷官吏，被流放至澳门，隐居此洞，创作了葡萄牙史诗《葡国魂》的一部分。当年，汤显祖是否知道并读过贾梅士的《葡国魂》呢？我们不得而知。只是两者表达有相似之处而已。特别是"尽头西海新生月"一句，不仅透出了42岁的汤显祖的孤独寂寞的心情，隐含着对朝廷政局的深深失望，而且与《香岙逢贾胡》一诗相呼应，表现出汤显祖对西方世界迫切认知的愿望。

二、国外经商生活方式开始影响沿海地区

汤显祖不仅看到了西方人不同于我们的生活方式，而且发现这种经商生活方式已开始影响、扩散到澳门周边的一些沿海地方。例如，番禺这个地方由于和澳门相邻，已深受澳门葡萄牙等外国人的影响，不再守着以农为本的传统观念，一改旧有的安定封闭的生活方式，经商蔚然成风。番禺人为了寻求生意的盈利，也开始不惜离乡背井，抛妻别小，乘船十天，战狂风斗恶浪，去"真腊"（柬埔寨）做生意。汤显祖把这件事也写进了诗中：

槟榔舶上问郎行，笑指贞蒲十日程。

不用他乡起离思，总无莺燕杜鹃声。①

汤显祖《看番禺人入真腊》这首诗，反映的就是番禺人的海外经商经历。他们冒着巨大风险在海外谋生，却能笑着从容面对，无需思乡，生动形象地表现了番禺人勇于拼搏、乐观豁达的精神风貌。

值得一提的是，从汉武帝开始徐闻开海，就建立了一条海上丝绸之路。徐闻也就自然成了汉代海上丝绸之路的始发港口之一。万历初年开辟了自广州启航经澳门到菲律宾马尼拉，然后中转一直到拉丁美洲的航线。生活在周边的不少人，都通过这条航线获得了财富，同时客观上也促进了菲律宾的开发与发展。明代从隆庆、万历朝开始，放松了海禁政策，中国民间对海外贸易得到了加强，由汤显祖《看番禺人入真腊》这首诗也可见一斑。

同时，《看番禺人入真腊》所反映出来的经商活动，不仅说明了像番禺这样沿海地区人们的生活方式的变化，而且从一个侧面透露了明朝中后期资本主义萌芽的一些重要迹象。受澳门影响，加之特殊的地理位置，当内地人还过着传统的务农为本的小农经济生活方式时，东南沿海的商品经济已有较快发展，明显优越于内地。对商品经济这一从封建社会向资本主义社会转型时期重要经济特征的无意识的揭示，是汤显祖《看番禺人入真腊》这首诗最重要的价值所在。当然，在汤显祖时代，资本主义萌芽还显得十分稚嫩与柔弱。伴随着自由的经商活动与资本主义的萌芽，势必突显出对思想自由、个性解放的时代吁求。这自然也会对汤显祖的思想与创作产生积极影响。

三、流露出了对西方天主教的拒斥态度

1593 年春，汤显祖回家乡，在经过端州（今肇庆）的时候，拜谒了当时著

---

① 汤显祖：《看番禺人入真腊》，见《汤显祖集》（一），上海人民出版社 1973 年版，第 427 页。

名的传教士利玛窦。[①] 1582年8月，他来到澳门，此后在肇庆、韶州、南京、北京等地传播天主教教义，广交中国官员和社会名流。他不仅系统地学习、研究中国传统文化，并将中国传统文化介绍给西方，而且带来了欧洲文艺复兴的成果，特别是将天文、地理、代数、几何等西方科学知识传播到中国，客观上对促进中国认识西方文明作出了重要贡献。1601年，利玛窦进入北京，此后常住北京，1610年去世。按照当时惯例，西方传教士若死于内地，都要移葬澳门。万历皇帝破例准许利玛窦葬在北京，因此他成为第一个葬在北京的西方传教士。利玛窦墓现位于北京西城区车公庄大街北京市行政学院（市委党校）院内，属于全国重点文物保护单位。

汤显祖当年拜访利玛窦，并留下了诗作《端州逢西域两生破佛立义，偶成二首》。其中一首这样写道：

　　二子西来迹已奇，黄金作使更何疑？
　　自言天竺原无佛，说与莲花教主知。[②]

对诗中所说"西来"的"二子"，即"西域两生"，指欧洲天主教徒是没有疑问的，但是具体指谁，学界却有不同看法。学者一般认为，"二子"中有一个就是利玛窦。当然也有学者对此说提出了质疑。还有学者经过详细考证后认为，汤显祖确实见到了利玛窦，不过，见面的地方应该是韶州而不是端州，写端州可能是笔误或刊误。无论是在端州还是韶州，利玛窦的住所都是当时当地文化人所关注的中心，因为他带来的科学书籍和仪器，以及外国人会说汉语，都让国人充满了好奇。如果说，汤显祖与利玛窦两个文化名人的相见是历史事实的话，那么这次交往，有交流，也有交锋。从汤显祖的诗中来看，利玛窦会谈中对汤显祖进行了称颂天主、破除佛教的传教宣传，并强调说，西方的天竺国原

---

① 利玛窦（1552—1610），是意大利天主教耶稣会传教士、学者，通晓汉语，是天主教在中国传教的最早开拓者之一，被认为是沟通中西文化的第一人。
② 汤显祖：《端州逢西域两生破佛立义，偶成二首》，见《汤显祖集》（一），上海人民出版社1973年版，第440页。

本就没有佛。汤显祖听后，颇不以为然，针锋相对地对利玛窦说，这话不妨去说给坐在莲花宝座上的佛祖听听吧。言外之意，相信佛的汤显祖是不同意此说的，也表明了他对天主教的拒斥态度。

利玛窦在传播天主教教义的时候，不仅注意利用科学来传教的思路，而且尽量利用、糅合中国的儒家学说，来达到他的迎合儒学、补充儒学、最后实现取代儒学的目的。为此，他的策略是先联合儒家，破除对佛教的偶像崇拜。所以，汤显祖和利玛窦的这次会面，具有重要的历史意义。它显示了中西方文人文化交流初期的一次碰撞，预示了西方宗教在中国传播必将遭遇挫折。这大概也是西方传教士对多数中国民众拜佛而不信西洋宗教心怀忌妒、愤愤不平的原因吧。

汤显祖对天主教的拒斥态度，表面看有信佛的原因，但根本上还是儒家思想传统在起作用。"对天主教的排斥并非简单的仇外心理所致，一方面是由于对宇宙世界和人事有不同的体验并以不同的思维路向进行哲学思考；另一方面则是他们担心儒学道统有可能被天学取代，不过两者相较，这种文化本位主义也许是更重要的原因。"① 汤显祖流露出来的拒斥天主教的态度，是比较早的，具有某种预见性，因为"明末士大夫对天学采取明确的拒斥和批判态度在时间上要晚得多"。②

当然，汤显祖在这次会谈中，也有可能从利玛窦那里了解到欧洲正在发生的文艺复兴运动以及人文主义文学思潮的一些信息和动态，当会对他反封建、求个性的民主思想有所启发。此次汤显祖逢"西域两生"虽然不是在澳门，不过，我们还是把这件事作为了汤显祖澳门印象的重要组成部分。因为这些传教士都是经澳门进入内地的，而且汤显祖在澳门的时候，对传教士也应该有所观察，不会陌生，否则，他也不会贸然拜访利玛窦。其实，汤显祖见到的两个传教士中，有没有利玛窦本人已经不重要了，重要的是，他和西方传教士的交流

---

① 张国刚：《从中西初识到礼仪之争》，人民出版社2003年版，第381页。
② 同上书，第378页。

与交锋是历史事实。这才是问题的关键所在。

需要指出的是,汤显祖虽然命途多舛,后来的出世思想有所加深,但是到死也不曾皈依佛教。他临终前写下《诀世语》,嘱咐家人,自己死后,不要请僧人念佛超度。这里面似乎有"天竺原无佛"一说的影响。他曾经认为外面所有国家都是信仰佛教的。接触了天主教徒,方知情况并非如此,这对他应该有所触动吧。

四、关注并反对鸦片交易

鸦片战争以前,外国商船来华贸易,均是先经停澳门,一边进行交易,一边等候批准,然后才能再进入广州贸易。细心的汤显祖敏锐地观察到,澳门港进进出出的外国商船络绎不绝,这些商船不仅进行珠宝、香料等贸易,而且还有大量鸦片从船上被搬卸下来。他不仅看到西方殖民者在澳门贩卖鸦片的事实,而且指出了明朝政府与西方殖民者进行鸦片交易的事实。在澳门,他听说万历皇帝常常派人到这里高价采购由鸦片等成分制成、用于纵欲之乐的"红丸",甚至不惜"千金一片"。因此,汤显祖写诗对皇帝的这一做法给予了毫不客气地批评:

> 不绝如丝戏海龙,大鱼春涨吐芙蓉。
> 千金一片浑闲事,愿得为云护九重。①

诗中的"海龙",指海神海龙王;"大鱼",指画有龙或鳌鱼图案标志的大海船;当时航路受季风影响,由印度和马六甲东来的外国商船都在春夏两季到达,所以说"春涨";"芙蓉"就是鸦片,"吐芙蓉"是说鸦片从船上被源源不断地

---

① 汤显祖:《香山验香所采香口号》,见《汤显祖集》(一),上海人民出版社1973年版,第427页。

搬卸下来，场面壮观；"九重"，此指万历皇帝。明初，鸦片还是被作为贵重的药物来使用，到明中期后便由药物变为春药。万历皇帝就食用鸦片，他荒淫纵欲，并且长达二十八年不上朝理政。写《香山验香所采香口号》这首诗的时候，汤显祖虽然是受贬之臣，却"处江湖之远则忧其君"，对皇帝吸食鸦片影响健康表示担心，很希望像云追随龙一样护佑皇帝，字里行间曲尽其妙地表达了汤显祖既批评嘲讽又护君忠君的复杂心态。

从《香山验香所采香口号》这首诗中，我们可以感受到汤显祖对鸦片的鲜明态度，他是坚决反对吸食鸦片的。一方面，他公开、大胆地表示"千金一片浑闲事"，批评皇帝耗费千金购买鸦片，纯粹是不务正业；另一方面，他揭露外国商人大摇大摆、明目张胆地把鸦片贩运到中国，靠损害中国人的健康而获取暴利，对此汤显祖深表担忧与谴责。这一鲜明态度，正体现了汤显祖秉性耿直、亢壮刚正的性格特征。汤显祖一生所经历的科考波折、仕途不顺、被贬徐闻的不幸命运，无不与这一性格特征息息相关。也正因为此，才更加突显了汤显祖不趋炎附势、不投机诡媚、忧时济世、仗义执言的精神品质与高贵气节，不仅《明史·汤显祖传》表达了对汤显祖由衷的钦佩，而且赢得了后人的高度赞誉。

1620年，在位仅一个月的明光宗朱常洛，因病情严重，服用了红丸，结果头一天服用，第二天就死亡了。这是鸦片进口在统治者内部所造成的一场风波。由此可见，服用鸦片在当时所造成的危害已经显现。所以说，汤显祖《香山验香所采香口号》这首诗，具有敏锐的时代感，预示了某种不祥的征兆。

五、对传奇经典《牡丹亭》创作的深刻影响

汤显祖的澳门之行，不仅为我们留下了记录当时澳门异域风情与华夷贸易的诗篇，而且他创作的经典传奇《牡丹亭》也因烙上了澳门的印记而独具韵味。

四百多年前，葡萄牙人强行占据了澳门，也把天主教带到了澳门。1562年，葡萄牙人历经数年，在澳门大巴街附近的一座山上，建了一座教堂，取名"圣

保罗"教堂。葡语"圣保罗"的发音，接近当地方言中的"三巴"，所以也称"大三巴教堂"。教堂于1595年和1601年先后两次失火焚毁。1602年，圣保罗教堂再次重建，历时35年，于1637年建成，是当时远东地区最大的天主教堂。1835年10月26日，又一场大火将其焚毁，仅剩下了教堂前的68级石阶，以及花岗石建成的教堂正门大墙墙壁，俗称前壁。教堂成为遗址之后，因为这个大墙前壁类似中国传统牌坊而得名"大三巴牌坊"。大三巴牌坊是西方文明进入中国的历史见证。它在巴洛克式建筑中糅合了东方建筑的一些特点，体现出东西方文化的交融，在全世界的天主教堂中具有独一无二的特色。它现在是澳门的标志性建筑，是澳门的象征。鸦片，最早就是从大三巴下的港口贩运进来的。

顺便交代一下，"巴洛克"一词原意是"畸形的珍珠"，指奇异古怪。巴洛克式建筑是17世纪欧洲的一种建筑风格，主要特点是强调曲面与椭圆形空间，注重华贵富丽的装饰与雕刻，追求动感与色彩。

当年，汤显祖应该看到了教堂的全貌，因为他是1591年年底去的澳门，这时教堂还没有被大火焚毁，所以他有幸一饱眼福，并对这座巍峨壮观、精美绝伦的建筑留下了深刻难忘的印象。时隔七年，他仍然带着深刻新鲜的印象，把这座教堂写进了《牡丹亭》。剧中所写的"多宝寺"，就是当年澳门的圣保罗教堂。

《牡丹亭》应该是最早出现澳门风光的中国戏剧作品。《牡丹亭》中有三出戏都与澳门直接相关，即第六出《怅眺》、第二十一出《谒遇》和第二十二出《旅寄》。第六出《怅眺》中提到，家住岭南广州的秀才柳梦梅，家境贫寒，却满腹经纶，志向远大。因苦于无人赏识，便求教于好友韩才子，谋求出路。韩才子向柳梦梅介绍朝廷钦差识宝使臣苗舜宾老先生，说他乐于助人，为人仗义，爱惜人才，现正在香山嶴多宝寺参加各种宝物的展销会，劝柳梦梅前去拜见。这一出戏为柳梦梅前往澳门，提供了一个可信的理由，为剧情的进一步发展做了铺垫。

第二十一出《谒遇》，开篇就点出了"香山嶴里巴"，交代了这出戏就发生在澳门的圣保罗教堂。

一领破袈裟，香山嶴里巴。多生多宝多菩萨，多多照证光光乍。

小僧广州府香山嶴多宝寺一个住持。这寺原是番鬼们建造，以便迎接收宝官员。兹有钦差苗爷任满，祭宝于多宝菩萨位前，不免迎接。①

柳梦梅为拜见苗舜宾，专程来到了香山嶴多宝寺。苗舜宾正在这里为朝廷重金选购各种精美宝物。苗舜宾在这里接待了柳梦梅，并陪他观赏各种宝物。观赏过程中，柳梦梅侃侃而谈，说眼前这些价值万金的宝物饥不可食，寒不可衣，不过是一堆残砖碎瓦而已，不算真宝贝，真宝贝应该是能安邦治国的人才。柳梦梅毛遂自荐，说自己就是一个真宝。柳梦梅一席话，让苗大人对他刮目相看，准备把他推荐给圣上。柳梦梅说自己是一介贫寒书生，没钱去京城面见皇帝。苗大人当即表示，古人尚且黄金赠壮士，我当慷慨出资，助你远行，并且说了一句耐人寻味的话："由来宝色无真假，只在淘金的会捡沙"。②这里说的其实就是慧人识才，伯乐相马，体现了汤显祖的人才观，即：宝物有价，人才无价，唯有人才才是稀世之宝。可见，汤显祖希望重视人才，让人才有用武之地。这既是对理想世界的寄托，也是对现实无奈的喟叹。他把自己的希望，都融进了人物形象的塑造之中。所以《谒遇》是《牡丹亭》中至关重要的一场戏，它不仅借澳门祭赛宝物表达了作者的人才观，而且是核心情节即将展开的不可缺少的重要前奏，也为剧情提供了一个广阔的历史背景。

第二十二出《旅寄》，交代柳梦梅离开澳门。正因为柳梦梅得到苗舜宾的慷慨相助，才能离开澳门，日夜兼程，赶路进京。时值冬天，柳梦梅风雪之中患寒疾，又不慎落水，被杜丽娘原来的家庭教师陈最良救起，安排他住进南安太守家的梅花观。继而才有了他游园捡画像、与丽娘鬼魂幽会、掘尸还魂等一系列重要情节的深入发展。

因此，澳门之行对汤显祖创作《牡丹亭》有重要影响。澳门之行，成就了

---

① 汤显祖：《牡丹亭》，见《汤显祖戏曲集》（上），上海古籍出版社2010年版，第319页。

② 同上书，第322—323页。

《牡丹亭》,使之成为一部具有开放性结构特征的经典传奇。我们难以想象,没有澳门之行,《牡丹亭》会是一种什么写法。

总之,汤显祖的澳门之行,让他有机会艺术地记录了四百年前封闭状态下一个中国文人眼中的外国人及其生活方式,折射了一个中国文人最初主动睁眼看世界的历史瞬间,也从一个侧面反映了明王朝后期封建统治阶级的穷奢极欲与昏庸贪婪,及其与西方殖民者进行鸦片交易的事实,预示了山雨欲来风满楼的近代中国屈辱史的必然降临。同时,汤显祖的澳门之行,让传奇剧《牡丹亭》的创作涂上了一抹异域的风情而独具韵味,其相关的诗歌作品也成了记载澳门中西交往情况最早的文学文献,具有重要史料价值。可以说,汤显祖是我国最早有意识主动了解西方文化的古代文人之一。

汤显祖的澳门之行也启示我们,对世界发展态势需要保持敏锐与警觉。汤显祖来澳门这件事,虽然在后来的国家政治文化层面和文人接受传播层面并未引起足够重视,但却具有某种标志性意义。我们过去认为,林则徐是近代中国睁眼看世界的第一人,可是在林则徐的两百年前,汤显祖已经透过澳门初步感知了西方世界。他具有自觉的比较意识、广阔的视野和开放的心态。他见证了澳门一段特殊的历史与变化,也为他的人生与创作开启了一扇连接世界的窗户。可惜的是,我们并没有以此为契机,去进一步主动认知世界。假如那时明朝政府就能够积极了解西方,关注西方世界既起的先进科学技术,并学习借鉴西方的先进发达经验,而不是迟钝麻木,鼠目寸光,盲目排外,也许近代屈辱的历史不会发生。

怎一个"梦"字了得

李小兰

一部中国文学史,无时(代)无梦,无体(裁)无梦;而论及写"梦"之大师,非汤显祖莫属。临川四梦,《梦》中多"梦",《南柯记》四十四出,"梦"了三十三出;《邯郸记》三十出,《牡丹亭》"梦"了二十六出;《紫钗记》第四十九出"晓窗圆梦",虽是小梦则事关死生;《还魂记》(即《牡丹亭》)则是《庄子·齐物论》所言之"大梦",其《惊梦》《寻梦》两目乃大梦之戏眼,可谓"丽娘一梦,《还魂》皆活"。四百年来,说汤若士之"梦"者代不乏人,笔者这篇短文尝试用"汉字批评"的方法来重释临川之"梦"。

"梦"这个汉字由"夢"简化而来,《说文解字》"梦"从夕,夕者月半见,日且冥而月且生矣,这是强调做梦的时间;许慎说"梦,不明也",段玉裁注"以其字从夕,故释为不明也",段注还是在讲做梦的时间。但我以为,"不明"也是"梦"的特征(之一):凡梦皆难以明说或说明,所谓"梦可道,非常梦"也。

陆德明《经典释文》称"梦,本又作寐",《说文》"寐"从宀从爿梦声,"宀"为梦者所居之处,"爿"为梦者所倚之物,这是强调做梦的场所。许慎说"寐,寐而觉者也",段注认为"寐"字的"寐而觉"与"醒"字的"醉而觉同意"(段注说"醒"是"醉中有所觉悟即是醒也")。两条段注无意中触到了文学之梦的真谛:寐与觉或醉与醒的悖论式统一。故"寐"还是可以说的,否则何来"临川四梦"?只是"寐"这个字消失了,"今字假梦为之,梦行而寐废矣"(段注)。

"梦"行而"瘆"废矣，但"瘆"字之"寐而觉"义与"梦"字之"不明"义却并行不悖地活在"梦"字中，活在历朝历代各体文学的"梦"书写之中，乃至暗结为若士之梦的文化密码。《牡丹亭》先有《惊梦》后有《寻梦》：前者是"寐而觉"之"瘆"，后者是"不明"之"梦"；前者因"寐而觉"而细腻真切、历历在目，后者因"不明"而"寻思辗转，竟夜无眠"。《惊梦》中的丽娘，梦前揽镜自照、睹景伤情，梦中欲拒还迎、云雨交欢，梦后行坐不宁、心悠步弹。《寻梦》中的丽娘则分外困惑，独坐思量，情殊怅恍："那书生，素乏平生半面，乍便今生梦见？"丽娘不明，"为甚衾儿里不住的柔肠转？"为何梦中"好一会分明，美满幽香不可言"，连"梦到正好时节，甚花片儿吊下来也"都是那么真切，怎么忽然间"都不见了？"正是有"忽忽花间起梦情，女儿心性未分明"，才有"乘此空闲，悄向花园寻看"。

丽娘寻梦的过程，其实是一个叩问内心、力求解惑的过程。临川写丽娘寻梦大有深意：丽娘寻的岂止是"梦"，她寻的是"觉"和"瘖"。《说文》"瘖从瘆"，许解有"寐觉而有言曰瘖"，段注有"古书多假瘖为悟"。如果说《惊梦》是丽娘的梦叙事，那么《寻梦》则是丽娘当然也是若士的梦之反思或梦之觉悟。寻梦之后的丽娘由"不明"而"觉悟"："原来春心无处不飞悬"，"这般花花草草由人恋，生生死死随人愿，便酸酸楚楚无人怨"。对梦的反思和觉悟最终酿成丽娘青春的觉醒，一个乖顺自束的名门闺秀于此逝去，一个敢爱敢为的至情女子已然新生。《牡丹亭》由"惊梦"而"寻梦"，实则为汤显祖"寐觉而有言"，某种意义上是"梦"字"不明"义与"寐而觉"义之张力的戏剧性展开，是对"梦"字之词根义的文化解码。

《紫钗记》的"晓窗圆梦"，写霍小玉因思念李益而成疾，梦见一位着黄衫似剑侠之人，送她一双小鞋儿。此乃"寐而觉"，是梦者叙梦。霍小玉醒来后请鲍四娘释梦，此为梦者因"不明"而寻梦或解梦。叙梦与解梦，可视为汤显祖将"梦"字之词根的语义张力，化为"梦"剧之戏曲艺术的人文诉求。"晓窗圆梦"时的霍小玉，如此贞专如此执着，颇得《毛诗》之"儒"义。他如《邯郸记》写卢生梦醒而悟"道"，《南柯记》写淳于棼梦醒而皈"佛"，儒道释三义皆

59

在临川的"寐而觉"之中了。

《说文解字》许慎释"寱",引了《周礼》"以日月星辰占梦之吉凶"的一段话。《周礼》将所占之梦分为三类共六种:正梦与噩梦,思梦与寤梦,喜梦与惧梦。依照段注的解释,第一类是平安之梦与惊愕之梦,第二类是觉时所思而梦与觉时所道而梦,第三类则是因喜悦而梦与因恐惧而梦。这些梦我们在文学作品中常常见到,只是文学之梦,种类更繁多,内涵更复杂,形式更多样。以先秦文学的《诗经》和《左传》为例,《诗经·小雅》有"吉梦维何?维熊维罴,维虺维蛇""牧人乃梦,众维鱼矣,旐维旟矣";《左传》有"晋侯梦与楚子搏""宋元公梦大子栾即位于庙"等,细腻生动、宛在目前。人在梦中,岂知非真?

苏轼诗曰"梦时良是觉时非","寱"之"寐而有觉"乃"梦时良是","梦"之"不明"乃"觉时非"。文人叙梦,是对"梦时良是"的真实记载;文人寻梦则是对"觉时非"的反思。而梦文学的真谛正在于"梦是"与"觉非"的悖立或张力之间。屈原《九章·惜诵》"余梦登天兮",觉后有"君可思而不可恃";李白梦游天姥,出入神仙洞府,畅快至极,醒来始悟"安能摧眉折腰事权贵,使我不得开心颜";苏轼"夜来幽梦忽还乡,小轩窗,正梳妆",醒来方觉"料得年年肠断处,明月夜,短松冈",正因"梦是""觉非",梦的文学书写才有了审美之张力与思辨之空间。

《庄子·齐物论》有人所共知的"庄周梦蝶",而我以为《齐物论》最为深刻的"梦论",是长梧子对瞿鹊子说的一句话:"予谓女(汝)梦,亦梦也。"我在这里说汤显祖的"梦",我何尝不是在"梦"中?怎一个"梦"字了得!

第二篇

『临川四梦』的文本传播与舞台实践

汤显祖的《牡丹亭》戏曲刊本插图的图像学研究

王春阳

摘　要　汤显祖的《牡丹亭》是汤显祖"临川四梦"的重要作品之一，汤显祖的《牡丹亭》戏曲刊本众多，其间许多刊本有精美的插图，人物生动，山水如诗，描绘精细，用笔潇洒。本文将从图像学角度来分析汤显祖的《牡丹亭》的戏曲刊本插图的艺术特色。

关键词　牡丹亭；图像；戏曲刊本

魏晋时期的顾恺之在《论画》中提出的"以形写神而空其时对"的主张，他提出一个画家要有写意之基本功，善能"作人形骨成""工于尺寸之制、阴阳之数、纤妙之迹"。他认为画家要用最简单最凝练的笔墨勾画出人物的独特特征，以达到"传神"。在后来画论中用来指纯用墨线勾描，不着颜色的表现物象的方法。魏晋的顾恺之，唐代的吴道子，宋代的李公麟、武宗元，元代的赵孟坚、张渥等大师都在线描艺术历史上创作了许多经典佳作。明清两代线描艺术伴随着市民文化的繁荣以及出版业的兴盛而进入了活跃时期，多是以版画印刻的底稿以及以插图形式出现并流行。

中国自汉唐以来插图艺术依次由帛书图画、佛教经卷插画发展为后来的宋版插图，到明代戏曲小说时，插图艺术已达高峰，如明陈洪绶所绘《水浒叶子》《西厢记》等作品可谓登峰造极，画中人物的精神状态之准确、用线之凝练、形象之奇傲让四百多年之后的我们同样赞叹不已。清改琦所绘《红楼梦图咏》等，也均已达到很高的艺术水准。明清时期，戏曲艺术开始繁荣，为了适应和满足广大市民的口味，同时又要满足书籍插图的印刷技术，在明代的戏曲刊本插图中，画家们以刀代笔，多围绕戏曲人物为中心，采用图像的手法来进行创作。我们研究戏曲刊本插图就应该按照图像规律来研究它，看其画面构图、人物布局、人物造型、人与人的关系、人与环境的相互关系、线描特点、节奏感、装饰性、意境情调、绘画风格、与当时画坛的关系，与当时社会的关系等，才能更正确地认识戏曲刊本插图的艺术价值。

汤显祖的《牡丹亭》插图就是一部具有重要的艺术价值的作品。汤显祖的《牡丹亭》现今可考据的插图版本有数种，无论是线条的运用，还是构图的手法或者是人与环境关系的处理等方面都达到了相当高的水平。在钱南扬校注的《汤显祖戏曲集》之汤显祖的《牡丹亭》中这种插图就有35幅，大多为重要的曲目，插图集中在杜丽娘与柳梦梅出场的出目中，言怀、怅眺、谒遇、旅居、玩真、耽试、闹宴、榜下、硬拷等出插图表现柳梦梅的有才华、有抱负而又重情义，训女、惊梦、寻梦、写真、闹殇、冥判、魂游、遇母、闻喜等出插图，表现杜丽娘的痴情、执着和勇敢，幽媾、婚走、如杭、圆驾等，插图表现杜柳二人生死相随的爱情，延师、诘病、忆女、骇变四出插图以陈最良和杜母为主角，也与杜丽娘有关。与战争有关的出目共九出，七出有插图，为杜柳爱情提供背景，使全剧富有厚重的历史文化色彩。画面无奢华之感，令人有一种美的享受。插图的线条优美、流畅，构图严谨，人物、楼台亭阁、器具等形象逼真、直观，极富韵律美。

汤显祖的《牡丹亭》戏曲刊本插图中每幅图采用的都是中国传统的图像，其精美程度让人赞叹。图像强调线条的表现力，是一种朴素而优美的艺术表现手法。在造型上主要运用以线写形的方法，它是一种线的造型艺术。同时又通过线条将物的质感、量感、动感甚至情感，都表现出来。画面效果在颇具装饰性的同时，又极富生活气息，线的疏密结合错落有致，人物刻画生动形象，同时塑造了故事的场景，让读者犹如置身故事中。

线可以表达所有事物的形状，无论是人物、风景、动物、建筑等都可以以线塑造。清华琳《南宗抉秘》中道："轮廓一笔，即见凹凸。"这一笔之线，造就了形态的真实。因此可见，线具有极强的状物特征。以线写形是汤显祖的《牡丹亭》戏曲刊本插图艺术最基本的表现形式。从线条造型艺术看，在钱南杨校本中，汤显祖的《牡丹亭》插图达到了很高的艺术水平。整个插图塑造了十余人的形象，有英俊潇洒的书生，纤细美丽的小姐，慈祥端庄的母亲，不苟言笑的父亲，严肃刻板的教书先生，活泼可爱的丫鬟，等等。在人物塑造的过程中，其审美既要符合文本中对人物的描写，又要符合读者的视觉审美意象。人物多具古典美，造型特点为线纹细如发丝、转折柔和，人物体型较长，青年男女的长圆脸形和似笑非笑的表情代表了那一时代的审美理想；人物形象很生动，虽是根据了剧本类型化，但动作的达意和表情都很鲜明并且有力。根据画面的需要，作者淡化了对人物五官的细致刻画，而着重对人物衣纹的处理，衣纹本自古以来就是线描的造型的骨干。人物的精神面貌，在一定程度上都要通过灵动优美的衣纹表现出来。"曹衣出水""吴带当风"这些都能从一定程度上体现古代画家对衣纹处理的重视和表现技法。衣纹的走向能很好地体现人物的动态，举手投足之间也更能体现人物的气质和精神面貌等特征。如《牡丹亭·言怀》插图，通过一个戴着书生帽头微微仰起，身材适中，踏着小步，左手垂放，右手微抬，所有的这些动态均通过衣纹服饰来表现，用线刚劲有力，一个才情横溢、儒雅得体的书生形象跃然纸上。《牡丹亭·寻梦》插图，对杜丽娘的形象刻画非常细腻，在简练的人物五官的刻画过后，重点是对女性裙装的描绘，明代女性裙子的颜色，开始流行浅淡的色彩，以素白居多。此插幅图虽然衣纹上有装饰图案，但也是追求一种轻描淡绘之效果，色彩非常淡雅素净。用线轻柔婉转，细腻飘逸。人物动态也体现了一种宁静之美。只见右袖低垂，左手抱胸，双足伫立，欲动还静的少女情怀在流畅柔软的衣褶线条中体现得淋漓尽致。因此在戏曲刊本插图中衣纹画的好坏，直接关系到人物动态的生动与否，关系到艺术质量的高低。

汤显祖的《牡丹亭》戏曲刊本插图因受当时山水画"山大于人"的表现思想的影响，人物比例略小，着重外景的描写。同时景物也是烘托画面气氛的重要因素之一，很多插图还通过景物的描绘来表达和暗示人物的心理。汤显祖的

《牡丹亭》戏曲刊本插图中的景物主要可分为山木树石、行云流水、亭台楼阁等。画中无论是卷帘席铺,还是水波柳枝,都一丝不苟地刻画,工整严密地创作出了一幅幅上乘作品。只见插图中诸如树木的刻画,柏树呈扭曲之状、梅皮呈苍润之态、松树有鳞、桃树横置,如此种种与陡峭嶙峋的山石相互掩映。用线苍劲有力,不仅带给整幅画面力量感,还对人物和故事有暗示和衬托的作用。中国绘画的大忌是布置过满,因此画面需要有"空"和"虚"的处理,水纹云纹正可以把画面中无需表达或内容过杂的部分虚化。让云雾在山间缭绕,让水波冲刷岩岸,而隐藏在云水中的景物则需要欣赏者的联想了。为了增强画面的联想性,画家还往往让隐藏在云雾间的亭台露出一角,或让船只在惊涛骇浪中沉落大半,这就更体现了画面的神秘感,也更引人入胜了。汤显祖的《牡丹亭》戏曲刊本插图中水纹云纹的刻画往往还呈现出行云流水的景象,云在飘、水在流,画家多是用自由的线组来表现云和水的天然状态。线的起伏、粗细、浓淡、曲直以及阴阳处理和肌理构造都是体现云水势态的重点,哪怕是微细的差别都会给画面带来不同的效果。《牡丹亭·婚走》插图将线条艺术与插图内容有机地结合在一起,画面用各种活跃的线条表现人物和环境,流线型表现流动的河水,曲线和弧线表现高山和飘浮的雾气,画面还以倾斜的动感和波涛起伏的造型来表现快速行进在波涛中的小船,创造了杜丽娘与柳梦梅急遽离开的气氛,各种线条的运用使读者感到画面活跃而有生气。戏曲作品描述故事或人物时不可能只是在自然景物中,这就必然要求插图中要有建筑的描绘。古代的建筑大多是亭台楼阁,亭台楼阁和建筑内外的描绘使得画中人物的出现和故事的发展都有依托,亭台楼阁刻画角度的不同又产生不同的距离感。汤显祖的《牡丹亭》戏曲刊本插图中很少有将完整的建筑全部描绘在画面中,一般都是将建筑放在画面的某一边或是取其局部,只绘出与人物相关的某一部分,这是为了避免产生画面的僵滞感。画面对于建筑的描绘采用的技法犹如古代用界笔直尺绘制的效果(界画)。插图中景物的描绘用线准确规整,线条理性、严谨、富于装饰性。

汤显祖的《牡丹亭》戏曲刊本插图的构图特色可谓是丰富多彩,如何把树木、山石、云水、车船、人物、建筑、动物等各种物象组合安排在画面中,既要合情合理，与戏曲的文本相对应，又要对立统一，要体现宾与主、远与近、虚与实、疏与密、聚与散、开与合、藏与露、黑与白、大与小等关系。满足欣赏者的审美要求，使欣赏者的想象力通过画面得到进一步的延伸。在汤显祖的《牡丹亭》的插图中，常见的有对角线构图、纵式构图、曲线构图、散点式构图、均衡式构图等，这些构图形式多样，富于变化。对角式构图是指在方向上或是在人物景物的安排上成对角样式。对角式构图使欣赏者的观赏视角扩大，有半俯视的感受，因此画面上的空间感也是深远和灵活的。另一方面，在欣赏者的心理上也可感受到画面的"形外之形"的更加无限，它可以不受画面中景物的限制，增大观者的想象空间。如《牡丹亭·惊梦》的构图，画面划分为做梦与梦境两部分，梦境在左上角，表现柳梦梅折柳请杜丽娘题诗共赏的情景；做梦在右下角处，表现杜丽娘伏案沉睡的情景，以对角构图的形式出现。"画面采用工整、严谨的线条和写实的手法来刻画人物和房屋内外的景物，让读者感受到杜丽娘处在一种严谨、刻板的生活氛围之中"。又如《牡丹亭·耽试》也是典型的对角线构图，画面主要场景从院内到院外的建筑，三个主要人物都安排在了对角线上。通过人物的姿势、动态和神情，很好地表现了故事情节。《牡丹亭·旅寄》通过河岸桥边苍润的桃树从画面左下角沿着对角线斜向伸出，书生和老者桥上相遇，一来一往，人物表情谦卑有礼。纵式构图在汤显祖的《牡丹亭》戏曲刊本插图中并不多见，一般指景物安排从底到上贯穿画面，有直通向上的气势。此类构图样式方向感直接，气势宏伟。《牡丹亭·延师》插图中近处树木巍峨挺拔，由下至上贯穿整个画面，远处的山石树木若隐若现，错落中不乏韵味之美，所形成的上下大方向没有被画面边框所限制，使画面有了微妙的迂回婉转，也仿佛使画面产生了气流，更加生动自然，颇具一定的空间距离感。均衡式构图就仿佛我们面对面地看画面中的场景。画面中人物的言行，景物的形态都与我们观看的人没有很大的距离感，也没有十分明显的分割布局，直观且亲近。如《牡丹亭·冥判》插图以画云层来描写想象中的空间，画中六个人的位置，上下左右分布均衡，画面布局很稳定，给人一种庄重的感觉。"画云层的弧线和地面上的横直线共同构成用线手法上的多样化，使人感到画面庄重而不呆板，地狱森严而不恐怖"。《牡丹亭·寇间》画面布局左右对称均衡，左边四人右边三人布局稳定。通过人物不同的体态动作，装饰的手法异同使人感觉到视觉上的平衡。散点式构图在汤显祖的《牡丹亭》戏曲刊本插图中是指人物景物的安排是散点形的，即便有主要部分的描述，整体形态上也不具有大的聚散特征，因此构图形式才具有散点状态。散点式构图并不是随处点点画画，它仍具有中心主题，是围绕戏曲作品的意味来进行创作与刻画。在以风景为主的插图中，散点式构图的画面不仅可以表现出山水相映的自然美景，也可以表现出辽远的空间，这表面看来的无规则构图正体现了古代画家虽无心却有意的自由创作思维，足见功底之深厚，修养之高。如《牡丹亭·怅眺》以自然景物为主，远山虚无缥缈，突出表现的不同品种的树木散点式遍布在画面中。造成画面的轻重、虚实等变化，使画面不会因为过满而僵滞，下面掩映在树木中的茅舍篱笆，以及篱笆墙门口的人物，表达了故事的中心情节，暗含着忧伤的情绪。画面上的人物很小，似有似无，但带有不可捉摸和忽隐忽现的不确定性。通过静与动、冷与暖、远与近、虚与实等对比将故事的主题情节和其间蕴涵的情感贴切的表达出来。

　　戏曲刊本插图是戏曲和美术相结合的产物，有着与其他美术作品不同的表现形式，它拥有独特的形式美。戏曲文本为插图提供了内容题材，如果没有强烈的形式美，插图就失去了存在的意义和价值，沦为戏曲文本的奴隶。汤显祖的《牡丹亭》戏曲刊本插图是以图像为表现技法，不能从色彩上满足欣赏者的视觉需求，因此它的形式美显得格外的重要。主要体现在三方面：首先精练之美。精练也是一种形式美，用一种极精练的艺术语言表达极深刻的含意，在汤显祖的《牡丹亭》戏曲刊本插图中就有一种强烈的精练之美，这是借鉴于中国古代绘画中的减笔画，也是汤显祖的《牡丹亭》戏曲刊本插图艺术常借鉴之处。其次是具有装饰之美。把装饰风格融入明清戏曲刊本插图之中，使插图具有更强的形式美。装饰更接近于美的理性原则，更能充分地运用造型艺术之长，弥补语言艺术之短。装饰味的插图把自然生活里的形象纳入严格的形式美之中，依照美的法则，根据画家的主观认识和感受，强调某些造型因素中值得强调的东西，省略变化，提炼夸张，使艺术形式更适合表达特定的内容，使明代的戏曲刊本插图形式更美。更为主要是汤显祖的《牡丹亭》更具有白描之美。从词源学上说，"白描"源于中国绘画，《辞源》上的解释是：[白描]用墨勾勒轮廓不着颜色的画法，称白描。多用于人物、花卉画。《辞海》的注释为："白描"中国画技法名，源于古代的"白画"。用墨线勾描物象，不着颜色的画法。也有略施淡墨渲染。多数指人物和花卉画。作为一种绘画技巧乃至独立的画科，它具有单纯朴实，造型严谨，气韵生动，讲究用线，形式感强等艺术特点。白描画法多用于画人物。魏晋时期的顾恺之在《论画》中提出的"以形写神而空其时对"的主张，可认为是对这一技法的最早理论提炼，他提出一个画家要有白描之基本功，善能"作人形骨成"，"工于尺寸之制、阴阳之数、纤妙之迹。"他认为画家要用最经济最凝练的笔墨勾画出人物的独特特征，以达到"传神"。在后来画论中用来指纯用墨线勾描，不着颜色的表现物象的方法。魏晋的顾恺之，唐代的吴道子，宋代的李公麟、武宗元，元代的赵孟坚、张渥等大师都在白描艺术历史上创作了许多经典佳作。明清两代白描艺术伴随着市民文化的繁荣以及出版业的兴盛而进入了活跃时期，多是以版画印刻的底稿以及以插图形式出现并流行。白描艺术的发展也会随着时代的变化和社会的需求而演变。特别是宋元以后人物画备受冷落，写意水墨画是卷轴画的重点，山水画、花鸟画成为传统绘画的主流，此时人物画逐渐衰微。由于明清时期特殊的历史背景，出版业兴盛，戏曲插图艺术繁荣。人物画的发展不足在刊本插图艺术中得到弥补，这种现象一直延续到清朝末年。白描的线根据社会的需要由传统的"描"走向"刻"。传统的中国画走向了传统的版画，并与之融合。"白描画使版画进入光辉时代。白描画可以直接绘稿刻印，尽管中国古代版画，开始是以一种实用美术而行世。但后来由于文人士大夫的介入，因为古代绘与刻分工，当然也有绘、刻一人完成的。制作过程既可以由画家直接画于雕刻木板，也可画成粉本，甚至干脆拿白描画作稿，工人虽是以忠实于原稿为目的，然刀与木板毕竟不是毛笔与宣纸。版画的制作既左右着粉本的笔线，也使自身的刀法随之生成、发展。"戏曲刊本插图艺术受到当时刊刻印刷技术的约束，以线造型为主，传承了白描绘画的艺术特色。戏曲插图因书籍需要而产生，必须要符合书籍印刷的重复性，首先是由画家（或刻工）对戏曲文本的理解，选取重要的章节和场面手绘出白描初稿，雕刻者再根据手绘白描画稿，在组织物象的交叉、线的编排上，使作品具有程序化而又不失去自然与朴实。插图中的黑白对线的疏密处理，在构图中的节奏控制，对传统留白的安排，更显示线的表现力。"……在刻绘的过程中通过运用利钝、疾徐、顺逆、起卧、正侧等不同手法刻、挑、铲、刮，对画稿进行处理……"刻制出雕版，最后印刷而成。作品以线造型为主，黑白对比分明，自有一种洗净铅华、超凡脱俗的素雅之美，这和当时文人作家与文人层次的观众在艺术表现上提出雅化的要求，追求雅致的视觉趣味和审美标准相统一。汤显祖的《牡丹亭》的戏曲刊本插图都具有这种白描之美，未施粉末，素雅大方。

汤显祖的《牡丹亭》戏曲刊本插图体现的是中华民族审美情趣，是中华民族灿烂的传统文化的奇葩瑰宝之一。《牡丹亭》作为汤显祖的名著，在明清戏曲艺术中占有极其重要的地位，其刊本插图的图像学艺术价值和特性还有待我们进一步发觉整理，取精用弘，并得以继承和发扬光大。

白先勇与《牡丹亭》

龚 刚

白先勇的三本青春版《牡丹亭》自 2004 年于中国台湾首演之后，在世界各地巡演逾两百五十场，展现出经久不衰的艺术魅力。这是传统昆曲艺术的重生，也是当代艺术世界的奇迹。一位外文系出身、久居美国的当代小说家不但沉迷于古典戏剧与昆曲艺术，而且以极大愿力和才情，令《牡丹亭》这部演绎中国古典爱情的戏剧在当代世界焕发出令人惊艳的华彩，并且征服了中西方青年观众的心，其中奥秘，令人深思。

从接受美学的角度来看，青春版《牡丹亭》的成功，是昆曲之美的胜利、是伟大爱情的胜利、是青春的胜利，归根结底是美的胜利。白先勇解释说，昆曲是"结合了文学、音乐、舞蹈、戏曲的综合艺术"，是"将各种艺术融合得非常精确、精美、精致的表演艺术"，昆曲《牡丹亭》的美包括三个方面：

"首先，它的文本文学造诣高，《牡丹亭》《长生殿》《桃花扇》都是文学经典，《牡丹亭》里有最美的诗词，真是美不胜收。很少有戏曲文本上的美会超过《牡丹亭》，我们随口而出的那些诗句，比如'良辰美景奈何天，赏心乐事谁家院'这种很美的诗句都是从《牡丹亭》里出来的，是不是美不胜收？其次，它的舞蹈也很美，一举一动都非常优美，与其他剧种不一样，昆曲的舞蹈很繁复的。昆曲的音乐也很美，从它的音乐中你能感受到苏州园林的精致之美。"

对于这部古典传奇所演绎的爱情，白先勇盛赞道：

"《牡丹亭》讲的是一个最美丽的爱情神话，虽然是青春版的，但是老少皆宜。年轻人看了，会认同它的青春和美丽的爱情，中老年人看了会勾起他也许已经久远的对爱情的追忆，因为我想每个人在心底深处都会藏着一个爱情神话。"

他又从中西戏剧比较的角度指出：

"在西方讲起伟大的爱情都会想起《罗密欧与朱丽叶》，我们的柳梦梅与杜丽娘就是中国的罗密欧与朱丽叶，不过他们的爱情跑得更长一点，是一段爱得死去活来的爱情，而且结局是一个大团圆的结局，这也很符合中国人喜聚不喜散的乐观的性格。其实爱情故事多得不得了，为什么《罗密欧与朱丽叶》和《牡丹亭》特别突出，因为他们表现得美，一个文学作品的经典就在于它的美。"①

概而言之，《牡丹亭》之于白先勇，是灵魂的共鸣，是爱的圣经，是挑战"时间帝国"(the empire of time)②的美学檄文。汤显祖在《牡丹亭》题词中写道："如丽娘者，乃可谓之有情人耳。情不知所起，一往而深，生者可以死，死可以生。生而不可与死，死而不可复生者，皆非情之至也。"③这是在理学当道的沉闷空气中对至情至性的人类精神的礼赞！杜丽娘这种向死而生的爱情，超越一切人间的法度，达到了浪漫爱情的极致，深深感染着天下有情人，也深深打动了白先勇，他以"最美丽的爱情神话"评价杜、柳的生死恋，并非刻意夸大，而是由衷赞许。与此同时，这部戏曲也彰显了青春的力量、美的力量，由杜丽娘、柳梦梅、春香这三个人物所展现的青春之美与活泼天性，是对杜宝、陈最良所代表的陈腐文化和古老秩序的挑战和嘲讽，青春版《牡丹亭》的最引

---

① 白先勇：《昆曲之美——从青春版〈牡丹亭〉的制作谈起》，2005年12月28日演讲稿。
② 罗素在《西方哲学史》中指出，哲学不同于科学，哲学家致力于寻找"超越时间帝国的事物"(something not subject to the empire of time)，这种努力始于巴门尼德(Parmenides)。(Bertrand Russell, *History of Western Philosophy*, p65, Routledge, 1999.)
③ 汤显祖：《牡丹亭》(邵海清校注)，中国台湾三民书局印行，1页，2003年初版2刷。

人注目之处,恰恰是突出了这部古典戏曲所蕴含的青春元素。《牡丹亭》原剧共五十五折,白先勇以"梦中情""人鬼情"再到"人间情"的情感演变为主线,大胆地将原剧改编成二十七折,成为三天九小时的演出本,而且所有角色均由年轻演员出演,其中男女主角正值花样年华,符合剧中人物年龄。除了"青春和美丽的爱情"之外,《牡丹亭》里对年华似水的感慨,也令白先勇感触良深,《惊梦》这一出有两则感叹韶华易逝的曲词,一是"如花美眷,似水流年"①,一是"原来姹紫嫣红开遍,似这般都付与断井颓垣。良辰美景奈何天,赏心乐事谁家院?"②白先勇的小说名篇《游园惊梦》借昆曲《游园》一折惊起钱夫人的旧梦:亲妹妹月月红抢走了情人;从昆曲伶人成为钱将军夫人,曾经风光一时……她最擅长的昆曲片段正是《游园》里的以"原来姹紫嫣红开遍"起首的《皂罗袍》,为她伴奏的吴声豪夸赞说,"便是梅兰芳也不能过的。"在历次演讲、访谈中,白先勇也常常提到相关曲词,可见印象之深,感触之深。综上所述,至情至性、青春唯美、逝水之叹,正是《牡丹亭》激荡白先勇灵魂的三个维度。

白先勇介绍自己和《牡丹亭》最初结缘的因由说:

> "我第一次接触《牡丹亭》,是在抗战胜利八年以后(应为'八年抗战胜利以后'——笔者按)的上海,那时候我十岁左右。……那次我去刚好是《牡丹亭》的一段——《游园惊梦》。所以冥冥中,我跟昆曲第一次结缘的时候就是《牡丹亭》,(梅兰芳)、俞振飞、言慧珠他们几个大家一起演这个戏。我当然不懂了,但是热闹得不得了。虽然不懂,可是昆曲音乐很奇怪的,尤其是《游园》中'原来姹紫嫣红开遍'那段音乐非常婉转缠绵。小时候听了就一直留在脑中,记忆里就留下昆曲的印象。"③

---

① 汤显祖:《牡丹亭》(邵海清校注),第十出《惊梦·山桃红》,第72页。
② 汤显祖:《牡丹亭》(邵海清校注),第十出《惊梦·皂罗袍》,第67页。
③ 白先勇:《〈牡丹亭〉:青春昆曲十年路》,《光明日报》2014年5月19日。

他甚至指出，如果梅兰芳那天唱的不是《游园惊梦》，"那我这一生就跟《牡丹亭》无关了，结不上缘了。"①

移居台湾之后，白先勇很少有机会欣赏昆曲，但当地偶尔会有一些折子戏上演，像《游园》《惊梦》《思凡》《下山》之类。1987年，在阔别大陆近四十年后，白先勇重游南京，邀请"旦角祭酒"张继青为他专演昆曲《游园惊梦》。年近古稀之年，又以传教士的精神致力于改编和推广昆曲《牡丹亭》。他对这部传奇名剧的痴迷，真可以说是一种与其一生相终始的文化乡愁、哲性乡愁。如果从小说创作的角度来看，《牡丹亭》对白先勇的影响，绝不止于《游园惊梦》这一部作品。事实上，《牡丹亭》对白先勇潜移默化的感染力，深刻影响了他的创作倾向。在白先勇的小说世界里，可以感受到对青春的痴迷或怀恋如《青春》《月影》《金大班的最后一夜》，可以不时邂逅亦真亦幻的美的精灵，其中有风华绝代的女性如尹雪艳、李彤，也有异常俊秀的美少年如早期小说里的"阿宕尼斯型少年"②，也可以看到为爱而生、为爱而死的至情至性之人，如龙子、玉卿嫂，而好景不常、盛年难再的逝水之叹，更是白先勇小说世界的情感基调。

是的，一切终将飘逝，唯有精神之美永存！白先勇以他唯美的书写，悲悯的情怀和对爱与青春的执着，为华语文坛创造了不朽传奇。

---

① 王盛弘：《昆曲界白将军——绝美牡丹亭，写就〈游园惊梦〉》，台湾《联合报》，2009年5月3日 A6 版。

② 夏志清：《白先勇早期的短篇小说》，见白先勇《寂寞的十七岁》附录，广西师范大学出版社2015年版，第336—338页。

《邯郸记》在明清时期的演出传播

杨 桐　王省民

摘　要　从传播学的视角分析《邯郸记》在明清时期的演出活动，有助于了解其历史渊源，加深对《邯郸记》的艺术和社会价值的认识。家乐艺人、民间职业艺人和串客等是《邯郸记》演出活动的传播主体，他们有各自的演出场所和服务群体，但他们之间是相互流通而非相互隔离的；传播对象涵盖社会各个阶层，文人群体是其最主要的群体之一，他们的接受和再传播行为极具代表性和复杂性；传播内容是沟通传播主体和传播对象的桥梁，依据的内容是原本或是改本、采用的形式是全本戏还是折子戏都会影响其演出传播活动。

关键词　《邯郸记》；演出；演出传播；传播要素

戏剧在明清时期的传播主要有两种方式，即文本传播和演出传播。文本传播体现出戏剧的文学属性；演出传播则主要表现为戏剧的演出艺术属性，社会各阶层的人都能成为戏剧演出的观众。文本是戏剧传播的根本所在，演出则是戏剧生命最形象最生动的展示，其通俗性和大众化将《邯郸记》带入千家万户，是《邯郸记》能从明至今流传不衰的根本原因之一。明清时苏州《竹枝词》中记载"家歌户唱寻常事，三岁孩子识戏文"，说明社会大众主要从戏曲的演出传

---

① 原载《四川戏剧》2019 年第 2 期。

播中了解和熟悉戏剧文学。①本文希冀通过对《邯郸记》在明清时期的演出传播研究，从对传播主体、传播对象和传播内容等传播要素的分析中深化对《邯郸记》的艺术和社会价值的认识。

一、传播主体与传播场所

《邯郸记》的传播主体既有作者、改编者等剧本传播主体，也有家乐艺人、民间职业艺人、串客、教习等演出传播主体。剧本的创作者和改编者为演出提供了文本依据，曲师等教习则在剧目传授的过程中完成了一次演出传播，这种小范围授艺性质的传播是艺人登台演出进行全社会性质的传播必不可少的基础。艺人作为演出传播的主体，舞台演出遵循着艺人本位原则，他们演出队伍的规模大小、专业性质的高低和演出时采用的声腔，以及艺人本身的声望和社会身份等因素都会影响《邯郸记》演出传播被接受的广度和深度。

《邯郸记》早期的舞台演出与宜伶是密不可分的。汤显祖在《复甘义麓》中有"弟之爱宜伶学二梦，道学也……戏有极善极恶，总于伶无与"②，点出了宜伶演出《邯郸记》一事。汤显祖的诗《唱二梦》，"半学侬歌小梵天，宜伶相伴酒中禅。缠头不用通明锦，一夜红氍四百钱。"③明确地指出了宜伶在舞台上演出《邯郸记》。目前所发现的资料中关于《邯郸记》最早的演出记录是钱希言的《今夕篇》诗，"谱彼虞初说，填词播教坊。《南柯》似孟浪，《邯郸》太荒唐。本言梦中事，借作尊前桩。富贵等浮蚁，功名喻炊粱。"④此诗诗前小引"汤义

---

① 戴健：《晚明优人与戏剧之场上传播》，《扬州大学学报》（人文社会科学版）2004年第5期，第50—55页。
② 〔明〕汤显祖著、徐朔方校：《汤显祖集全编》，上海古籍出版社2015年版，第1941页。
③ 同上书，第1138页。
④ 毛效同：《汤显祖研究资料汇编》，上海古籍出版社2016年版，第1311页。

仍膳部席与帅氏从生从龙郎君尊宿叔宁观演二梦传奇作",点明此次宴饮由汤显祖组织,结合汤显祖与宜伶的关系,再加上汤显祖《帅从升兄弟园上作》中的诗句"小园须着小宜伶",将这三者综合起来考虑,推断此次演出的艺人是宜伶,也由此推测最早在舞台上演出并传播《邯郸记》的艺人是宜伶。宜伶作为《邯郸记》最早的演出传播群体,他们的演出活动范围在某种程度上显示的就是《邯郸记》在早期的演出传播范围,从汤显祖《九日遣宜伶赴甘参知永新》《遣宜伶汝宁为前宛平令李袭美郎中寿》等诗可知宜伶将四梦的演出带出了临川,这为《邯郸记》以后被除宜黄腔之外的昆腔等声腔所吸纳和逐渐在全国范围内的演出传播做好了充分的准备。

明清时期尤其是晚明的文人士大夫观剧风气浓厚,蓄养家班蔚然成风。刘水云梳理出《邯郸记》的家班演出记录有:《鸾啸小品》载万历年间吴越石家班演《邯郸记》,《陶庵梦忆》载万历年间刘晖吉家班演《邯郸记》,《年谱别记》载崇祯年间沈自友家班演《邯郸记》,此外还有冒襄家班于顺治年间和康熙年间的两次演出记载,以及乾隆年间洪充实家班和王文治家班的演出记录。① 可以看出《邯郸记》自明万历问世之后一直是家班演出的常演剧目,直至清雍正、乾隆多次明令禁止外官蓄养优伶,乾隆之后才鲜有家班演出的记载。家班多是官员豪绅蓄养的私人演出团体,其演出风格多由家班主人决定,演出场所多在宅邸或官署之内,演出传播的接受者局限在文人群体之间,其传播具有一定的封闭性和局限性。但也正因如此,家班演出常针对文人而设计,极度契合文人的观剧需求,吸引着各个时代的文人参与到《邯郸记》的接受和传播之中,促使《邯郸记》在文人群体间恒久流传。

《邯郸记》的演出传播接受群体到清时已从早期的处于社会中层的文人群体逐渐向上、下两个方向渗透,即以宫廷为代表的上层统治者群体和普通百姓大众群体,与此相对应的是内廷艺人和民间职业戏班艺人这两类演出传播主体。据李玫整理,演出《邯郸记》的内廷艺人有:生行伶人刘进喜在《打番》中饰

---

① 刘水云:《明清家乐研究》,上海古籍出版社2005年版,第151—155页。

演卢生，小生安福在《仙圆》中饰演韩湘子；旦行伶人尚得在《云阳法场》中饰演梅香，小旦彭禄寿在《扫花三醉》中饰演何仙姑；净行伶人长清在《扫花三醉》中饰演客人；末行伶人大刘在《仙圆》中饰演卢生，金得荣在《打番》、《云阳法场》中饰演卢生、《扫花三醉》中扮演洞庭君，王麟祥在《云阳法场》中饰演院子、裴光庭；丑行伶人雨儿在《扫花三醉》中饰演客人、《云阳法场》中饰演校尉。[①] 内廷艺人只为皇室等上层统治群体服务，基本是安排演什么就演什么，表演自主性差，演出场地也不出皇宫内院，传播范围小、接受者少是其基本特征。但虽如此，统治群体对《邯郸记》演出的喜爱无疑是《邯郸记》演出传播史上最响亮最引人注目的广告。

民间戏班的艺人是《邯郸记》演出传播主体中最主要的一个群体，对他们的记载散见于文献之中，如成书于清同治十二年（1873年）的《菊部群英》录有4人，分别是：昆旦任桂林《打番》中扮卢生，昆生王桂官《打番》中扮番儿，昆旦薛桂芝《打番》中扮番儿，花旦四儿《打番》中扮番儿。被记载的艺人往往都是名角，相较于整个演出《邯郸记》的艺人群体，他们只是沧海一粟。同时戏班艺人也是《邯郸记》演出传播主体中最活跃的群体，上至皇宫内院下至乡村勾栏都有他们的演出记录。甚至祭祀场合也有其演出活动。陶望龄的《小柴桑喃喃录》中写道："至于《昙花》、《长生》、《邯郸》、《南柯》之类，谓之逸品。在四品之外，禅林道院，皆可搬演，以代道场斋醮之事。"[②] 指出在禅林道院演出《邯郸记》来替代斋醮之事。他们的演出场合除了梨园茶楼和宫苑厅堂之外，会馆及游船水畔也时常看见他们的身影。《品花宝鉴》第二回王文辉和梅燮为姑苏会馆定戏，小说中安排的演出剧目就有《扫花》和《三醉》。此外随着乘船游河成为人们消遣娱乐的方式之一，戏剧演出出现在了游船中或水畔，范景文的诗《秋夜邓未孩冯上仙曹愚公招饮淮河楼上看演〈黄粱〉传奇》，"秦

---

① 李玫：《汤显祖的传奇折子戏在清代宫廷里的演出》，《文艺研究》2002年第1期，第93—103页。

② 田仲一成：《明末文人心目中的汤显祖的人物形象》，《戏曲研究》2010年第2期，第31—48页。

淮河上低杨柳,歌舞楼中小月明。异地谁教宾作主,同襟方见弟和兄。已从戏局还看梦,纵使谈谈总自清。一曲游仙催漏短,贪欢怕是听鸡声。"① 他们在秦淮河畔看演的《黄粱》传奇就是《邯郸记》。

民间戏班的艺人和家班艺人以及内廷艺人并不是相互隔绝的群体。家班艺人会因年龄或主家问题而失业,但因为他们具有较高的演出水平,在失业后能进入民间戏班或者开科班教授新艺人。而民间戏班的优秀艺人会受诏进入宫廷演出,清朝时宫廷有"外学",专招民间优秀艺人,甚至部分民间艺人被封为"内廷供奉",在为统治阶级演出的同时也教授内廷艺人。正是这些民间戏班艺人用不同声腔的满足不同地域人们的需求,不断地冲州撞府、走南闯北,始终坚持不懈地在舞台上演出《邯郸记》,才能让《邯郸记》不仅没有被时代的浪潮冲垮反而更加熠熠生辉,成为一代代观众心中的经典。

二、传播对象和传播效应

传播对象是传播的目的和归属,只有传播对象接受并参与传播活动才能完成传播过程,传播对象也才有可能转化成再传播者。作为传播主体的艺人通过让作为传播对象的观众消费、欣赏《邯郸记》的演出活动完成对《邯郸记》的传播,观众参与这一传播活动,即观看《邯郸记》演出这一行为,并不是消极被动的,他们往往带着自己的目的观看演出,或为了解表演的故事内容、或为了聆听优美的唱腔、甚至有可能仅仅为了欣赏表演艺人的服饰、容貌等。艺人表演和观众观剧并不是相互隔离的,台上演出的艺人会根据台下观众的动作和表情调整自己和观众的距离以及身段和声腔等,台下观众的行为、情绪变化则跟台上的艺人表演紧密相连,当演员演到精彩之处时他们毫不吝啬自己的喝彩

---

① 赵山林:《论汤显祖〈邯郸记〉的成就及其影响》,《戏曲研究》2007年第1期,第22—31页。

声和掌声，演员声情并茂的表演与观众即时的反应形成了良好的观剧气氛。而良好的观剧气氛会使观众在观剧时不自觉的随着台上的演出伤心落泪或欢欣鼓舞，有些观众甚至会因演出内容联想到自己或他人的生平经历，感慨过后留下许多脍炙人口的诗歌文章。这些现象都说明该演出活动产生了良好的传播效应，好的传播效应又会引发口碑效应，观众口口相传的称赞有利于扩大《邯郸记》的名气和传播影响力，是《邯郸记》能常演不衰的重要原因之一。

戏剧经历了由俗向雅的发展历程，而《邯郸记》的演出一直游走在雅俗之间，因此其演出传播对象比较复杂，既有宫廷贵族、文人士大夫等群体把观剧看作精神享受，也有普通百姓把观看《邯郸记》的演出视为娱乐和消遣，还有甚者为了娱神和酬神在神庙或者祭祀场合观看演出。总之，《邯郸记》演出传播的每一类接受对象都有其自身的复杂性，其中又以文人群体最具代表性。

文人群体是《邯郸记》演出的主要传播对象之一，他们因自己的理想抱负与现实生活的离合最容易受到触动。《邯郸记》的主角卢生从一落榜书生到金钱开道中状元再到屡受陷害多次命悬一线，起起伏伏最终位极人臣，他在梦中的经历就是明清时期很多文人现实生活的写照，文人群体在观看《邯郸记》演出时会不自觉的把自己代入剧中，产生独特的观剧感受，完成从传播对象到再传播者的转变。仅据毛效同先生《汤显祖研究资料汇编》统计，明清时期共有18位文人写下25首观剧诗词，一些著名的诗人如钱谦益、皮锡瑞等都有多首歌咏《邯郸记》演出的诗词，足以说明《邯郸记》在文人群体中曾反复演出。

最引人注目的是文人间用来相互酬唱的观剧诗词。清诗人宋琬罢官后游玩西湖，一次在宴集上观看《邯郸记》演出，即席赋《满江红》一词："古陌邯郸，轮蹄路、红尘飞涨。恰半晌，卢生醒矣，龟兹无恙。三岛神仙游戏外，百年卿相蘧庐上。叹人间、难熟是黄粱，谁能饷？　沧海曲，桃花漾。茅店内，黄鸡唱。阅今来古往，一杯新酿。蒲类海边征伐碣，云阳市上修罗杖。笑吾侪、半本未收场，如斯状。"①词前有小引："铁崖、顾庵、西樵、雪洲小集寓中，看

---

① 毛效同：《汤显祖研究资料汇编》，上海古籍出版社2016年版，第1315页。

演邯郸梦传奇。殆为余五人写照也。"可知同时观看《邯郸记》演出的还有铁崖、顾庵、西樵、雪洲四人，顾庵即曹尔堪，曹赋一首同《满江红》词牌名的词回应宋琬，曹词前有小引"同悔庵、既亭赋柬荔裳观察"，其中荔裳观察即宋琬。清人王晫在《今世说》中记载了宋琬、曹词等人的这次观剧活动，并记下曹尔堪的观剧感受，"曹曰：'吾辈百年间入梦出梦之境，一旦缩之银镫檀板中，可笑亦可涕也！'"[①] 无论是宋词还是曹词都蕴含一种人生如梦的感慨，但曹的经历不如宋，宋琬在仕途畅通步步高升之际遭人陷害入狱，出狱之后欲重新施展抱负却再次被人诬告入狱，一生起伏坎坷和卢生梦中经历极其相似。台上的演出半本尚未收场，宋琬的心情便从轻松转为不甚感慨怅惋，众人也只能唏嘘罢酒。汤显祖在《宜黄县戏神清源师庙记》中认为绝妙的舞台演出能"使天下之人无故而喜，无故而悲……无情者可使有情，无声者可使有声"[②]，宋琬、曹词等人词中蕴含的心绪起伏变化证明了此次演出传播的成功，他们从演出获得了极强的观剧体验，而极强的观剧体验意味着极佳的传播效应，极佳的传播效应又成功的让宋琬、曹词以及王晫等人直接或间接的成为了《邯郸记》的再传播者。

前文说过传播对象参与传播活动是积极主动的，其思想是复杂的。有少数文人在观剧时看到的不仅不是出世的一面，反而还生起了积极建功立业的雄心。翟有仲的《观剧杂成断句呈巢翁先生并似谷梁、青若两年道兄一粲》："久逃富贵乐闲闲，烟阁云台兴未删。识得勋名原是梦，也须乘梦勒天山。"[③] 陈瑚曾有诗句"《邯郸》卢生横大刀，磨崖勒铭意气豪"[④] 与翟有仲即使知道是梦，也要在梦中建功立业的积极入世心态相呼应。然而陈瑚作为由明入清的遗民文人，他的观剧诗更多表现的是种消极出世之感，其《和有仲观剧断句十首》中有：

---

① 毛效同：《汤显祖研究资料汇编》，上海古籍出版社 2016 年版，第 1317 页。
② 〔明〕汤显祖著、徐朔方校：《汤显祖集全编》，上海古籍出版社 2015 年版，第 1596 页。
③ 毛效同：《汤显祖研究资料汇编》，上海古籍出版社 2016 年版，第 1314 页。
④ 同上书，第 1313 页。

"雪满弓刀血裹巾，燕然山下梦中身。楚囚空洒新亭泪，不是邯郸做梦人。"①陈瑚在江山易主的背景下把自己看作是囚徒，渴望像剧中卢生一样，梦醒回到原点。同时观看同一场《邯郸记》的演出，作为传播对象的翟有仲和陈瑚却产生不同的观剧体验；陈瑚观看《邯郸记》演出也产生了前后不一样的观剧感受。这些都说明传播对象的复杂性会影响其观剧体验和传播效应，而正是这种复杂性让传播对象全面而又形象地体会到了《邯郸记》在演出传播中展现的艺术价值。

《邯郸记》因其功名利禄如春梦无痕的思想主题被官场所忌讳，吴梅在《八仙庆寿跋》中说道："清嘉、道间，官场忌演《邯郸梦》，以为不吉也。"②但并不是所有的官员都对此讳莫如深，例如邓汉仪的观剧词《念奴娇》词前小引"戴大司农诞日即席看演邯郸梦剧"，说明《邯郸记》也曾在诞辰等喜庆的日子演出过。《邯郸记》的演出传入到宫廷中因传播对象身份的变化而不再被忌讳，甚至一度被当成吉祥戏。"开团场"是清代宫廷中一类表现吉祥内容的戏，平时一场演出的第一出戏通常演这类戏，如咸丰九年（1859年）八月初二慎德堂院内帽儿排第一出戏是《仙圆》等，这些均属于"开场戏"。③上层统治群体把《邯郸记》看作是吉祥戏，势必有助于消解官场忌演《邯郸记》的风气，他们对《邯郸记》演出的追捧，也必然会在文人群体间掀起演出、观看《邯郸记》的热潮。

三、传播内容和传播形式

在戏剧的演出传播过程中，传播主体和传播对象并不是直接对话的，他们间的沟通交流需要借助传播内容才能实现。戏剧演出在明清时期已经形成了固

---

① 毛效同：《汤显祖研究资料汇编》，上海古籍出版社2016年版，第1314页。
② 同上书，第1269页。
③ 李玫：《汤显祖的传奇折子戏在清代宫廷里的演出》，《文艺研究》2002年第1期，第93—103页。

定的程式和规范，其传播内容依据的是演出前预设的剧本，这种演出是相对封闭的。但这种封闭性也只是针对某一场或某一段时间内的演出，在演出结束之后剧班或艺人会接受观众的反馈而对传播内容作出相应的调整，往往经历很长一段时间的传播之后，最初的演出剧本会遭受到某种程度的改编。因此我们需要了解《邯郸记》在明清时期的演出传播依据的是原本还是改本，以及它们是以全本戏还是折子戏的形式传播。

《邯郸记》的演出原本是汤显祖于明万历二十九年（1601年）在玉茗堂内写成的，第一个改本是明万历四十六年（1618年）臧懋循的雕虫馆刻本《订正玉茗堂四梦》。而目前所见最早选录《邯郸记》的戏曲选本是刊于明万历四十四年（1616年）的《月露音》，收《极欲》一出，仅录曲文，未录科白，曲文与汤显祖原文一致。钱希言的《今夕篇》是目前所见最早记录《邯郸记》演出的文献资料，万历三十二年（1604年）秋钱希言客汤显祖郊居，《今夕篇》即写于此时。[①] 汤显祖在《与宜伶罗章二》中曾明说道："牡丹亭记，要依我本，其吕家改的，切不可从。虽是增减一二字以便俗唱，却与我原做的意趣大不同了。"[②] 汤显祖要求宜伶演唱《牡丹亭》必须依照他的原本，想必他对《邯郸记》的演出要求也是如此。钱希言观看的《邯郸记》演出是汤显祖安排的，再根据观看演出的时间和改本出现的时间差，可以判断出这次演出的是《邯郸记》的原本。甚至可以进一步推断，从汤显祖原本的诞生到臧懋循改本的完成，这中间的十几年时间《邯郸记》的演出剧本依照的都是汤显祖的原本。

《邯郸记》的改本分为选本改本和全本改本，选本改本只对全本的某些出数或某些曲做部分修改，多以碎片化的样式呈现，全本改本则是对整部作品进行改编。目前所知《邯郸记》的全本改本只有两个，一个是臧懋循《订正玉茗堂四梦》中包含的臧改本，另一个则是明崇祯年间冯梦龙的《墨憨斋定本传奇》

[①] 毛宜敬：《〈邯郸记〉与〈南柯记〉明清时期的传播研究》，江西师范大学2012年。
[②] 〔明〕汤显祖著、徐朔方校：《汤显祖集全编》，上海古籍出版社2015年版，第2011页。

中包含的冯改本。臧懋循和冯梦龙都认为汤显祖的原本是"案头之作，而非场上之曲"，他们改编的目的都是为了让《邯郸记》适应舞台演出传播，改编方法无非是删减或增加场次、删改曲词和念白等。如《邯郸记》原本共有三十出，臧改本删除第二十六出《杂庆》，把第一出《标引》改为开场并不记入出数，目录只显示有二十八出；冯改本把第三出《度世》分为《吕仙下凡》和《酒馆求度》两出，把第二十三出《织恨》分为《大使下局》和《机坊被逼》两出，把第三十出《合仙》分为《群仙聚会》和《卢生证道》两出，同时在《东巡》和《西谍》之间新增过场戏《崔氏寻夫》，这样就把原本的三十出变为三十四出。场次的增删只是其中最明显的改变，对曲词和念白的修改则更加精深复杂。《邯郸记》的这两种改本无论跟原本有多大的出入，都一定程度上丰富了《邯郸记》的演出传播内容，并为此提供了更多的选择，而且这种有益的实践不仅提升了《邯郸记》演出传播能力，还为后辈改良《邯郸记》的演出传播活动提供了可以参考的经验。

　　传播形式表现传播内容，《邯郸记》在明清时期的演出传播形式主要有两种，即全本演出和折子戏。在康熙初年演出折子戏成为风气之前，《邯郸记》以全本演出为主。全本戏并非一字不改，一出不删，但大致按照传奇原本的顺序依出演出，重视表现情节和内容的完整性。按照"明末清初，一场演出约在十五出至二十出左右"①估算，《邯郸记》共有三十出，需两天演毕。全本演出费时长、难度大，对艺人表演和观众观看都有不小的挑战。随着观众对故事内容的熟悉和重视身段、形象的折子戏兴起，全本戏退居次席。乾隆年间李斗的《扬州画舫录》曾记载《邯郸记》的全本演出："朱文元，小名巧福，为程伊先之徒。演《邯郸梦》全本，始终不懈。先在徐班，以年未五十，故无所表见；至洪班则声名鹊起，班中人称为戏忠臣。"②朱文元因演《邯郸记》全本不懈，

---

① 陆萼庭：《昆剧演出史稿》，上海教育出版社2017年版，第103页。
② 毛效同：《汤显祖研究资料汇编》，上海古籍出版社2016年版，第1323—1324页。

竟被称为"戏忠臣",可见到清乾隆时《邯郸记》的全本演出已经衰落了。①

相较于全本戏,折子戏演出时间较短、重视身段和形象,更具可观性。折子戏通常选择全本中精彩热闹极具观赏性的内容,明清时期有大量的戏曲选本辑选了《邯郸记》的折子戏,如:《缀白裘》收录"扫花""三醉""捉拿""法场""仙圆""打番儿",《月露音》收录"极欲",《增订珊珊集》收录"梦悟",等等。还有少数折子戏是由舞台自然发展的结果,如《舞灯》一出,就是为了满足观众对灯戏的喜爱而出于故事之外的。但总体看来"扫花""三醉"(以上两出即原"度世")、"死窜""仙圆(合仙)"是搬演频率最高的几出。折子戏是全本内容的碎片化呈现,观众通过观看多场折子戏演出,既能欣赏到赏心悦目的戏剧演出,又能大致了解全本内容。可以说,折子戏迅速地扩大了《邯郸记》的传播范围。②

《邯郸记》的不同演出传播主体都有各自的传播对象和演出场所,囊括了各界各层的观众,使《邯郸记》得以在全社会范围内传播,各主体之间的交流又不断提升了演出艺术,增强了《邯郸记》的传播能力;传播对象因自身的遭际和人生境遇不同,会有不同的观剧感受,产生不同的传播效应,但也因此能较全面地呈现出《邯郸记》演出的艺术和社会价值;梳理《邯郸记》的演出传播内容,找出不同时期的演出传播依据及其发展的兴衰,对研究《邯郸记》的演出传播史极为必要。

中国古典戏剧发展到今天虽有上扬的趋势,但离复兴的目标仍然任重而道远,我们在复兴古典戏剧的道路上,不仅需要精进唱、念、做、打等传统技艺,还需要吸收如传播学等新的学科知识,尝试从加强传播主体建设、丰富传播内容和形式、拓宽传播对象等方面努力,从多角度观察古典戏剧的现代演出传播,以期早日实现古典戏剧的现代复兴。

---

① 陈晓明、刘水云:《〈邯郸记〉演出史研究》,《汤显祖与莎士比亚文化国际学术研讨会论文集》,浙江大学出版社2015年版,第55—67页。
② 王省民:《从传播学的角度观照〈牡丹亭〉的演出》,《艺术百家》2007年第2期,第22—24页。

"还魂记型"戏曲考略

李连生

摘　要　本文参考类型学理论，借鉴民间文学类型的研究方法，从类型和母题的角度考察"还魂记型"戏曲故事类型的来龙去脉。"还魂记型"戏曲以汤显祖《牡丹亭》为代表剧目，为人魂之恋的故事，类似一种"性爱白日梦"。本型尚包含"画中人型""冯小青型"和"人面桃花型"三个亚型故事。"写真"母题在"画中人型"和"冯小青型"中成为前后勾连、贯穿全篇的最重要关目，人画（影）之恋，从心理学角度也可视为一种"影恋"。"人面桃花型"则敷演崔护事，重点在误约后相思病死，后于哭祭时复活。同时考察此型故事所涉及的还魂、写真和梦会等主要母题。

关键词　类型学；母题；还魂记型；画中人型；冯小青型；人面桃花型；影恋

本文拟运用类型学理论来研究中国古代戏曲文本故事的类型现象。类型学（Typology）是一种分组归类的方法体系，通常称为类型。参照韦勒克、沃伦的《文学理论》、韦斯坦因《比较文学和文学理论》的概念，本文不是一般文学理论所探讨的第一级分类的"类型"（Type），如柏拉图、亚里士多德根据摹仿说或表现说加以区分的史诗、抒情诗、戏剧等；也不是中国传统批评理论，中国传统批评理论则近于文体论，如曹丕《典论·论文》、陆机《文赋》、刘勰《文心雕龙》等有各自不同的文体划分。本文拟在第二级分类的"类型"（Genre）层面上，即对中国古典戏曲文本进行分类的"类型"研究，亦即本文不研究戏曲作为一种文学体裁与诗歌、小说的联系和区别，而是戏曲文本中的不同类型的联系与区别。

关于类型概念的界定很多,本文拟采用美国民俗学家斯蒂·汤普森的界说,并略作修订。汤普森认为:"一种类型是一个独立存在的传统故事,可以把它作为完整的叙事作品来讲述,其意义不依赖于其他任何故事。当然它也可能偶然地与另一个故事合在一起讲,但它能够单独出现这个事实,是它的独立性的证明。组成它的可以仅仅是一个母题,也可以是多个母题。大多数动物故事、笑话和轶事是只含一个母题的类型。标准的幻想故事(如《灰姑娘》或《白雪公主》)则是包含了许多母题的类型。"①

研究类型,不能不涉及母题的概念。母题概念歧义甚多,我们亦采用汤氏说法,关于母题(Motif),汤普森定义为:"一个母题是一个故事中最小的、能够持续在传统中的成分。"②他把母题分为三类:"一个故事中的角色""涉及情节的某种背景"和"单一的事件"。那么,本文只取母题作为"单一的事件"的狭义概念,而类型则是一个完整的由若干母题按照相对固定的一定顺序组合而成的"母题序列"或者"母题链"。③如《黄粱梦》《白蛇传》《牡丹亭》《西厢记》等故事可以作为一个类型,而"梦会""写真""还魂""一见钟情"等则是其中的一个母题。

通过对戏曲类型来龙去脉的研究,对戏曲文本结构、母题、人物形象、叙事语法、原型等进行探讨,作重新理解和评价,可揭示作品的独创性、继承性,亦可考察其背后折射出来的文化意义,或套用陈平原的话来说能"更有效地呈现戏曲艺术发展的总体趋向"。④下面我们选择戏曲中影响较大的"还魂记型"故事进行个案的探讨。

---

① [美]斯蒂·汤普森:《世界民间故事分类学》,郑海等译,上海译文出版社1991年版,第499页。
② 同上。
③ 刘守华:《比较故事学考论》,黑龙江人民出版社2003年版,第91页。
④ 陈平原:"小说类型研究最明显的功绩,一是说明什么是真正的艺术独创性,一是更有效地呈现小说艺术发展的总体趋向。"载陈平原《小说史:理论与实践》,北京大学出版社1993年版,第146页。

一、还魂记型

"还魂记型"以汤显祖《牡丹亭》(又名《还魂记》)为代表剧目,其主要情节和母题以及涉及到的戏曲作品可概括如下①:

情节:
(1)情人相恋。或情人本为上界神仙,因思凡被贬尘世历劫。
(2)梦中见到恋人并与之欢会。
(3)相思成疾以致病亡。
(4)化为鬼魂与恋人幽会。
(5)经历一番挫折(如幽会被发现、父母阻挠、小人作祟、战争等)后:a.女子生还与恋人团圆;b.女子借尸还魂与恋人相聚;c.或相助另一女子(如妹妹)嫁给恋人;d.重返上界为仙。

母题:梦会、写真、相思、幽媾、还魂、赶考中试、拷问、问诊、冥判、神助

杂剧:《倩女离魂》(元郑光祖)、《萨真人夜断碧桃花》(元无名氏)、《圆香梦》(清梁廷枏)、《梦华因》(清鸥波亭长)

传奇:《牡丹亭》(明汤显祖)、《梦花酣》(明范文若)、《坠钗记》(明沈璟)、《洒雪堂》(明梅孝己)、《风流梦》(明冯梦龙)、《贞文记》(明孟称舜)、《红梅记》(明周朝俊)、长生殿(清洪昇)、《鹦鹉媒》(清钱惟乔)

此型为人魂之恋的故事。情人相恋,又因无缘结合而女方病死,化为鬼魂再度与情人相会,最终在神仙的帮助下返魂,再生人间,结为夫妻。综合了多个母题,如梦会、还魂、相思、写真、问诊、幽媾、冥判、赶考中试、拷问、

---

① 按:本文所涉及剧目以现存杂剧与传奇为主,佚失之剧暂不及之。

神助等。

明孟称舜《柳枝集·倩女离魂》评语指出《倩女离魂》《碧桃花》与《牡丹亭》的近似关系："(《倩女离魂》) 酸楚哀怨，令人断肠。昔时《西厢记》，近日《牡丹亭》，皆为传情绝调，兼之者其此剧乎？《牡丹亭》格调原祖此，读者当自见也。"宋荦《西陂类稿》卷二十九《与吴孟举》书云："吴宝郎演玉茗堂《倩女离魂》（按指《牡丹亭》），真不禁闻歌唤奈何矣。"

元杂剧《碧桃花》前半抚琴、听琴等似《西厢记》，后半则类似《牡丹亭》。故焦循《剧说》亦云："玉茗之《还魂记》，亦本《碧桃花》《倩女离魂》而为之者也。"《牡丹亭》第四十八出《遇母》可证："论魂离倩女是有，知他三年外灵骸怎全？"

沈璟《坠钗记》，俗名《一种情》，本事出自瞿佑《剪灯新话·金凤钗记》及冯梦龙《情史》。吕天成《曲品》列为"上上品"，并评云："兴娘、庆娘事，甚奇。又与贾云华、张倩女异。先生自逊，谓'不能作情语'，乃此情语何婉切也！"王骥德《曲律》卷四《杂论第三十九下》云："词隐《坠钗记》，盖因《牡丹亭记》而兴起者，中转折尽佳，特何兴娘鬼魂别后，更不一见，至末折忽以成仙会合，似缺针线。余尝因郁蓝之请，为补又二十七卢二舅指点修炼一折，始觉完全。"

其中所谓"贾云华"，《南词叙录》著录《贾云华还魂记》，本事见李昌祺《剪灯余话》卷五《贾云华还魂记》，故事与《倩女离魂》类似，只不过不是离魂而是借尸还魂。

《洒雪堂》即据李昌祺《贾云华还魂记》敷衍而成，此剧前半似《西厢记》，后半似《牡丹亭》，可谓两剧的综合体，但因主要是人魂相恋，且有还魂（借尸还魂）再生，故归入此型。冯梦龙总评云："是记穷极男女生死离合之情，词复婉丽可歌，较《牡丹亭》《楚江情》未必远逊。而哀惨动人，更似过之。"

范文若《梦花酣》则本于《碧桃花》，并糅合《牡丹亭》《画中人》中若干情节。郑元勋在《梦花酣题词》中说："《梦花酣》与《牡丹亭》情景略同，而诡异过之。"范文若自序云："此事微类《牡丹亭》，而幽奇冷艳，转折姿变，自谓过之。"有许多关目摹仿《牡丹亭》,如开篇《梦瞥》写书生萧斗南由花神导引,梦与一女子相会,则似《牡丹亭·惊梦》;谢倩桃死后埋于"碧桃庵"中则又似《牡丹亭》之"梅花庵";其《魂交》《榜婿》出则与《牡丹亭》之《幽媾》《硬拷》类似;借尸还魂则与《碧桃花》类似;《肖像》又似《画中人》之《图娇》等。

孟称舜《贞文记》,其情节、曲辞皆有摹仿《牡丹亭》处。第一出《标目》眉批云:"实甫《西厢》,义仍《还魂》,子塞《娇红》,皆以幽情艳词,委烨动人。此曲情出于正,而思致酸楚,才华艳发,模神写照,啼笑毕真,使见者魂摇色动,则异曲同工,合彼三书,共成四美。"第二十三出《魂离》眉批云:"曲则《西厢》,情则《牡丹》。"第二十六出《哭墓》叙张玉娘为死去丈夫沈佺写真,并去墓前祭拜,其描像曲眉批云:"《琵琶·描容》,《牡丹·写真》,两曲备极众妙,此更兼而有之。"其题旨虽亦言情,但强调"情正、情贞"方为"情种",又似有意矫正汤显祖者,如《题词》云:"男女相感,俱出于情,情似非正也。而予谓天下之贞女,必天下之情女者何?不以富贵移,不以妍丑夺,从一以终,之死不二,非天下之至种情者而能之乎?然则世有见才而悦,慕色而亡者,其安足言情哉?必如玉娘者而后可以言情。此此记所以为言情之书也。孟子曰:'乃若其情,则可以为善。'则此书又即所为言性之书也。"①

《红梅记》亦有人魂相恋事,即裴禹与李慧娘鬼魂相会情节。玉茗堂《红梅记》总评云:"境界纤回宛转,绝处逢生,极尽剧场之变,大都曲中光景,依稀《西厢》《牡丹亭》之季孟间。"《红梅记》上卷卷末总评云:"此部情节都新,曲亦谐俗,但'解难'似张生,'幽会'似梦梅耳。"

---

① 按这种观点在剧中多有体现,如《情降》中观音菩萨为生旦开示云:"情分邪正,即辨有无。太上忘情,其次多情,最下不及情。我看世间做夫妇的,同衾异心,生死背负。既作张家之妻,旋为李氏之妇。只缘情少,造此孽端。果情所种,上天下地,知有一人,一人之外,不知有他。虽谓忘情,亦何不可?"故《题词》眉批夸赞云:"《贞文记》具一部禅宗,《题词》具一部性说,故知此书当作宇宙间一部大书读。"故此剧主旨当非言情,实乃言性。

人魂之恋，类似一种"性梦"，一种对于美好青春与性幻想的"性爱白日梦"，如宋玉《神女赋》、曹植《洛神赋》之主题。① 弗洛伊德在《作家与白日梦》中说："幻想只发生在愿望得不到满足的人身上。幻想的动力是未被满足的愿望，每一个幻想都是一个愿望的满足，都是一次对令人不能满足的现实的校正。"他把愿望分为两类，其中一类是"性的愿望"："在年轻女人的身上，性的愿望占有几乎排除其他愿望的优势，因为她们的野心一般都被性欲的倾向所同化。"② 在弗洛伊德看来：幻想就是梦。"还魂记型"戏曲则典型地体现了这点。如《牡丹亭》，杜丽娘长至十六岁才踏入自家后花园，乍看似是不合情理，其实可以这样理解——杜丽娘成长过程中并非第一次游园，但只有到了十六岁游园时方领悟到花园的美，春天的美，由此反照自身的孤独和寂寞，这是由于大自然的美景引发的性的萌动而造成的结果。

《牡丹亭》的故事具有强烈的时代意义。一本《牡丹亭》，温暖了多少女性的心房！封建卫道士们痛感"此词一出，使天下多少闺女失节""其间点染风流，惟恐一女子不销魂，一方人不失节"（黄正元《欲海慈航》）。《牡丹亭》里，杜丽娘所处的压抑、郁闷的环境，正是当时时代的反映，具有高度的典型性和概括性。而只有花园逗露出的春天的勃勃生机，让步入春意盎然的后花园的青春期少女杜丽娘，触发了天性中对美与爱的强烈追求："不到园林，怎知春色如许！"清康熙雍正间吴震生、程琼夫妇为《牡丹亭》作的一部批语本《才子牡丹亭》中仔细分析了《惊梦》，首先释"惊"字云："本张衡《思玄赋》'女子怀春，精魂回移'意。"③ 故"惊梦"即惊醒了少女怀春之梦。此梦第七出《闺塾》通过《诗经》"关关雎鸠，在河之洲。窈窕淑女，君子好逑"就已经埋下伏笔。春香透露："俺春香日夜跟随小姐，看他名为国色，实守家声。嫩脸娇羞，老成

---

① ［英］霭理士：《性心理学》，潘光旦译注，生活·读书·新知三联书店1987年版，第174—175页。

② ［奥］弗洛伊德：《弗洛伊德论美文选》，张唤民等译，知识出版社1987年版，第32页。

③ 华玮、江巨荣点校：《才子牡丹亭》，学生书局2004年版，第126页。

尊重。只因老爷延师教授，读到毛诗第一章：窈窕淑女，君子好逑。悄然废书而叹曰：圣人之情，尽见于此矣。今古同怀，岂不然乎？"花园为陈最良与老夫人反复劝诫不允许去的一块"禁地"，违反禁令而入园，如同吃了智慧树上的果子；发现了春天，同时意识到情感上的缺失，性意识由此萌动。

《才子牡丹亭》①又释"袅晴丝"云：

"剪不断、理还乱、闷无端"，心中先自有"丝"，故一举目而即见晴丝也，谓之触绪。……"袅晴丝"亦是天公示人以当有痴情之证。"袅"甚细也，"摇"则渐粗矣，"线"则渐巨矣。凡事由微至著，以至不可收拾。情芽一甲，烂漫穹壤。游"丝"只织恨绮愁罗，但见弥天壤情"丝"飞纵耳。

《惊梦》中【山坡羊】一曲恰可为吴震生夫妇所注作例证：

【山坡羊】（旦）没乱里春情难遣，蓦地里怀人幽怨。则为我生小婵娟，拣名门一例一例里神仙眷。甚良缘，把青春抛的远。俺的睡情谁见？则索因循腼腆，想幽梦谁边，和春光暗流转。迁延，这衷怀那处言？淹煎，泼残生除问天！

普罗普说："初始的欠缺或缺失是一种情境。可以想象，在行动开始之前它已经存在多年了。但是派遣者或寻找者突然明白缺少点什么的时刻降临了，这个时刻属于引发派遣，或者直接引发寻找的缘由范围。缺失被意识到可以以下列方式发生：缺失的对象自己无意中走漏消息、瞬间闪现、留下某种鲜明的痕迹，或者通过某种反射（画像、讲述）出现在主人公眼前。主人公（或者是派遣者）失去内心平衡，为那昙花一现的美丽所煎熬，所有行动于是由此而展开。"②"还魂记型"故事中的肖像写真、梦中相会、离魂还魂等可与普氏之说相

---

① 华玮、江巨荣点校：《才子牡丹亭》，学生书局2004年版，第127—128页。
② ［俄］弗·雅·普罗普：《故事形态学》，贾放译，中华书局2006年版，第70页。

印证，此处不再赘述。

二、画中人型与冯小青型

"还魂记型"还包含三个亚型："画中人型""冯小青型"和"桃花人面型"。"画中人型"与"冯小青型"中，写真和还魂为最重要关目，故一并探讨。

1. 画中人型

其情节、母题与剧目可概括如下：

情节：

（1）书生自绘或得到美人写真图。

（2）书生呼唤，美人离魂，从画中飘下与之相会相恋。

（3）期限已到，美人返回画中；或美人因离魂而身亡。

（4）经历一番劫难，美人还魂返生，与书生团圆。

母题：写真、还魂、幽媾、拷问、赶考中试、相助、误会、替代、点化

杂剧：《乔影》（清吴藻）

传奇：画中人（明吴炳）、《桃花影》（清范鹤年）

此型类似人神或人魂相恋故事形态，虽然"还魂记型"及其他亚型大多有"写真"母题，但却没有像此型那样成为前后勾连、贯穿全篇的最重要关目，故此单独列出。

"画中人"的故事类型见［德］艾伯华《中国民间故事类型》"动物或精灵跟男人或女人结婚"中第36型："a. 一个穷人得到一张美女的画，他诚敬地供奉这幅画。b. 有一天他回家时，饭都做好了。c. 数天后，他暗地窥视从画上下来的美女，把她抱住，娶她为妻。d. 过了很久，当生下几个孩子后，妻子又回

到画中去了。"①

丁乃通《中国民间故事类型索引》亦有此型，列在"一般的民间故事"中，编码为 AT400B【画中女】："英雄爱上肖像中的女子，或她已应允许配给他。她和他在一起住了些时，是真人的样子。但由于各种原因后来离开了。有时他忧伤而死。有时他去寻找她，终于把她找回。"AT400【丈夫寻妻】中亦有相似的情节片段。②

祁连休《中国古代民间故事类型研究》考证此型雏形于唐段成式《酉阳杂俎》前集卷十四《诺皋记上》"屏妇踏歌"故事，托名陆勋撰《志怪录·宫屏妇人》由此改写。唐末无名氏《闻奇录》写唐进士赵颜与真真事为这一故事类型的最早的正式文本。其后，有元陶宗仪《辍耕录》卷十一《鬼室》、清程趾祥《此中人语》③，以及《夷坚志》所述临川贡士张桦与吴四娘事，明天顺间绍兴上舍葛棠与画中仕女事，皆写画中美人事。④

明吴炳传奇《画中人》为本型代表，戏曲虽有所本，如第四出《玩画》："我的美人，我的姐姐，我的心肝。【尾声】闺房肖谁家秀，只未识真真是否，可容我咬定牙关叫不休。"但与笔记小说多有不同，《画中人》有更多模仿《牡丹亭》处，如《牡丹亭》多次提到"画中人"情节，如第十四出《写真》【尾犯序】曲有云："寄春容教谁泪落，做真真无人唤叫。""秦宫一生花里活，崔徽不似卷中人。""做真真无人唤叫"即赵颜事，"崔徽不似卷中人"亦与画中人相关。第二十六出《玩真》【簇御林】曲云："美人！美人！姐姐！姐姐！向真真啼血你知么？叫的你喷嚏似天花唾，动凌波，盈盈欲下，不见影儿那。"又第三十出《欢挠》【隔尾】提到"画屏人踏歌"，明显来自《酉阳杂俎》。第三十二

---

① ［德］艾伯华：《中国民间故事类型》，王燕生、周祖生译，商务印书馆1999年版，第66页。
② ［美］丁乃通编著：《中国民间故事类型索引》，郑建威等译，华中师范大学出版社2008年版，第76、70页。
③ 祁连休：《中国古代民间故事类型研究》，河北教育出版社2007年版，第581—584页。
④ 郭英德：《明清传奇综录》，河北教育出版社1997年版，第423页。

出《冥誓》生旦对话："（旦）可知道，奴家便是画中人也。（生合掌谢画介）小生烧的香到哩。"这里亦用画中人事。

除此，《画中人》作者在剧中也透露出其对《牡丹亭》的有意模仿，如第五出《示幻》云："天下人只有一个情字。情若果真，离者可以复合，死者可以再生"，第十六出中有诗云："不识为情死，那识为情生。"末出又作诗道："河上三生留古寺，从今重说《牡丹亭》。"青木正儿在《中国近世戏曲史》中亦云：

> 两剧（按：即《牡丹亭》与《画中人》）中男女不可思议之姻缘均以一幅画像神秘缔结，因此女子一旦死去而幽媾，然后再生而结现世之姻缘，为其眼目，吴炳有意识的学汤显祖也明矣。然此非简单之盲从的模仿，其自身亦抱别种趣向另出新意者，读之令人毫不厌其蹈袭，反使人叹其转机之妙用者，固可谓为一高手也。①

《画中人》虽摹仿汤作，但结构上有很明显的不同，全篇以"画像"为叙事线索，上下绾结，前后勾连，如开篇《画略》《图娇》《玩画》《呼画》到《画现》叙述庚生以真情感动琼枝，从画中飘落，魂灵离开肉身而与之结缘。《哭画》《画变》《再画》叙画像失落而遭逢劫难之事，至《壁画》画像失而复得，而《魂遇》《画生》则叙庚生开馆、琼枝还魂再生，最后《证画》终成婚团圆。可以说整个故事围绕此画像而构成，在这点上，范鹤年《桃花影》有较明显的摹仿《画中人》的痕迹，此剧一名《离魂记》，一名《五色线》，叙赵颜、真真事。②看其关目设计多以"真"字（亦是契合"真真"之名），似《画中人》多以"画"字作为标目，如开篇《写真》《赠画》缘起，中间《唤真》《遣真》《降真》，赵颜呼画，感动真真下凡，结百日姻缘。《窥真》《误真》《疑真》则画像失落，二人缘尽分离。《离魂》《合真》叙真真以五色线引妹妹倩倩代替自己与

---

① ［日］青木正儿：《中国近世戏曲史》，王古鲁译，中华书局2010年版，第236页。
② 按此剧未寓目，故事情节主要参考阿英《桃花影传奇》（载《阿英全集》第八卷，安徽教育出版社2003年版，第443—447页）、郭英德《明清传奇综录》（河北教育出版社1997年版，第1121—1123页）。

赵颜好合。又历经一番挫折，误会消除，《证真》而大团圆。同时，出现两个女子及李代桃僵、借尸还魂等情节，却又与《梦花酣》《洒雪堂》《坠钗记》有相仿处，皆明显承自《倩女离魂》。

《乔影》比较特殊，叙女子改易男装，自绘写真图，玩赏小像，朗读《离骚》，抒发牢骚愤懑之情。"百炼钢成绕指柔，男儿壮志女儿愁。今朝并入伤心曲，一洗人间粉黛愁。我谢絮才，生长闺门，性耽书史，自惭巾帼，不爱铅华。敢夸紫石镌文，却喜黄衫说剑。若论襟怀可放，何殊绝云表之飞鹏；无奈身世不谐，竟似闭樊笼之病鹤。"这里显然有作者吴藻身为女性，借他人酒杯，浇自己块垒的沉痛感情在，是一种自我精神的写照。此剧有写真、呼画、祭奠等母题，故入此型。

2. 冯小青型

其情节、母题与剧目概括如下：

情节：

（1）女子为人做妾，遭遇悍妒大妇之折磨；或女子本为上界神仙，因思凡被贬人间。

（2）女子病重，仿杜丽娘，觅人为自己写真；

（3）女子抑郁而亡，a后复生还魂，改适他人；b或死后亡灵被度化，超升天界。

母题：诗媒、相思、写真、还魂、相助、悍妒、点化、祭奠

杂剧：《春波影》（明徐士俊）、《挑灯剧》（明来集之）、《遗真记》（清廖景文）、《昙花梦》（清梁廷枏）

传奇：《疗妒羹》（明吴炳）、《风流院》（明朱京藩）、《梅花梦》（清张道）、《孤山梦》（清无名氏）

此型与《牡丹亭》《画中人》极似，但重要的区别在于：一是多就冯小青故事敷演，故多大妇悍妒的母题；二是多有下凡历劫、再度脱升天等轮回情节。

《疗妒羹》演绎冯小青题《牡丹亭》事，多处摹仿《牡丹亭》。杨恩寿《词余丛话》云："小青诗云'冷雨凄风不可听，挑灯闲看《牡丹亭》。世人亦有痴如我，岂独伤心是小青。'《疗妒羹》就此诗意，演成《题曲》一出，包括《还魂记》大旨，处处替写小青心事，确是小青题《牡丹亭》，不是吴江俞二姑题《牡丹亭》。"

　　《风流院》，祁彪佳《远山堂曲品》将此剧列入逸品："《春波影》传小青而情郁，郁故妩媚百出；《风流院》演为全本而情畅，畅则流于荒唐。故有所谓窈窕仙子，幽囚落花槛中者。且传得汤若士粗夯如许，大煞风景。"① 吴梅《瞿安读曲记》跋语评曰："《疗妒》以小青改适杨生，此书又适舒生，使小青地下蒙诟，皆非正当。惟词采则可取耳。"② 又云："《稽籍》一出，以汤显祖为风流院主，将西湖佳话衬托丽娘，隐作小青影子，如戴三娘、沈倩姬、杨六娘、俞二姑辈，一一付诸歌咏，文字又极瑰丽。此正荒唐可乐，较石渠似胜一筹矣。"③

　　《昙花梦》演毛奇龄事，曼殊本为观音净瓶中白芍药，思凡降临人间嫁给毛奇龄，自知不久于尘世，觅画工写真图，名为留视图。毛奇龄原配善妒，曼殊被逼改嫁，坚执不从，后病亡。此剧亦有相思成疾、写真、悍妒、病亡、点化、托梦等母题，故入此型。

　　人和画中人相恋，从人类学角度而言，这是一种原始思维即"互渗律"的影响。法国人列维·布留尔指出："原始人……不论是画像、雕像或者塑像，都与被造型的个体一样是实在的。"又说"特别是逼真的画像或者雕塑像乃是有生命的实体的 alter ego（另一个我），乃是原型的灵魂之所寓，不但如此，它还是原型自身。""为什么一张画像或肖像对原始人来说和对我们来说是完全不同的东西呢？如在上面见到的那样，他们给这些画像和肖像添上神秘属性，这又作何解释呢？显然，任何画像，任何再现都是与其原型的本性、属性、生命'互

---

① 中国戏曲研究院编：《中国古典戏曲论著集成》第六册，中国戏剧出版社1959年版，第15页。
② 王卫民编《吴梅戏曲论文集》，中国戏剧出版社1983年版，第449页。
③ 同②，第444页。

渗'的。这种'互渗'不应当理解成一个部分——好比说肖像包含了原型所拥有的属性的总和或生命的一部分。由于原型和肖像之间的神秘结合，肖像就是原型，如同波罗罗人就是金刚鹩哥一样。这意味着，从肖像那里可以得到如同从原型那里得到的一样的东西；可以通过对肖像的影响来影响原型。"①

在英国人类学家弗雷泽看来，这是一种"模拟巫术"的原理，与"互渗律"实质是一致的。他在《金枝》说，"未开化的人们常常把自己的影子或映像当作自己的灵魂，或者不管怎样也是自己生命的重要部分。""对于影子和映像的想法做法如此，对于人的肖像也是这样：认为其中包含了本人的灵魂。具有这样信念的人当然不愿意让人家给自己画像，因为如果肖像就是本人的灵魂或者至少是本人生命的重要部分，那么，无论谁拥有这帧画像就能够对肖像的本人做出致命的影响。"②《西游记》第三十二回《平顶山功曹传信 莲花洞木母逢灾》，金角大王将唐僧师徒画影图形，以便捉拿。八戒看见自己的"影神图"，大惊道："怪道这些时没精神哩！原来是他把我的影神传将来也！"八戒的这种反应便是这种古老的巫术思维影响到的民俗心理所致。

人魂之恋（画中人情结），从心理学角度也可视为一种"影恋"。潘光旦说："奈煞西施现象，译者一向也译作'影恋'，因为影恋确属这个现象的最大特色。希腊神话所表示的如此，后世所有同类的例子也莫不如此。不论此影为镜花水月的映像，或绘制摄取的肖像，都可以用影字来赅括；中国旧有顾影自怜之说，一种最低限度的影恋原是尽人而有的心理状态，霭氏在别处也说，'这类似奈煞西施的倾向，在女子方面原有其正常的种子，而这种种子的象征便是镜子'。"③

杜丽娘游园前临镜自照："停半晌，整花钿。没揣菱花，偷人半面，迤逗的彩云偏。"《才子牡丹亭》于此评曰："美人对镜，名为自看，实是看他。袁中郎'皓腕生来白藕长，回身慢约青鸾尾，不道别人看断肠，镜前每自消魂死'可

---

① ［法］列维·布留尔：《原始思维》，丁由译，商务印书馆1981年版，第37、73页。
② ［英］弗雷泽：《金枝》，徐育新等译，大众文艺出版社1998年版，第288、293页。
③ ［英］霭理士：《性心理学》，潘光旦译注，生活·读书·新知三联书店1987年版，第178页。

与'没揣菱花,偷人半面,迤逗的彩云偏'三句相发。"① 所谓"名为自看,实是看他"大有深意,因为镜中的"我"此时已然化身为"另一个我",实与镜前的"我"不同,这个镜中人也就变成了自我的"他者",故看我其实是看他,这种观照的角度亦即影恋的心理依据,因为只有将自己异化为对象,主体客体化,才能投入其中恋上对方。这种现象在"还魂记型"及其亚型中多次出现,多集中在写真等母题。

如改编自《聊斋志异》中《阿宝》的《鹦鹉媒》第二出《写艳》,王宝娘在丫鬟蒨奴的怂恿下写真:"想你素善丹青,似此昼长无事,何不自己画一幅调鹦的行乐消遣情怀?"于是去取素绢笔墨镜台,先行照镜打稿:

> 【普天乐】常则是一泓波娇对整,不争的撤菱花难自省。掠鬓痕再得消详,分笑靥相看不另。(作画介)注秋波自把盈盈定,略则挪颜偏换影。(贴持镜旁照介)靠这一些些评度分明,怕笔尖儿溜来欠领。略描成,早认是镜里卿卿。

《乔影》中谢絮才欣赏自己"改作男儿衣履"后所绘的写真图,不仅赞叹有加:"你看玉树临风,明珠在侧,修眉长爪,乌帽青衫,画得好洒落也!"又云:

> 昔李青莲诗云:花间一壶酒,独酌无相亲,举杯邀明月,对影成三人。这等看起来,这画上人儿,怕不是我谢絮才第一知己?(走过右边看介)
>
> 【南江儿水】细认翩翩态,生成别样娇。你风流貌比莲花好,怕凄凉人被桃花笑,怎不淹煎命似梨花小。絮才,絮才,重把图画痴叫,秀格如卿,除我更谁同调?

冯小青曾招画师来给自己画像,三易其稿方才满意,她焚香献祭于画像,

---

① 华玮、江巨荣点校:《才子牡丹亭》,学生书局2004年版,第128页。

不久抑郁而亡。潘光旦《冯小青考》中认为冯小青患上了"影恋"的病症："特其所持为恋爱的对象不是一个男子，亦不是一个同性的女子，乃是镜匣中的第二个自我。"小青诗句"瘦影自临春水照，卿须怜我我怜卿""妾映镜中花映水，不知秋思落谁多"等；《女才子书·小青》中小青读《牡丹亭》"寻梦""冥会"诸出，止不住悲叹"我徒问水中之影，汝真得梦里之人"，她"临池自照，对影絮絮如问答"，又如"独淡然凝坐，或俯清流转盼而已"。小青传记中记载了小青"喜与影语"，病中"明妆冶服，拥幞欹坐"等行为，引述她"罗衣压肌，镜无干影，晨泪镜潮，夕泪镜汐"等，上述种种行为皆有影恋的特点。

又如范文若《梦花酣》第二十五出《落花》，冯翠柳临水自照情景的描写亦是如此：

（照水作惊介）呀，一个姐姐，（回头不见介）（作照水又见介）呀，元来就是俺的影儿。影！影！你一向在那里？到在荒塘逝水之间，与你相逢。

【九回肠】俺问你春寒春冷？可知道心喜心疼？春风无谱伤孤另，捧晴光那处婷婷。（作无语细视介）你看我婷婷独立，我看你楚楚无言，不知你是我的影，还是我是你的影。（作痴介）你怜我飘来翠羽花无梗，我怜你长出仙衣水一泓，相厮映。若不是春波儿洗朱蟾净，抵多少照孤清白草幽扃。（春波春波，俺翠柳的影，凭你活现，凭你收拾），那冰姿总比牵风苲，我生色谁悬冷画屏。（影儿，影儿，俺和你絮絮叨叨，说了半晌，怎没半句回我？）早难道田田水、喃喃絮、晶晶艳，不会解、惜惺惺？

弗雷泽又云："原始人认为影子相等于生命或灵魂这样一种观念。"[①]"有人

[①] ［英］弗雷泽：《金枝》，徐育新等译，大众文艺出版社1998年版，第291页。按：画中人类型亦有宗教方面的影响，详见王立《图画崇拜与画中人母题的佛经渊源及仙话意蕴》，《南开学报》2008年第3期。

相信人的灵魂在自己的影子里，也有人相信人的灵魂在水中倒影或镜中的映影里面""许多未开化的人把人的影子和人的生命看得十分紧密相关，如果失去影子，就要导致人体虚弱或死亡。"① 既然镜与影都有摄魂的功能，故照镜与照影往往成为一种世俗的禁忌，"为什么古印度和古希腊人告诫人们不要看水中自己的映影；为什么希腊人认为如果谁做梦看见自己的倒影就是死亡的恶兆。他们恐怕水中的精灵会把人的映像或灵魂拖下水底，使人失去灵魂而丧生。也许这就是关于美少年纳西塞斯的优美传说的来源（纳西塞斯看见水中自己的影子，随后就日渐羸弱而死去了）。"② 故写真母题亦往往与死亡意识紧密相连，如《乔影》谢絮才感叹："你道女书生直甚无聊，赤紧的幻影空花，也算福分当消……为甚粉悴香憔，病永愁饶？只怕画儿中一盏红霞，抵不得镜儿中朝夕红潮。"这里隐约透漏出福薄命薄的哀婉之意。《风流院》和《疗妒羹》中均有《絮影》出，如《疗妒羹·絮影》：

【金络索】……又无端小步园池，愁影落清波里。（你看一泓新水，可爱人也。）（作照水整鬓介）

【前腔】钿心略左，移翠尾，宜偏倚。（见影介）避影游鱼忽怪波痕绮，虽然瘦损，多减光仪，还似清浅横斜照水梅。（叫影介）小青娘，小青娘，谁着你风姿占断人间美……（对影介）新妆竟与画图争，知在朝阳第几名。瘦影自临春水照，卿须怜我我怜卿……

在另一部以冯小青故事为题材的戏曲《春波影》中，这种死亡气息则更浓烈些。如第三出：

（旦）老嬷嬷，烦你挂在榻前，待我奠他杯酒儿。（妪作挂完）（旦奠酒介云）小青小青，此中岂有汝缘分乎？

【耍孩儿】你那秋波滴沥湘波冷，长守着孤帏只影。杯中梨酒莫辞

---

① ［英］弗雷泽：《金枝》，徐育新等译，大众文艺出版社1998年版，第290、292页。
② 同上书，第292—293页。

倾,小青儿是你前身。博得个三更枝上留残照,煞强似二月街头卖早春。心如哽,卿须怜我,我也怜卿。

（又晕倒介）……你朱门重到无人迹,只有那、片影桃花倩女魂。情难尽,千愁万怨,短简长吟。

然而,无论如何,影子毕竟仍然是影子,影恋仍只是一种孤芳自赏,若不能获得另一个真实主体的爱情,这种恋爱是不能长久的,正如西方神话纳西塞斯的沉溺,和我们"自爱其色,终日映水"的山鸡自舞,若不知止,结局只能是走向死亡的悲剧。

三、桃花人面型

第三种亚型即"桃花人面型",其情节、母题与剧目概括如下:

情节:
（1）书生邂逅小姐,一见钟情,遂订婚约。
（2）书生再度寻访小姐不遇,题诗门上。
（3）小姐归来见诗,相思致疾而死。
（4）书生闻讯,前往哭祭,小姐因之死而复生,遂合襟团圆。
母题:邂逅、一见钟情、误约、相思、梦会、还魂
杂剧:《桃花人面》（明孟称舜）、《桃源三访》（明孟称舜）、《桃花吟》（清曹锡黼）、《桃花缘》（清朱景英）
传奇:《桃花记》（明金怀玉）

此型敷演崔护事,重点在误约后相思病死,后于哭祭时复活,因有还魂等母题,故为还魂记亚型。丁乃通《中国民间故事类型索引》亦有此型,AT885A【好像死去的人】:"当那姑娘的情人对着姑娘的尸体或坟墓痛哭时,那姑娘复

活了；有时她并不是真死，只是假死而已。"①

祁彪佳《远山堂剧品》给予孟称舜《桃花人面》很高的评价："作情语者，非写得字字是血痕，终未极情之至。子塞具如许才，而于崔护一事，悠然独往，吾知其所钟者深矣。今而后，崔舍人可以传矣；今而后，他人之传崔舍人者，尽可以不传矣。"

祁彪佳《远山堂曲品·具品》评金怀玉《桃花记》云："腐塾习气，时时露出。文章惟俗字不可医，正谓此等手笔耳。传崔护伪为作佣书，如唐伯虎之于华学士，乃复造为指腹分襟之说，益其俗矣！"

祁彪佳《远山堂曲品·艳品》评王澹《双合记》云："澹翁饶有才情，闲于法而工于辞，虽纤秾之中，不碍雅则，但人面桃花，情长而景短，引入他事，虑其蔓衍，不引入，又虑寂寥，所以此曲终未得为大观也。女殇在崔舍人从戎先，及其凯旋，自云已历半载，而情感复生，乃其死方三日之内，是其粗处。"《双合记》已佚，但由此可知此本亦演桃花人面故事。

四、还魂记型主要母题述略

还魂记型主要涉及母题有多种，篇幅原因，本文仅考察主要的几种如还魂、写真和梦会等，在具体论述时，这些母题在戏曲中却不仅限于上文谈到的剧目。

1. 还魂

还魂主要包括三种情况，一种为"离魂"，乃是灵与肉的分离，但人未死亡。元杂剧《倩女离魂》所述离魂的情形："一会家缥缈呵忘了魂灵，一会家精细呵使着躯壳，一会家混沌呵不知天地。"（第三折）正如英国人类学家弗雷泽

---

① ［美］丁乃通编著：《中国民间故事类型索引》，郑建威等译，华中师范大学出版社 2008 年版，第 188 页。

《金枝》所描写的:"一个人的灵魂要离开其身体,并不一定必须在熟睡时,醒时也可离去,于是他就会害病,精神恍惚,或死亡。"①

第二种可以称之为"返生",即死而复生,没有离魂的情形出现。如《桃花女》杂剧中桃花女被周公派人砍掉本命桃树而死,但又通过耳边高叫三声死而复活。陆采《明珠记》侠客古押衙以茅山道士的灵药续命胶配成毒酒,让刘无双饮鸩自尽,然后再使其复苏还生。孟称舜《桃花人面》中叶蓁儿因相思成疾而死,崔护哭祭灵前而使其返生。

第三种即"还魂",稍复杂些,结合了离魂和还魂,此时的离魂可谓是在肉体已经亡灭的情况下出现的幽魂。故在真正肉身得以复活之前,还有离魂情景的描写,可称之为"还魂"。如《坠钗记》,本事出自瞿佑《剪灯新话》的《金凤钗记》,女主人公何兴娘的亡魂附在妹妹庆娘的病体上,劝说父母,以庆娘代己续崔生之婚的心意,待父母同意后,方才离去,庆娘于是病体痊愈,与崔兴成婚,后兴娘之魂被超度成仙。《倩女离魂》最终是灵肉合一,仍可谓还魂。《长生殿》第三十七出《尸解》叙杨贵妃离魂为上帝派织女度脱升天,之前要将灵魂和肉身合一方能升天(尸解之后已成仙,已非"魂魄""鬼魂"可比),此剧较详细地描写了这种情景,舞台效果明显:

【南吕过曲·香柳娘】往郊西道北,往郊西道北,只见一拳培塿,[副净]到了,[旦作悲介]这便是我前生宿艳藏香薮。[副净]小神向奉西岳帝君敕旨,将仙体保护在此。待我扶将出来。[作向古门扶杂,照旦妆饰,扮旦尸锦褥包裹上][副净解去锦褥,扶尸立介][旦见作惊介]看原身宛然,看原身宛然,紧紧合双眸,无言闭檀口。[副净将水沃尸介]把金浆点透,把金浆点透,神光面浮,[尸作开眼介][旦]秋波忽溜。

[尸作手足动,立起向旦走一二步介][旦惊介]呀,

---

① [英]弗雷泽:《金枝》,徐育新等译,大众文艺出版社1998年版,第278页。

【前腔】果霎时再活，果霎时再活，向前移走，觑形模与我无妍丑。[作迟疑介]且住，这个杨玉环已活，我这杨玉环却归何处去？[尸作忽走向旦，旦作呆状，与尸对立介][副净拍手高叫介]玉妃休迷，他就是你，你就是他。[指尸向旦介]这躯壳是伊，[指旦向尸介]这魂魄是伊，真性假骷髅，当前自分剖。[尸逐旦绕场急奔一转，旦扑尸身作跌倒，尸隐下][副净]看元神入彀，看元神入彀，似灵胎再投，双环合凑。

【前腔】[旦作起，立定徐唱介]乍沉沉梦醒，乍沉沉梦醒，故吾失久，形神忽地重圆就。猛回思惘然，猛回思惘然，现在庄周，蝴蝶复何有。我杨玉环，不意今日冷骨重生，离魂再合。真谢天也。似亡家客游，似亡家客游，归来故丘，室庐依旧。

还魂除了自身还魂返生之外，还有包括借尸还魂的情景。如《梦花酣》中的谢倩桃为了心爱的人，先是灵魂附身彩鸾，后又借尸还魂。

关于灵魂，英国人类学家爱德华·泰勒提出了"万物有灵论"，认为天下万物皆有灵魂。在《原始文化》一书中，他是这样描述灵魂的："灵魂是不可捉摸的虚幻的人的影像。按其本质来说虚无得像蒸汽、薄雾或阴影。它是那赋予个体以生气的生命和思想之源；它独立地支配着肉体所有者过去和现在的个人意识和意志；它能够离开肉体并从一个地方迅速地转移到另一个地方；它大部分是摸不着看不到的，它同样也显示物质力量，尤其看起来好像醒着的或者睡着的人，一个离开肉体但跟肉体相似的幽灵；它继续存在和生活在死后的人的肉体上，它能进入另一个人的肉体中去，能够进入动物体内甚至物体内，支配它们，影响它们。"①

林惠祥《文化人类学》指出，"灵魂"来自"复身"（The double）或"双重人格"（Double personality）的观念。所谓复身，即另一个身体，"阴影与映

---

① [英]爱德华·泰勒：《原始文化》，上海文艺出版社1996年版，第416页。

像都是复身的表现。"其他如梦、昏厥、迷乱癫痫也促成这种观念,"至于死亡则可解释为复身不再回归原体了,这个复身便是所谓'灵魂',人类死后的灵魂别称为'鬼魂'(Ghost)。各民族的灵魂一语几乎全是借用气息、阴影这一类字。……灵魂便是'无实质的他我',换言之,便是无形无质而凭附于身体的一种东西。"①

不过,对于戏曲来说,离魂并不是缺乏实质性的他我,反而是和肉身有着差不多功能的另一个"我",这在诸如汤显祖《牡丹亭》等剧中表现得很明白。

2. 写真

写真,指真人肖像画,描绘自己或他人形象。多为女子临死前描画自己形象或者男主人公将自己梦中情人的形象付之于丹青。但如《琵琶记》第二十九出《乞丐寻夫》则不同,赵五娘进京寻夫前描绘已死公婆形象,为一路祭拜,同时也为将来给丈夫看。这里的写真是为了供祭奠使用的,画下来的肖像,就称之为"真容"。《目连救母·罗卜描容》与《琵琶记》关目相同,为罗卜描画亡母真容,为的是朝夕侍奉。②

元杂剧《两世姻缘》第二折,韩玉箫临死前自画写真,并于写真图上题《长相思》词一首:

(正旦云)不拘甚么饮食,我吃不下去了。但觉这病越越的沉重了,你拿幅绢来,我待自画一个影身图儿,寄与那秀才咱。(做对砌末画像科)

(云)梅香,将镜儿来我照一照,则怕近日容颜不似这画中模样了也。(览镜长吁科唱)【柳叶儿】兀的不寂寞了菱花妆镜,自觑了自害心疼,将一片志诚心写入了冰绡峥。这一篇相思令,寄与多情,道是

---

① 林惠祥:《文化人类学》第 2 版,商务印书馆 1991 年版,第 242—243 页。
② 参见《敦煌的写真邈真与肖像艺术》,载姜伯勤《敦煌艺术宗教与礼乐文明:敦煌心史散论》,中国社会科学出版社 1996 年版,第 77—92 页。

人憔悴不似丹青。【高过随调煞】心事人拔了短筹，有情人太薄幸。他说道三年来，到如今五载不回程，好教咱上天远，入地近，泼残生恰便似风内灯。（唱）比及你见俺那亏心的短命，则我这一灵儿先出洛阳城。

比较《牡丹亭》第十四出《写真》：

哎也，俺往日艳冶轻盈，奈何一瘦至此。若不趁此时自行描画，流在人间。一旦无常，谁知西蜀杜丽娘有如此之美貌乎？春香，取素绢丹青，看我描画。也有古今美女，早嫁了丈夫相爱，替他描模画样。也有美人自家写照，寄与情人。似我杜丽娘寄谁呵？【尾犯序】心喜转心焦，喜的明妆俨雅，仙佩飘摇。则怕呵把俺年深色浅，当了个金屋藏娇。虚劳，寄春容教谁泪落，做真真无人唤叫。（泪介）堪愁天，精神出现留与后人标。

春香，悄悄唤那花郎分付他。（贴叫介丑花郎上）秦宫一生花里活，崔徽不似卷中人。

这里的"崔徽"故事，见曾糙《类说》卷二十九引《丽情集·崔徽》，崔徽本为唐歌妓名，曾与裴敬中相爱，既别，托画家写其肖像寄敬中曰："为妾谢敬中，崔徽一旦不及卷中人，徽且为郎死。"后抱恨而卒。第二十六出《玩真》亦有："小娘子画似崔徽。"亦可见《牡丹亭》有模仿《两世姻缘》之处。

《贞文记》第二十六出《哭墓》为小姐沈玉娘为死去的丈夫沈佺写真，并去墓前祭拜，此为特别之处。《鹦鹉媒》的写真则是《调鹦图》，写真图中出现鹦鹉。鹦鹉成为二人联系的媒介。《长生殿》则以塑像哭像，类似写真。

3. 梦会

男女因相思相恋而梦中相会，宋玉《高唐赋》《神女赋》即有精致的渲染。戏曲中梦会大致有两种情况，一种因相思而梦中相会，乃日有所思、夜有所梦所致，但醒来便知虚妄，事实上并未发生过。但还有一种情况，梦中所历，并非虚幻，乃是真实发生的现实，这一类现象在戏曲中大量存在。

《西厢记》第十六折"草桥惊梦"演张生思念莺莺，梦见莺莺私奔出城，追赶上张生，后因莺莺被强盗抢夺，受惊吓而醒。

> （睡介旦上）长亭畔别了张生。好生放不下。老夫人和梅香都睡着了。我私奔出城。赶上和他同去。……
>
> （卒抢旦下生惊介）小姐。小姐。（搂住琴童介）小姐抢在那里去了。（琴）相公怎么。（生）哈，元来却是梦里。且将门儿推开看，呀！只见一天露气，满地霜华。晓星初上，残月犹明。无端燕鹊高枝上，一枕鸳鸯梦不成。

这一情节可以说既是"私奔"又是"梦会"，此段关目屡屡被后人模仿，但大多仅演绎"梦会"。《倩女离魂》第三折即仿此：

> （云）我这一会昏沉上来。只待睡些儿哩。（夫人云）梅香。休要炒闹。等他歇息。我且回去咱。（夫人同梅香下）（正旦睡科）（正末上见旦科云）小姐。我来看你哩。（正旦云）王生。你在那里来。（正末云）小姐。我得了官也。……
>
> （正末云）小姐我去也。（下）（正旦醒科云）分明见王生。说得了官也。醒来却是南柯一梦。（唱）

《牡丹亭·惊梦》叙杜丽娘因游园伤春而入梦，在梦中见到柳梦梅，由花神撮合，于花园牡丹亭畔芍药栏前结不解之缘。汤显祖说："梦中之情，何必非真。"故通过写梦，来突出他对爱情的看法，杜丽娘由梦生情，由情生病，因病而死，死而再生；与意中人先有梦中结合，继而阴间结合，最终人间结合；没有爱可得到爱，没有情人可生出情人，现实生命死亡可作为理想人生的起点，所以梦会即至情的一种表现方式。许多传奇都受此影响，如张坚《梦中缘·幻缘》叙布袋和尚引钟心与文媚兰在梦中幽会。薛旦《鸳鸯梦·合梦》出亦仿《惊梦》，由梦神赠合梦灵符，引导秦璧与崔娇莲梦中幽会，六位花神则赠诗以传示仙机,指点前程。

王元寿《异梦记》叙王奇俊与顾云容一见钟情,当夜王奇俊梦入顾云容闺房中,二人题诗欢会,离别时云容将紫金碧甸环赠王,王则以水晶双鱼佩为酬而别,醒后,王奇俊所赠之物确实在顾云容身边,而顾所赠王的表记亦在王处。桌上的题诗墨迹尚未干。梦里姻缘终成现实,则与《牡丹亭》同一机杼。

还有一种比较特殊的情景,即如《西楼记》第二十出《错梦》,于鹃因思念情人穆素徽而致病几死,后因渴慕太甚,以致颠倒梦想,梦中相会的情人,在梦中却也还是假的,这一段别有情趣:

（做睡介小生扮生魂上）十里平康风露幽,美人家住大桥头。匆匆寻向桥东去,不见当初旧酒楼。于鹃乘此夜静,偷访素徽,不知何处是他家里？……

（净扮梦中素徽,作醉态掩面,杂扮侍女扶上,小净扮嫖客,杂扮家僮随后同上）【南㑳㑳令】银河清影泻,珠斗澹明灭。夜漏沉沉天街静,醉拥着佳人闲步月。【北收江南】（小生）呀,佩环行恰逐彩云斜,绮罗香好被晚风揭。（指净介）这个是素徽,我便撞死在他身上,也说不得了。（赶上扭住净）素徽,你为何负义忘恩？（净）呸呸呸,这是怎么说？（小净）咄咄咄,这是什么人？我那里认得你？（小生）呀,作怪,分明是他,如何近身来变了奇丑妇人,毫厘不像,与西楼相会那娇怯,全不似半些,全不似半些。（净）我便是穆素徽,还有什么素徽,人也不认得的。（众）这个人是盲鳅,只管乱撞。（小生）好教我浑身是口费分说。（小净）小厮每,打那厮去。（众应介,侍女拥净小净诨下,众家僮拉住小生指唱介）【南园林好】这书生胡言乱说,蓦忽地狎人爱妾,敢把我拳头轻惹。（攒打小生介）请吃打,漫饶舌。请吃打,漫饶舌。（众诨下,小生怒介）呀,好生古怪。【北沽美酒带太平令】（沽美酒）待将咱死誓决,只道是素徽也。原来是估客村姬。呸,错认了村姬遭嫚亵。莫不是素徽形容已改,风流体态不可得了。咦,是分明看者，早知是变了枯瘿。若这个就是他，我也还要问个明白，不道被狠奴打散了。呀，霎时人都不见，一派都是大水，怎么处？
【太平令】才转眼云容山叠，见浩渺水光天接。旧西楼迢迢难越，还怕向怒涛沈灭。我呵，一霎的听些见些，是河翻海决。呀，吓得人魂飞魄绝。（内鸣锣小生急下生做醒介咽转大哭介）

梁廷枏《断梦缘》杂剧更为特殊，写书生高梦生与佳人陶四眉各自梦见对方与己相会，二人私定终身，后双方梦魂同时去寻找对方，却两不相遇。梦王指出二人只有梦中之情缘，而现实中无缘，实属于路人，经此点化，二人方大梦初醒，梦魂重返世间。

对"临川四梦"评点的传播学解读

王省民

摘 要 "临川四梦"创作出来以后,不同时代的人都对之进行过诠释,发掘其中有价值的思想,这些诠释反映了人们对这四部剧作接受的程度。本文从评点传播的角度来分析评点者对其中情、梦、仙、佛的理解与认识,对其中批判精神的发掘,以便我们更好地认识"临川四梦"所具有的传播价值。

关键词 临川四梦;评点传播;接受

戏曲评点是读者对戏剧作品的接受过程,也是一种特殊的批评形态,它紧密地附着于作品文本,往往最能够贴近作品的文类特征,也最能够揭示出作品的"美和缺点",实现文学批评的功能。① 戏曲评点随着戏剧作品的传播,使其自身特色得以成熟,具有较为统一的形态,同时,戏曲评点也在不同程度上影响着戏剧作品的传播,与其共同演化、共同生存,帮助不同时代的人们更好地解读戏剧作品。有关"临川四梦"的评点反映了不同时期的人对汤剧的接受与传播,体现了人们的思想认识水平。

---

① 朱万曙:《明代戏曲评点研究》,安徽教育出版社2004年版,第4页。

一、评点者对"临川四梦"中情的诠释

在"临川四梦"中,着力表现男女情爱的是《紫钗记》和《牡丹亭》,人们对汤剧中"情"的诠释多集中在这两部剧作上。先看看《紫钗记》的评点,吕天成说它"描写闺妇怨夫之情,备极娇苦,直堪下泪。真绝技也"①。吕天成把李霍爱情视为闺妇怨夫的相思之情,他没有认识到剧中所表现的情感已具有崭新的内容。"紫钗尽于旅食,红玉瘦于伤春,打杀鸳鸯,还书恨字,悔教鹦鹉错唤郎来。绿鬓佳人,遽掩余桃之泪,黄衫豪士难收覆水之心。"②费元禄仍然停留在《霍小玉传》中李霍婚姻悲剧的认识上,没有认识到汤显祖对李霍婚姻悲剧做了根本性的改变,把批判的矛头指向了以卢太尉为代表的权贵势力。"有某生侨寓金阊,与姬交甚密,席间歌玉茗传奇'折柳'一阕,生以还伤薄幸,止之。姬曰:'君诚多情。然小玉赍恨无穷,正使人鉴此情痴,则死将不朽。且彼自薄命,于十郎何尤?'生默然无以应。嗟乎,紫玉谁怜,黄衫何处?姬殆古之伤心人与!"③这里记述人们观看《紫钗记》演出后的真切感受,这位歌姬认为小玉对爱情一往情深,其爱死将不朽,这是很有见地的。但她把霍小玉的不幸遭遇归之于红颜薄命,说明其思想的局限。"莲卿何事纤眉曲?岂怜他,才郎弃旧,女郎无福?从古好花容易飐,防尔亦如秋菊。叹沦落,供人娱目。便有黄衫来作合。早声声,痛彻青灯屋。试回想,弃膏沐。"④这首"折柳"词的作者还是停留在李益喜新厌旧,小玉无福维持自己美满婚姻的认识上,感叹红颜易老,佳人遭弃,即使黄衫客拔刀相助,也挽救不了他们破裂的婚姻。"折柳依依唱晚风,送君肠断五花骢。旁人只道愁如海,那解魂销一曲中。"⑤"人天大

---

① 毛效同:《汤显祖研究资料汇编》,上海古籍出版社1986年版,第655页。
② 同上书,第663页。
③ 同上书,第801页。
④ 同上书,第839页。
⑤ 同上书,第840页。

梦寄词章，一曲氍毹泪万行。"①评点者缺乏汤显祖那样深邃的思想，没有认识到《紫钗记》主题思想的变化，不能读懂汤显祖所赋予李霍形象以新的意义，也就无法认识这一剧作的真正价值：改编后的剧作着力表现青年男女生死相许的脉脉深情，表现了爱情中专一、自由和平等的精神。

在"临川四梦"中，最能表现"至情"理想的无疑是《牡丹亭》。先看潘之恒《堙情》的评点："夫结情于梦，犹可回死生，成良缘，而况其构而离，离而合神者乎。自《牡丹亭》传奇出，而无情者隔世可通。"②《牡丹亭》通过梦幻的形式来表现杜柳的爱情，剧中男女主人公先交媾私合，再灵肉分离，然后肉体又与精神合而为一，这种奇特的构思，真让人叹为观止。吕天成指出剧中表现杜丽娘的慕色怀春之情，让人感到格外新奇："杜丽娘事，甚奇。而着意发挥，怀春慕色之情，惊心动魄，且巧妙叠出，无境不新，真堪千古矣。"③吕天成只是点到为止，费元禄则对杜丽娘的慕色怀春之情做了深入的剖析："杜丽娘感梦，觅桃李之幽踪；思女不夫，结柳梅之冥契。讵图桂里长生，但恋树头连理。既而玉颜委之尘土，金棺寄于草莱。一线情根，转轮回之磨，三季枯骨，寻宿对之人。饮恨而终，天还解老，无媒而嫁，鬼亦多情。生死痴迷，抑又甚矣。"④杜丽娘作为古代社会女子，心怀思春之情，却无由可达，只好寄托于梦。然而，其相思之情是如此之深，以致为之相思成疾，一病而亡。杜丽娘这种痴情感动了判官，让她重回阳间，与自己的梦中人相聚，成就一段美好姻缘。剧中着力渲染杜丽娘生死不渝的爱情，将戏剧创作中爱情的表现推向了极致。杜丽娘"梦而死也，能雪有情之涕；死而生也，顿破沉痛之颜。"⑤剧作充分地挖掘了主人公的内心世界，尽情挥洒笔墨，将人物的情感出神入化地表现出来，向读者推出了一场情感的盛宴。王思任亦说："若士以为情不可以论理，死不足

---

① 毛效同：《汤显祖研究资料汇编》，上海古籍出版社1986年版，第805页。
② 同上书，第850页。
③ 同上书，第655页。
④ 同上书，第663页。
⑤ 同上书，第853页。

以尽情。百千情事,一死而止,则情莫有深于阿丽者也。"①《牡丹亭》所写的情不能以常理来推断,其所表现的情爱超越了生死的界线,杜丽娘的情之深是前无古人。"断肠《牡丹亭》,此曲难听。梅边淡白柳边青。争似丽娘欢会处,艳梦刚醒。"②"惊梦""寻梦",并不是杜丽娘一时的生理冲动或者心理冲动,而是她在自然情欲原动力的推动下对青春生命的执着追求,是对真实人生的执着追求,这种"情"是人类的本性,不含有任何的功利目的,是情到深处的自然生成。③评点者或侧重于对作者感受的分析,或侧重于自身情感的抒发,或侧重于剧中人物情感的解剖,等等,从不同角度来诠释剧作,这些评点对《牡丹亭》中"情"的精神内核加以挖掘,体现戏曲评点中对"至情"主旨的赞美与歌颂。

后"二梦"虽然是写仙、写佛,但并不能说就没有情感的表现,其实,这两部剧作中一样有男女爱情的表现,如《邯郸记》中对崔氏情感的表现,《南柯记》中对瑶芳公主和淳于棼相濡以沫情感的表现,都充满了浓郁的人情味。沈际飞就注意挖掘后"二梦"中所蕴藏的情感:"临川有慨于不及情之人,而乐说乎至微至细之蚁,又有慨于溺情之人,而讬喻乎醉醒醒醉之淳于生。淳于未醒,无情而之有情也;淳于既醒,有情而之无情也。惟情至,可以造立世界;惟情尽,可以不坏虚空;而要非情至之人,未堪语乎情尽也。世人觉中假,故不情;淳于梦中真,故钟情。"④淳于棼之情虽不及杜丽娘之"至情",但他留恋于梦中的人与物,将梦境视为真实世界,亦可视为"钟情"。只有达到情至的境界,才可以造立另一个新的世界,即有情之世界;淳于棼如果不是痴迷于情,就谈不上情尽了。吴梅也沿袭了这种说法:"盖临川有慨于不及情之人,而借至微至细之蚁,为一切有情物说法。又有慨于溺情之人,而讬喻乎落魄沉醉之淳于生,

---

① 毛效同:《汤显祖研究资料汇编》,上海古籍出版社1986年版,第857页。
② 同上书,第840页。
③ 阮素芳:《试论〈紫钗记〉中汤显祖的"至情"思想》,《牡丹江大学学报》2007年第4期。
④ 毛效同:《汤显祖研究资料汇编》,上海古籍出版社1986年版,第1325页。

以寄其感喟。"① 淳于棼可以说是一个情痴，当他得知妻子是个蚁子，依然痴情不改，为图再见一面，甚至燃指为香。如果说杜丽娘为情而出生入死，是"情之至"的话，那么，淳于棼为情而不顾人蚁之限，从另一角度诠释了汤显祖的"至情"观。后"二梦"仍然是为"情"而写，汤显祖有慨于世上"无情"之人太多，同时"溺情"之人也太多，因此而写梦，借梦来惊醒世人，其戏剧创作都是"因情成梦，因梦成戏"。②

纵观"临川四梦"，《紫钗记》写"霍小玉能作有情痴"，《牡丹亭》写杜丽娘"情不知所起，一往而深"，《南柯记》写淳于棼"一往之情，则为所摄"，《邯郸记》写卢生"一生耽搁了情字"。汤显祖在戏剧创作中，或借助于虚构的爱情，或借助于虚幻的梦境，寄寓了自己的人生理想和个人情感。③晚明哲学思潮提倡个性解放，对人给予了充分的肯定和尊重，其表现之一就是肯定人情和人欲。正是在这一时代思潮下，戏曲评点中"主情"的观念得到了广泛的确立。评点不仅仅是一种文学批评的手段，它体现了评点者对作品的接受，也是再传播的开始，是促进作品进一步传播的重要途径。这些评点不仅在当时起到引导读者阅读的积极作用，在今天看来，也有助于我们理解汤显祖的戏剧作品。

二、评点者对"临川四梦"中梦、仙、佛的认识

汤氏所推崇的"情"始终带有梦幻色彩，并在梦的自由境界中得到淋漓尽致的展示。在汤显祖看来，梦是由人的真情实感引发的，"梦中之情"是区别于"形骸之论"，能反映人物灵魂深处的情感和欲求。汤显祖专情于梦，执着于梦，长于写梦，用梦一般的形式展示着社会，演绎着人生，诉说着悲喜，留给我们

---

① 毛效同：《汤显祖研究资料汇编》，上海古籍出版社1986年版，第1339页。
② 李敏星：《汤显祖"二梦"的接受研究》，华东师范大学2007年。
③ 谭坤：《人天大梦寄词章——论汤显祖戏曲创作的寓言精神》，《中国戏曲学院学报》2003年第4期。

一部永远也说不完、唱不尽、悟不彻的梦之戏。"梦觉索梦，梦不可得，则至人与愚人同矣；情觉索情，情不可得，则太上与吾辈同矣。化梦还觉，化情归性，虽善谈名理者，其孰能与于斯！"①《牡丹亭》表现杜丽娘的情之梦，杜丽娘梦中遇见一位多情的书生，梦中生情，后来这位梦中的书生果真寻丽娘而来；杜丽娘相思成疾，为情而死，其鬼魂却与梦中人相恋；杜丽娘叫人挖墓开棺，得以死而复生，终于与梦中人团圆，这种奇情奇事，真是令人拍案叫绝。冯梦龙对这种奇特的构想做了进一步地改进："两梦不约而符，所以为奇。原本生出场，便道破因梦改名，至三、四折后，旦始入梦，二梦悬截，索然无味。今以改名紧随旦梦之后，方见情缘之感。"②"惊梦""寻梦""冥判""魂游"等梦幻的情景实在是杜丽娘灵魂深处的一种生命呼唤，作者无疑体验到主人公这种强烈的生命感受与复杂的心理流程，而将它通过戏剧艺术的形式表现出来。从《牡丹亭》中，我们有幸看到了杜丽娘潜意识中那种瞬息万变的复杂曲折的流动状态，特别是隐藏在杜丽娘灵魂深处的最为丰富的心理活动。

最能表现汤剧梦幻人生的要算后"二梦"。沈际飞充分肯定了汤显祖将真境与梦境融为一体的构思手法："临川公能笔毫墨渖，绘梦境为真境，绘驿使、番儿、织女辈之真境为卢生梦境。临川之笔梦花矣。"③冯梦龙也分析了《邯郸记》种种"碍理"之处："贵女安得独处，花诰岂可偷填，招贤榜非一人可袖，千片叶非一人可刺，记中种种俱碍理，然不如此，不肖梦境。"④《邯郸记》有着双重的梦境，以汤显祖的艺术梦境绘写卢生的梦境；同时，《邯郸记》也有着双重的真境：驿使、番儿、织女辈的真境和卢生的真境。而打通梦境与真境的隧道，则是汤显祖的"笔毫墨渖"，是汤显祖的艺术情思和虚构叙事。⑤汤显祖是以梦写真，通过梦幻的形式来再现卢生在现实社会中的种种追求。正如刘志禅所

---

① 毛效同：《汤显祖研究资料汇编》，上海古籍出版社1986年版，第855页。
② 同上书，第1081页。
③ 同上书，第1249页。
④ 同上书，第1305页。
⑤ 郭英德：《明清传奇戏曲文体研究》，商务印书馆2004年版，第247页。

言:"一梦六十年便是实实耳,何必死死认定卢生真伏枕也。"① "临川四梦"的创作体现了作者从描绘现实世界到描绘梦幻世界的转变:《紫钗记》梦幻世界一出,《牡丹亭》梦幻世界六出,《南柯记》梦幻世界四十出,《邯郸记》梦幻世界二十八出。梦幻世界的增多,是汤显祖悲剧意识增强的艺术显现,是他对现实世界认识更加深刻的结果。②

后"二梦"中所写梦境是与仙、佛联系在一起的。"若《邯郸》、若《南柯》,托仙托佛,等世界于一梦。从名利热场一再展读,如滚油锅中一滴清凉露;乃知临川许大慈悲,许大功德,比作大乘贝叶可,比作六一金丹可,即与《风》《雅》骖乘亦可,岂独寻宫数调,学新声斗丽句已哉!"③汤显祖作此"二梦"犹如"清凉散",甚至可以称得上是大乘经典,道家仙丹,他是为了唤醒沉迷于梦中之人。而绝不是为了"寻宫数调","学新声,闻丽句",追求感官上的快乐而已。"《南柯梦》:酒色武夫,迺从梦境证佛,此先生妙旨也。《邯郸记》:穷士得意,兴尽可仙。先生提醒普天措大,功德不浅。即梦中苦乐之致,犹令观者神摇,莫能自主。"④好酒的赳赳武夫,本无佛根,作者于是以梦境证其佛缘,将淳于生置于梦幻中的槐安国(其实就是庭院槐树下的一蚁穴),以此证明其人生是虚幻的。穷士本无飞黄腾达的可能,作者却让卢生享尽了荣华富贵,结果是黄粱一梦,始悟人间一切为虚幻。这里告诫天下的士人,只有放弃功名利禄,不问世间蜗角蝇头的俗事,才能成仙成佛,汤显祖在此借助仙佛否定了现实的世界。

"临川四梦"的梦幻效应,不仅仅表现在对于艺术形式的把握,更多的是一种理解,是一种渗透着情感、意志在内的高级心理活动。它以超现实的浪

---

① 毛效同:《汤显祖研究资料汇编》,上海古籍出版社1986年版,第1246页。
② 王建科、张义光:《临川四梦和汤显祖的悲剧意识》,《汉中师范学院学报》1995年第4期。
③ 毛效同:《汤显祖研究资料汇编》,上海古籍出版社1986年版,第1247页。
④ 同③,第655页。

漫手法，深刻地表达一种人类的生命感受。①吴梅对"临川四梦"有自己独到的见解："故就表而言之，则四梦中主人为杜女也，霍郡主也，卢生也，淳于棼也。即在深知文义者言之，亦不过曰：《还魂》，鬼也；《紫钗》，侠也；《邯郸》，仙也；《南柯》，佛也。殊不知临川之意，以判官、黄衫客、吕翁、契玄为主人。所谓鬼、侠、仙、佛，竟是曲中之意，而非作者寄托之意。盖前四人为场中之傀儡，而后四人则提掇线索者也。前四人为梦中之人，后四人为梦外之人也。"②这里点出"临川四梦"蕴含遥深的寄托，也就是汤显祖创作中的寓言精神，可谓肯綮之论。明代袁晋在评述"临川四梦"时说："临川先生作《紫钗》时，仙骨已具，豪气未除；作《邯郸》时，玄关已透，佛理未深；作《南柯》时，佛法已跃跃在前矣，犹作佛法观也；及至作《还魂》之日，儿女之事，俱证菩提之谈，尽归大藏生生死死，死死生生，不生不死，不死不生，了然矣。不言佛而无不是佛法矣。"③汤显祖通过"梦"的形式告诉我们，所有的欲念都是虚幻的空无之"梦"，在这种"梦"的建构中，分明隐藏着"诸法皆空""人生如梦"的佛、道思想。④从大量的咏剧诗、序跋和题词中可知，人们对"二梦"思想价值的认识是深刻的，有的已上升到了哲学的层面。

明清时期，评点者认为汤显祖创作"二梦"的用意是"度世"，是要拯救沉迷官场、情场的痴人。"至《邯郸》《南柯》，囊括古今，出入仙佛，词义幽深，询玉茗入圣之笔，又玉茗度世之文，而世人绝无知者。"⑤柳浪馆《南柯梦记总评》："此亦一种度世之书也。蝼蚁尚且升天，可以人而不如蚁乎？"⑥吴梅也说："《南柯》一剧，畅演玄风，为临川度世之作，亦为见道之言。"⑦《南柯记》是佛学禅理痕迹最重的作品，由参悟佛理而至洞彻菩提，进而游戏生死大海，

---

① 龚国光：《临川"四梦"与中国戏曲演剧结构》，《江西社会科学》2001年第1期。
② 毛效同：《汤显祖研究资料汇编》，上海古籍出版社1986年版，第712页。
③ 隗芾、吴毓华：《古典戏曲美学资料集》，文化艺术出版社1992年版，第224页。
④ 单隽：《浅析"临川四梦"中的文化意蕴》，陕西师范大学2003年。
⑤ 毛效同：《汤显祖研究资料汇编》，上海古籍出版社1986年版，第686页。
⑥ 同⑤，第1324页。
⑦ 同⑤，第1339页。

借梦写情，以幻写真。剧作大胆地突破世间常理与现实时空，希冀人们从欲海情天中解脱出来，自我自觉地统率"梦幻中的人生"，获得对世俗生活羁绊的超越，找到心灵的主宰。①从这些咏剧诗、序跋以及零散的评语中，我们可以看到，历代文人欣赏这两部作品时在情感上都会产生极大的共鸣；我们也同样看到，文人们在思想上对它们的赞赏与认同。

三、评点者对"临川四梦"批判精神的发掘

政治腐败、世风浮华，是明中晚期的社会特征，重视性情，思想解放是这一时期的时代精神，"临川四梦"正是在这样的时代背景下创作的，四部剧作的讽世意识正是时代主题的表达。"诸君子知临川先生作此之意乎？临川当朝廷苟安之运，值执政揽权之时，一时士大夫皆好功名，嗜富贵，如青蝇，如鸷鸟，汲汲营营，与邯郸生何异。""其作《邯郸》也，义形于外，情发于中，冀欲改末俗之颓风，消斯人之鄙吝，一歌之中，三致意焉。"②汤显祖有感于当朝者的苟且偷安，执政者的大权独揽，也对士大夫热中功名、汲汲营营的行为投以鄙视的目光，他就通过戏剧的形式将这一切表现出来。对明代社会现实批判最深刻、最直接的要算《邯郸记》，不少评点者都对其讽谕精神进行过深入的发掘："通记极苦极乐，极痴极醒，描摹尽兴；而点缀处亦复热闹，关目甚紧。"③评点者认为《邯郸记》表现了卢生大起大落的人生，描绘人们对功名利禄的种种痴迷，也点出了卢生最后的大彻大悟，冷热结合，真实地再现了人情世相。"记中备述人世险诈之情，是明季官场习气，足以考镜万历年间仕途之况，勿粗鲁读

---

① 徐宏：《曲肱禅呓——汤显祖〈南柯记〉禅宗思想杂谈》，《中国戏曲学院学报》2005年第1期。
② 毛效同：《汤显祖研究资料汇编》，上海古籍出版社1986年版，第1251页。
③ 同②，第1305页。

过。"①吴梅的评点对《邯郸记》给予充分肯定,把它视为反映明代社会生活的珍贵史料:剧作描绘了明代社会的人情冷暖、世态炎凉,以冷峻的笔调勾画出上至帝王下至官吏的群丑图,是明代万历年间的一部"官场现形记"。"人生如梦,惟悲欢离合,梦有凶吉尔。邯郸生忽而香水堂、曲江池,忽而陕州城、祁连山,忽而云阳市、鬼门道、翠华楼,极悲极欢,极离极合,无之非枕也。状头可夺,司户可答,梦中之炎凉也。凿郏行谍,置牛起城,梦中之经济也。君侯丧元,诸番赐锦,梦中之治乱也。远窜以酬悉那,死谏以报宇文,梦中之轮回也。"②评点者深入地发掘《邯郸记》的思想内涵:剧作以卢生的荣辱浮沉为线索,描绘明末社会生活的方方面面,描写了梦中之"炎凉"、梦中之"经济"、梦中之"治乱",尤其揭露官场的腐败和权贵的相互倾轧,鞭挞社会中的种种丑陋现象。评点者进一步指出,作者创作本剧的最终目的就是要警醒世人。这些评点都深刻地揭示《邯郸记》讽刺现实的主题思想,挖掘出剧作所具有的批判精神。

汤显祖经过漫长的科举之路,终于跻身官场,宦海沉浮,对其中之污浊深有体会。他笔下的官场人物多是反面形象,显示了他的批判目光。"却去看瓦枕荒唐,合欢及第,早擅人间福。瓠子功成边马捷,还向云阳市哭。烟瘴重回,恩荣无比,只是青驴独。尚书笑道,年来吾已知足。"③邓汉仪在观看了《邯郸梦》的演出后,感慨颇深,他认为剧中演绎一个荒唐的传奇故事,剧作将现实化为梦境,将理想化为天国,通过表现非现实的遭遇和情境,以披示真实的人生和人情。"呫呫临川,能现梦中身,而为说法。邯郸道上,一枕悲欢离合。青驴黄犬,好妆成,红妻绿妾。等闲看,鬼门关外,何殊洛阳宫阙。休笑卢生痴绝。算一场春梦,大家收煞。黄粱半甑,炊过几朝年月。曲终人醒,玳筵前,酒杯犹热。又归来,独眠孤馆,今夜应添白发。"④汤显祖以梦境说法,批判黑

---

① 毛效同:《汤显祖研究资料汇编》,上海古籍出版社1986年版,第1266页。
② 同上书,第1249页。
③ 同上书,第1314页。
④ 同上书,第1315页。

暗的现实，并寄寓了个人的人生感慨。尤侗观看演出后，产生了强烈的感情共鸣：卢生于一枕之中经历了悲欢离合，遭受了种种磨难，起起落落，但终是黄粱一梦；想想自己在官场上奔波一生，也曾受皇帝恩宠，风光无限，如今是"可堪孤馆闭春寒，杜鹃声里斜阳暮"，不禁黯然神伤。"沧海曲，桃花漾。茅店内，黄鸡唱。阅今来古往，一杯新酿。蒲类海边征伐碣，云阳市上修罗杖。笑吾侪，半本未收场，如斯状！"① 通过观看《邯郸记》，觉出人生的荒诞，甚至把"二梦"所写看作是自身命运的写照，并以此自嘲。清代顺治年间进士的宋琬等人与明代万历年间进士的汤显祖发生了超越时空的共鸣，"为之啼嘘"，觉得汤显祖早在百年前就替自己的命运做了形象的阐释，接受者在欣赏戏剧作品的过程中获得了极大的满足。后"二梦"创作中所留下的"空白"，给了古代文人们极大的想象自由，他们可以自由地填补其中的空白，在这一过程中获得了自足的阅读体验。②

"临川四梦"的内涵相当丰富，其中既有作家对政治理想的呼唤，也有作家对官场腐败的批判；既有对美好人性的赞美，也有对黑暗现实的揭露；既有对"至情"观的歌颂，也有对理学的鞭挞和嘲讽。尽管汤显祖思想深处交织着进退的矛盾和困惑，但起主导作用的仍然是积极进取的儒家思想。当政治理想无法实现时，他通过戏曲创作表现对社会人生的理解和认识，这是司马迁"发愤著书"说和韩愈"不平则鸣"在文学史上的延续。③"临川四梦"的主题思想并不相同，前二梦属于儿女风情戏，以言情为主题；后二梦属于官场现形戏，《南柯记》倾向于佛教出世思想，《邯郸记》重在批评朝政。尽管如此，它们对政治的冷嘲热讽却是一以贯之的。《紫钗记》侧重于抨击权贵个人的作风，《牡丹亭》则对时局、政策给予评价，讽刺力度较前者增强，对宋明理学进行了深刻的反思；《南柯记》的讽刺内容较多，但由于出世思想的限制和对"善情"的较多演

---

① 毛效同：《汤显祖研究资料汇编》，上海古籍出版社1986年版，第1311—1312页。
② 李敏星：《汤显祖"二梦"的接受研究》，《华东师范大学硕士论文》2007年。
③ 谭坤：《人天大梦寄词章——论汤显祖戏曲创作的寓言精神》，《中国戏曲学院学报》2003年第4期。

述，讽刺往往浅尝辄止，比较软弱。《邯郸记》描摹了一幅被金钱、权威所笼罩的险恶、虚伪、黑暗的社会图画，讽刺面较广，讽刺力度最强，而重在抨击官场和朝政。①

汤显祖一生以天下为己任，负不羁之才，抱经国济世之志，无奈仕途蹭蹬，遂有白头之叹。他在政治失意之余，留心词曲，潜心创作，以寄其哀怨愤激之情。"临川四梦"是汤显祖的发愤之作，汤显祖将"胸中傀儡，发为词曲。所著'四梦'，虽留恋风怀，感激物态，要于洗荡情尘，销归乌有，作达观空，亦可悲矣。"②汤显祖站在时代哲人的高度，否定了封建统治者所宣扬的人生观和价值观。杜丽娘的梦寓言了悲剧社会中人的悲剧命运，真正的幸福只是一场春梦。"柳梦梅、杜丽娘当梦会闺情之际，如隔万重山，且杜宝势焰如雷，安有一穷秀才在目，时势不得不死，死则聚，生则离矣"。③黄淑素的评点发掘了汤剧的批判精神：杜丽娘是封建社会淑女的典范，她不可能有机会与柳梦梅相识相知的，更不要说谈情说爱。剧本通过杜丽娘以死抗争、死而复生的情节完成其爱情的追求，杜丽娘的"为情而死，为情死而复生"正表现了反理学、反礼教的精神。淳于棼、卢生的由梦而悟，是封建社会士子的人生和心态的真实写照。淳于棼、卢生在经历了人生的酸甜苦辣后，才悟出那种混迹官场的人生，不过是大梦一场。汤显祖要告诉人们的人生如梦，就是这样一种融含了人生独特体验的人生如梦，他要否定的不是全部的人生，而是充满悲剧性的仕宦人生。④

有关"临川四梦"的评点还有很多、很多，这里仅仅对其中的一部分进行梳理和阐述，以上所述也基本上反映了古代评点者对"临川四梦"的接受与传播情况。文学艺术要被读者或观众接受才具有不朽的价值和意义，一部作品的影响也许不仅仅看它是否写入了文学艺术史，更应该看它曾经被多少人阅读过、

---

① 黄三平：《论"临川四梦"的讽世意识》，北京语言大学，2005年。
② 毛效同：《汤显祖研究资料汇编》，上海古籍出版社1986年版，第93页。
③ 徐扶明：《牡丹亭研究资料考释》，上海古籍出版社1987年版，第88页。
④ 王建科、张义光：《临川四梦和汤显祖的悲剧意识》，《汉中师范学院学报》1995年第4期。

评点过，曾经感动过多少人，产生过怎样的影响，也就是曾经有过多大的接受群体。① 由于评点者所处的文化背景、人生阅历和知识修养等方面的不同，戏曲评点往往包含了政治思想、经济思想、哲学伦理、文学艺术和社会习俗等丰富的知识和信息，一般读者可以从中了解到特定时代、特定民族的社会状况，从而丰富了自己的文化知识，开阔了自己的文化视野，也提高了自己的文化修养和文化品格。

---

① 李敏星：《汤显祖"二梦"的接受研究》，《华东师范大学硕士论文》2007年。

至情绝唱，梦圆乡音①
——评 2017 年首届汤显祖国际戏剧节之音乐剧《汤显祖》

廖夏林　麻慧蓉

摘　要　东华理工大学艺术学院师生在首届汤显祖国际戏剧节上上演的本土音乐剧《汤显祖》，独具特色，对汤显祖进行了全新的艺术诠释，受到社会各界的广泛好评。文章对该剧美妙绝伦的音乐创作、时尚开放的创作构思、准确生动的艺术表演，从音乐维度、专业深度进行了分析和研究，探索了音乐剧创作理论研究和实践总结的新思路和新方法。

关键词　音乐剧；汤显祖；音乐创作；艺术表演；导演构思

缓缓亮起舞台灯光，粉色梅花绽放在暗淡的纱幕上显得是那样的醒目。伴随着"情不知所起，一往而深，生者可死，死者可生"的画外戏曲念白，杜丽娘与柳梦梅若隐若现、似幻似真的缠绵及柔和色彩的音乐，构成了 2017 年 10 月 22 日晚抚州幼儿师范高等专科学校剧场舞台上一道独特风景。座无虚席的剧场中，观众们陶醉于汤显祖跌宕起伏的传奇故事，流连于摄人心魄的音乐旋律。这就是在抚州首届汤显祖国际戏剧节上，由东华理工大学艺术学院师生倾情献演的中国风范音乐剧《汤显祖》。该剧以本土音乐剧的形式，对汤显祖进行了全新的诠释，受到社会各界的广泛好评。

---

①　原载《东华理工大学学报》（社会科学版）2018 年第 4 期。

一、美妙绝伦的音乐创作

音乐剧《汤显祖》由徐坚强教授作曲、林在勇作词、陆驾云编剧、王萌悦执导。全剧分为两幕八场构成,在整体布局上,突出了剧情发展的两条线索。主线展现了汤显祖一生几段重要的仕途经历,副线是汤显祖与妻子吴氏坚贞不渝的爱情历程。该剧以汤显祖一生几段重要的经历,即大婚、赶考遇阻、直言上书、被贬、调任、纵囚、丧子等,植入他在解甲归田回到家乡之后创作"临川四梦"(《紫钗记》《牡丹亭》《南柯记》《邯郸记》)的心路历程①,真实再现了汤显祖不为人知的曲折人生、人格特征和精神气质,揭示了伟大的文学家、戏剧家之所以伟大的根由及人类永恒的精神价值,塑造出一个情比金坚、能诗善赋、报国为民的人物形象。

作曲家徐坚强教授在创作《汤显祖》(以下简称《汤》)全剧31支分曲的音乐过程中,采用交响乐、戏曲、爵士、流行音乐及当地采茶戏等各种元素,融合了"古风""戏风""现代风""说唱乐"等成分,做到既有传统的东西,又有现代元素。在音乐旋律创作方面,歌唱旋律直沁人心,并能运用诗一般音乐语言、典型化的主题动机和有张有弛的流畅乐思,细腻刻画出人性复杂各异的精神世界,有力推动剧情发展。同时,结合具有意境美的场景设置,创造了多维度的艺术审美空间,将动听的旋律、灵动的节奏、美妙的和声相互交织成一幅幅美丽的画面和一首首动人的心声佳作②。如第一幕的第一场"临川大婚"中的曲五《相逢不枉此生》,通过对唱、重唱、伴唱、合唱等多种演唱形式,使音乐旋律有了明显的立体感和声彩感;在曲式结构上,通过对其结构扩充,运用转调、离调、调式交替无调性等手法,促进调性多样发展,在平均、呼应、发展

---

① 廖夏林、周露:《论乡音版〈临川四梦〉对抚州地方戏曲的创新与发展——以第二折〈牡丹亭〉为例》,《东华理工大学学报》(社会科学版)2017年第3期,第201页。
② 秦阳:《天风地歌——徐坚强无伴奏合唱作品专场音乐会述评》,《人民音乐》2015年第8期,第28页。

三个特征上来扩充和发展人物内在情感，表现多种不同情绪的转折变化，丰富和声的表现力，创造出丰满的艺术形象，使全剧音乐层层深入，准确地表达剧情的发展和人物情感的递进关系，表现了汤显祖与爱妻从相识、相知、相爱、生死相依，到最终发出挚爱宣言：

"汤：世界的眼神因你而有情。吴氏：时间的脚步为我而留停。合：这一刻，值千金。不是梦，不愿醒。汤：我为你画蛾眉。吴氏：我为你暖寒衾。合：因为有你，从此四季如春；因为有你，从此心灯长明。"（见该剧剧本）

定格的恩爱画面温馨感人，整个旋律淳朴悠扬，意境深远，古韵与时尚相得益彰，民风与西乐协同并陈，性格鲜明。

在音乐表现戏剧冲突方面，徐教授把承载戏剧性音乐集中在人物命运的人格特征和精神气质上的描写，用音乐来刻画"反抗""顺从""权势"之音的交织与突冲。例如：第一幕第三场"状元决"的曲十《真金火炼》，是汤显祖（高）、沈公子（次高）、张公子（中）、曹大人（低）各自的对唱及四重唱："名利官司场，沉浮深浅，翻手之间，风云突变，谁不憧憬，红日高照，彩霞满天，最害怕黑压城，生活重如铅、真金不怕火炼，我才不稀罕你状元头衔。"这段音乐在民乐队和声背景的导引和衬托下，汤显祖与其他三个声部彼此突出清晰，汤的唱段时而单独出现，时而又与其他三个声部相互叠置构成复杂的音色，音乐也随之产生时而愤怒的宣泄，时而激烈的斗争，充分表现了不同人物形象（角色）在同一时间里的不同心理与行为，准确地塑造了汤显祖这个坚守理想、持己高尚、值得中国人骄傲的文化伟人更为丰满的新形象。再如：第一幕的第五场曲十二《士君子》，这是汤显祖与沈公子的一段对唱，诉说的是对朝中执政者荒废政务、内忧外患的担心："沈：谄媚者，加官封赏，青云直上。忤逆者，革官贬降，发配边疆。处处是他们的法和理，要你要我遵守不疑。汤：铁肩道义，侠骨铮铮，舍身孤往，振声发声，人若无情，徒有身形，为民鼓呼，此身甘为家国殉。"音乐旋律采取了 RAP（说唱乐）形式，以表现汤、沈对当朝执政者极度不满，同时也反映了汤显祖与沈公子人物性格差异。对此，徐教授在指导汤剧排练中曾说，其实这是戏曲中的"扑灯蛾"曲牌，这种节奏以往在戏曲里通常用于花脸等反派人物身上，但这次用在了主角汤显祖身上，打破了脸谱化，识别度就很高。

同时，徐教授在创作《汤显祖》剧音乐时，还注重结合本土音乐元素，将南丰傩舞、江西采茶调、抚州采茶戏等音乐元素都融进了《汤显祖》剧的音乐创作中，让我们感到既亲切又接地气。如：在第二幕的第六场《汤青天》的片段中，舞台上多媒体投射出的浓荫蔽日、山花盛开之景，春风满面的农夫们在"句芒神"的领舞下跳着傩舞，唱着江西采茶调《春之歌》，处处呈现出一派歌舞升平、百姓安居乐业的"世外桃源"景象，把汤显祖在遂昌重视农业，举办教育，灭虎纵囚，报国为民，化个人情爱为天地大爱，不到三年时间里就把遂昌治理得"琴歌积雪讼庭闲"的政绩表现得淋漓尽致。在角色音色的分类上，将音乐语言的歌唱性、说唱性、宣叙性，分别采用高、中、低三个不同音区来体现，即汤显祖和吴氏采用高音区；音乐更多地运用了民通风格：明亮、典雅、抒情、浪漫；对既执政当朝，又是文坛盟主的曹大人则采用中低音区；音乐更多地运用了美通风格：低沉、宽厚、阴险、宣叙。正是由于不同层次的不同音区，构成了宽广的音域、丰满的音色，为音乐和剧情发展提供了空间和可能。

二、时尚开放的导演构思

担任《汤显祖》剧导演的王萌悦，现为上海话剧艺术中心导演。他毕业于上海戏剧学院导演系，长期从事舞台剧创作，至今导演并参与导演创作剧目近40部，作品涉及话剧、音乐剧、戏曲等，并与著名导演陈薪伊、蒋维国、周小倩等有过深度合作。年轻的王导以他敏锐的艺术眼光和导演手段，一改原上海音乐学院上演的音乐剧《汤显祖》古典与当代两条主线的思路，而变成一条主线，将当代部分删除，使本剧的主题更为突出，为音乐剧《汤显祖》赋予全新的生命。在排练中，他紧紧抓住剧中的三个要素：情、梦、不变的舞台，采用富有想象的色彩，进行合理调度，具体做法就是突出情感戏、注重过场戏、排好空场戏和音舞渲染戏，通过富有寓意的色彩运用，采用LED屏幕上出现的春、夏、秋、冬的景色来表现时空艺术。

合理有序的舞台调度对音乐剧至关重要。王导在本剧舞台调度上的最大特点，就是演员表演的区域扩大。比如在第一幕的第一场"临川大婚"中的曲四《人间应有你》的演唱中，一对新人并没有从台口出场，而是沿着行廊边缘走一圈，等音乐进入合唱的高潮部分再从台口登上舞台。这种舞台调度手法，使得在不变的舞台中不断扩大演员的表演区域，从而表现出复杂的戏剧内容，保证了戏剧意境所必需的色彩，并能从古典故事中挖掘现代观念，以现代手法美化古典故事情节，恰到好处地表现青春美好的爱情神话。

在情感的整体处理上，王导抓住了戏剧发展的两条主线：官场和情场。在官场上，汤显祖刚正不阿，化个人情爱为天地大爱，坚守理想，报国为民，以"天地不仁，以万物为刍狗，愿天降斯人，真情为民众"的爱民如子之情，一手创办贵生书院，兴办教育；与百姓兴利除害，仁政大行；元宵节放出囚徒一同观灯，感化罪人。使一个爱民如子、清正廉洁的文官形象得以集中体现①。在情场上，汤显祖对爱妻吴氏的爱情坚守如一，生死不渝。为突出汤显祖与爱妻吴氏的感情戏，王导在第五场《悲愤上书》一场把汤显祖的情绪发展分了四个层次：汤显祖沉思、丫环春香送来桂花酒、汤显祖边饮边唱"陪金潇洒，看遍山容水态……醉里唱歌舞"②，引出了借月相思动机。接下来，汤显祖自言："今日中秋，贤妻，我时常想你的恩爱不尽。"吴氏对言："相公，如有来生，我愿与你终身相守。"言语之间，使夫妻两人在中秋之夜的相互思念升华。再接下来，汤、吴生死隔空互动二重唱："离与合，叹此情须问天，今人间眷属看到两团圆。"生死共婵娟，此时两人深陷情中而无法自拔，最终是亡妻给了汤显祖无穷

---

① 花常青：《原创音乐剧〈汤显祖〉的编剧艺术》，《戏剧之家》2017年第5期，第8页。
② 汤显祖：《汤显祖戏曲集》，上海古籍出版社1978年版，第186页。

力量，让他下定决心："南祠郎汤显祖，应诏抒愚直。"四层情绪步步深入，营造了一个时而温馨、时而激情、时而梦幻、时而紧张的舞台气氛，表现了音乐剧《汤显祖》的深刻内涵，从而深深打动了观众的心灵。

三、准确生动的艺术表演

音乐剧本再感人、音乐创作再美妙、导演构思再敏锐，最后都必须通过演员表演的二度创作将这种具有"大众期待"的理想化人物呈现在舞台上。因此，演员是戏剧的核心，是承载着剧本的情节阐述与情感表达的灵魂。

此次参与《汤显祖》剧演出的台前幕后，是东华理工大学艺术学院音乐与舞蹈系近120人的阵容。众所周知，音乐剧是一种综合舞台艺术形式，是通过歌曲、台词、音乐、肢体动作等紧密结合，把故事情节以及其中所蕴含的情感表现出来[1]。这就要求我们的演员既要能说、能唱、能演、还要能跳。而东华理工大学音乐与舞蹈系的音乐系和舞蹈系两个专业师范专业学生，他们在排练过程中遇到了此类障碍，如能歌者不善舞，能舞者不善唱。面对这一状况，他们请来国家非物质文化遗产"抚州采茶戏"代表性传承人汤绍云老师莅临排练厅现场，对演员进行了形体训练及舞台表演的指导。另外，声乐老师针对不同角色进行分工坐排，艺术语言老师对台词、对话进行分别指导。经过四个月紧锣密鼓的坐排、复排、联排、彩排，该剧终于在舞台上倾情献演。

特别值得一提的，是剧中的两位主要演员。汤显祖的表演者欧家玉扮相古朴典雅、神采俊逸，富有浓厚的书生气息，同时又透出一股少有的英气即"气骨"之感，显得气宇不凡。无论是声音还是表演都能围绕音乐剧主题展开，其外在形象及肢体表演非常符合汤显祖人物性格特征，特别是他善于用犀利的眼神辅助表演，将汤显祖直率坦荡的人格特征、执着豪迈的精神气质，以及以往

---

[1] 吴建华：《音乐剧艺术形象的塑造探究》，《智库时代》2017年第12期，第25页。

不为人知的报国为民的曲折人生表演得准确到位,使汤显祖这样一个官场上的"硬骨头"、为百姓的利益敢于与权贵抗争、爱民如子、清正廉洁的文官人物形象得以再现。表演者欧家玉演到动情处,眼里噙满泪水。当我们采访他时,他说:"这次演出,我首先是研读剧本,研究人物心理及不同场面的心理变化;其次,通过演我的对手戏,在不脱离剧本的基础上我会通过我的对戏角色寻找自己,强化自己的人物表演。比如与吴氏的,我会仔细听她对汤显祖讲的情话,而唤起我更加情真意切地表达其爱恋及不舍之情。再如与曹大人对戏时,他在本剧中相对无情、世俗,反而激起我要爱民如子追求情志境界。"扮演吴氏的演员吕荷,是本艺术学院的一位青年教师。她在担任吴氏角色的排练过程中,紧紧抓住演唱技巧与风格一定要吻合作品情绪这一原则,对剧中人物吴氏的生活背景、生活事件、精神面貌进行了认真揣摩,她扮演的吴氏角色形象是汤显祖爱妻与汤显祖感情深笃,不幸得病早逝;剧中的吴氏是爱的化身、是情的化身,是汤显祖永远的精神支柱。因此,她在表演过程中,深情隽永、情意绵绵。她的演唱音色轻巧,嗓音明亮圆润,气息控制也非常到位,气度娴雅,表演细腻熨帖,无论是在声音处理还是在形体表演上都有相当的水准,把一个深情隽永,情意绵绵,有情有爱、有血有肉的吴氏表现得淋漓尽致。她对"生者可以死,死者可以生"的这种爱情的独特诠释,深深地打动和感染了观众。当然,这支演出队伍无论是时间还是人员还很年经,在表演过程中对角色心理分析及处理还有很大的进步空间。

四、结语

东华理工艺术学院师生奉献的本土音乐剧《汤显祖》首演之所以获得巨大成功,是徐坚强教授创作的美妙绝伦的音乐旋律,为本土音乐剧插上了音乐的翅膀,使这部古典戏剧放射出别样光彩;是王萌悦导演用时尚开放的艺术构思对《汤显祖》这部音乐剧进行了巧妙的、富有想象力的创作,取得了良好的现场戏剧效果；是演员演唱、舞蹈表演与戏剧情节结合紧密，层次清晰，很好地表达了音乐剧文化的内涵。同时，这也是江西省第一部由高校独立制作完成的、具有鲜明地域特色和国际视野的音乐剧。该剧的成功演出，标志着该校大学生艺术教育工作迈上了新台阶，也为地方文化建设作出了积极的贡献。

汤显祖文化的当代价值

徐永明 毋 丹

摘 要 汤显祖是中国古代伟大的戏曲家、诗人、文学家。他仕途不顺,只做过品级不高的小官,但胸怀天下、关爱百姓,在自己的职位上为人民的利益作出了许多实事,深受人民的爱戴。仕途的不顺成就了他在文学创作上的杰出成绩。他的人品、思想、作品在现代仍有指导意义和认识价值。他作为文化名人塑造的文化品牌,还能为地方带来切实的经济利益,具有不容忽视的功利价值。

关键词 为人为官;哲学思想;文学思想;戏剧;诗文;功利价值

汤显祖(1550—1616),江西临川人,字义仍,号海若,又号海若士、若士、茧翁,自署清远道人。他出生于书香世家,祖父、父亲都是秀才,祖父屡试不中,便转向山林之乐,父亲也继承祖父之趣,无意仕途。汤氏虽为入仕为官,但在当地很有名望。汤显祖的母亲吴氏也非白丁村妇,通文识字。由于家境富裕,汤府不仅藏书众多,还有家塾可供子弟读书。汤显祖天资聪颖,又接受良好教育,早年已显露出不凡的才能,五岁能属对,十二岁能作诗,十四岁便补县诸生,二十一岁参加乡试中第八名举人,二十六岁时结集刊刻诗文集《红泉逸草》。汤氏几代未出过进士,对子弟要求严格,希望通过科举的道路走上仕途。汤显祖进学前后都有名师指点,他的老师徐良傅、罗汝芳都是饱学之士,尤其是罗汝芳,对汤显祖的思想性格产生了很深的影响。汤显祖之后的仕途并不像青少年时期那般平顺,他为人刚正耿直,不肯依附权贵。青年时得汤显祖，文名已盛，当时的宰相张居正为使自己的儿子高中，想找一些文人陪衬，以免引人非议，于是找到汤显祖，却被婉拒。汤显祖不满张居正的作风，又拒绝他的拉拢，于是，至张居正去世之后，汤显祖三十四岁时才得中进士，赴南京任太常寺博士，后又任詹事府主簿、礼部祠祭司主事等职。万历十九年（1591），汤显祖因不满官场腐败之风，上《论辅臣科臣疏》，触怒皇帝和一些当朝权贵，被贬为徐闻典史，后调任浙江遂昌县知县。他在遂昌任职五年，政绩卓著，然而又因压制地方势力、得罪权贵而遭到排挤，于是弃官还乡。回到临川后，潜心读书写作，直至辞世。汤显祖自幼接受传统儒家教育，因背负家族的期望，用功于科场之事；幼时与笃信佛教的祖母非常亲密，祖父、父亲都是怀才不遇之士；师从于理学家罗汝芳，后又与达观禅师来往甚密，所以思想中一直充斥着出世与入世的矛盾，这在他的作品中也有所体现。汤显祖一生著作等身，诗文、辞赋、词曲乃至八股文都十分擅长，戏曲作品"临川四梦"更是让他名垂青史，成为中国历史中的文学巨匠。汤显祖其人及其作品已形成一个专门的研究领域，近几年来"汤学"大热，关于汤显祖各方面都有相关的著作。汤显祖作为明代的思想家、文学家，从他的时代起就对时人及后人产生着深远的影响，在今天，汤显祖文化仍有其不可忽视的价值。

为人与为官篇

一、汤显祖清正自守，不阿权贵的品格

汤显祖品格端方，刚正耿介。汤氏家族倾力培养他，迫切地希望他能通过科举入朝为官，他自己也对此有强烈的愿望，书求仕进，十分用功。然而，他不会为了达到目的放弃做人的原则。他拒绝张居正拉拢的事迹在，钱谦益的《列朝诗集小传》、谈迁的《枣林杂俎》等著作中都有记载，此事也为后人津津乐道，甚至加入了一些夸张失实的传说。

张居正（1525—1582），字叔大，号太岳，湖北江陵人。明朝中后期政治家、改革家，万历时任内阁首辅。张居正幼年早慧，被称为神童，五岁入学识字，七岁通六经，十二岁中秀才，十六岁中举人，二十三岁中进士。这些跟汤显祖颇有相类之处，张居正最初看重汤显祖或许也与此有关。公允的说，张居正是一位伟大的政治家。明中叶后，国家种种弊政已经凸显，官僚机构冗繁，官员腐败，财政窘乏，边备废弛，阶级矛盾和民族矛盾日益激化。鉴于此，张居正提出一系列政治、军事、经济方面的改革措施，这些确实为国家的发展起到了积极的作用，客观上也有利于人民大众。后人总结他的改革措施有五：

①整顿吏治。当时的官僚机构十分庞大，人数在十万以上，居正实行考核制度，淘汰了没有才德的官吏及闲员，提高了行政效率，减少了浮滥开支。

②清丈土地。明代贵族据有皇庄、王庄等庄田，并经常豪夺强取，占夺民田。在这种土地高度集中的情况下，农村破产，人民贫困；军队屯田、里甲制度也濒于破坏。这不仅削弱了国防力量，更大大地影响了田赋的收入。张居正为了缓和阶级矛盾，巩固中央集权，勘查了王府的庄田，把贵族侵占的田地，改为一律缴纳赋税的民田。经过清丈之后，核实全国田亩为七百多万顷，使国家的收入大为增加。

③推行一条鞭法。土地丈量之后，张居正便倡议改革赋役制度，万历九年（1581）在全国范围推行一条鞭法。实行一条鞭的目的是为了平均赋役，即把原来按照户、丁派役的办法改为按照丁、粮派役，然后再与夏秋两税和其他杂税合为一条，无论税银、差役一律改为征银，差役俱由政府雇人充当，不再摊派，对无地贫民确有利益。一条鞭法在执行过程中，虽然不可能彻底，但是因为它简化了赋役名目和征收手续，使官吏不易与豪强地主通同作弊扰民，任意对农民进行勒索，田多的大户，又多增加一些负担，从而缓和了一些阶级矛盾，暂时挽救了封建王朝的危机。

④兴修水利。明朝中叶以来，黄河不断决口，不但淹没了人民的田土房屋，还冲淤运河，阻塞漕运，万历三年（1575），黄河、淮河相继决口，水患严重，修治不力，张居正遂推荐水利专家潘季驯治河。季驯疏浚旧河的主张实行后，起了畅通运河的作用，也减少了人民由于水患所遭到的损失和痛苦。

⑤巩固边防。当时最重要的边防是辽东、蓟门、宣化、大同一带。在辽东，张居正以李成梁为统兵大员，主攻战；在蓟门，以戚继光为统兵大员，主力守；在宣大，以王崇古、方逢时为统兵大员，主通贡。在张居正执政期间，蓟门和辽东方面都守御得很好；宣大方面，和俺答的关系也处理得比较得当。蓟门是京师屏障，乃军事上的要冲，他更为重视，任命戚继光为总兵官，守卫蓟州永平山海关等处。继光训练兵士，用战车和步兵配合骑兵作战，警惕防守，凡十六年之久，保证了京师的安全。①

张居正在位期间政绩卓著，确实是一代名相，但他也为一己私欲作出不耻之事。他将废辽王张朱宪㸅府邸据为己有；在江陵建牌坊、修府邸竟然动用了锦衣卫；其余关于的贿赂更是收受不少。汤显祖对张居正的不满，并不在于他在政治、经济方面所作的改革，从他对时政的一些评论以及自己为官时的作为可以看出，他与张居正的政见是基本一致的。汤显祖反感的是张居正独断专行的作风，他对张居正夺情②事件颇有微词。万历五年（1577），张居正的父亲病逝，依照传统礼教，子为亡父守孝是天经地义，国家制度也规定官员父母之丧，除非遇到万分紧急军情，可以由皇帝下令不奔丧，照常办事，否则应回家奔丧、守孝三年。当时由张居正的亲信、户部侍郎李幼孜出面倡议夺情，明神宗十分赞同。当时，朝中官员因对张居正夺情意见不同，分为支持、反对两派。后谴责夺情、主张奔丧的很多人受到严厉处分。且张居正夺情复出之后，更加恣意

---

① 马绪传译注：《张居正》前言，中华书局1985年版。
② 古代官员遭父母之丧，但丧期未满而强使出仕。

偏私，升迁罢黜，多根据自己的喜好，他身边的人也总是收受贿赂。汤显祖曾作诗讽刺张居正专权，如"江陵罢事刘郎出，冠盖悲伤并一时。为问辽阳严谴日，几人曾作送行诗？"，诗歌记录刘台事：万历四年（1576）正月，御史刘台弹劾张居正专权，被罢黜官职。后不久，张居正又借事情将其发配广西。

  汤显祖虽用力于科考，其实他并不喜爱八股文写作，后来甚至十分厌恶。他曾在隆庆五年（1571）、万历二年（1574）参加过春试，都名落孙山。万历四年（1576），汤显祖前往宣城拜访友人姜方奇，由其引荐，结识深得姜方奇赏识的沈懋学，汤、沈二人结识后，同在宣城开元寺读书，备战来年的春试。姜方奇将沈懋学推荐给同年龙宗武，沈懋学又向龙宗武引荐汤显祖，张居正的幼弟张居谦通过龙宗武结识沈、汤，三人相识后第二年，大考在即，张居正欲使其子张嗣修高中，想要网罗天下名士来作陪衬，张居谦认为汤、沈二人是合适的人选，向张居正举荐，于是张居谦遵兄命代为邀约汤、沈，沈懋学前往，果然得中，汤显祖婉拒，再次落第。其实，汤显祖并不擅长举业，如果抓住这次机会，可能会扶摇直上，然而前几次科场落第的打击，并没有让汤显祖放下做人的底线，他宁愿蹭蹬场屋，也不愿依附权贵，用不光彩、不正当的手段走上高位。张居正去世后第二年，三十四岁的汤显祖才以第三甲第二百一十一名赐同进士出身。当时的执掌朝政的大员张四维和申时行的儿子是汤显祖的同年，他们想与汤显祖结交，又被汤显祖婉拒。朝廷按例会从二三甲新进士中数名庶吉士，可以与前三名进士一同在翰林院阅读宫廷藏书，是高级官员的候补人。汤显祖如积极与张、申结纳，选为庶吉士不是难事，而他却宁愿去南京做个小官，也不愿接受执政者的笼络。

  二、汤显祖直言上谏，不畏权贵的精神

  汤显祖在南京任太常寺博士、任詹事府主簿、礼部祠祭司主事都是六七品的小官，但是他胸怀天下，心系国家民生，苟利国家生死以，岂因祸福避趋之就是汤显祖的真实写照。为社稷安定，汤显祖不顾自身安危、不惜顶上乌纱，直言上谏，以至得罪权贵，贬官徐闻。

万历十三年（1585）起，多地气候异常，旱涝灾害频频，饥荒蔓延全国，甚至出现"人相食"的惨状，汤显祖曾在诗中写道"河上积尸明，田中谷王胜"①，"河北人犹流，江南子初鬻；行人深掠食，县官粗赋粥"②，"西北久食人，千里绝烟影"③。神宗曾开仓放粮赈济灾民，然而却有杨文举等贪官趁火打劫、中饱私囊。天灾又逢人祸，蒙古俺答兴兵犯塞。万历十八年（1590），边疆战事大作，首相申时行委曲求和，企图隐瞒严峻事态，还信口雌黄、以败为胜，山西道御史揭露其"欺君误国"，却遭到谪贬。汤显祖支持万国钦，在看到万的奏章是即刻声援。万历十九年（1591）三月二十日，天现彗星，神宗认为这是苍天的警示，责怪言官平日未进忠言，致使奸臣当道，上天发出警告。他下圣谕曰：六科十三道，迩来风尚贿嘱，事向趋附。内之劾，外之参，甚无公直，好生欺蔽。且前者天垂星示，群奸不道，汝等职司言责，何无一喙之忠，以免辱旷之罪？汝等于常时每每归过于上，市恩取誉。辄屡借风闻之语，讪上要直，鬻货欺君，嗜利不轨。汝等何独无言，好生可恶。且汝等岂不闻'宫府中事皆一体'之语乎？何每每以搜扬君恶，沽名速迁为？汝等之职，受何人之爵，食何人之禄？至于长奸酝乱，而旁观避祸，无斥奸去逆之忠，职任何在？本都该拿问重治，姑且从轻各罚俸一年。汤显祖读闻此消息，兴奋不已，他以为神宗皇帝真心实意的要广开言路，整顿超纲，清理奸佞，心中对专权辅臣的不满尽数倾泻，草拟《论辅臣科臣疏》，上奏朝廷。他在疏中写道：

> 臣谓皇上可惜者有四。爵禄者，皇上之雨露也。今乃为私门蔓桃李耳，其实公家之荆棘也。皇上之爵禄可惜也。一也。若群臣风靡，皆知受辅臣之恩，不知受皇上恩。岂复有人品在其中乎？皇上之人才可惜也。二也。辅臣破法与人富贵，不见为恩，皇上之法度可惜。三

---

① 汤显祖著、徐朔方校：《闻北土饥麦无收者》，《汤显祖诗文集》，中华书局1973年版，第248页。
② 汤显祖著、徐朔方校：《顾膳部宴归三十韵》，《汤显祖诗文集》，中华书局1973年版，第230页。
③ 汤显祖著、徐朔方校：《饥》，《汤显祖诗文集》，中华书局1973年版，第254页。

也。陛下经营天下二十年于兹矣。前十年之政，张居正刚而有欲，以群私人嚚然坏之；后十年之政，时行柔而多欲，又以群私人靡然坏之。皇上大有为之时可惜也。四也。臣为四可惜，钦承圣谕，少效愚忱，伏惟皇上特谕时行，急因星警，痛加省悔，以功相补，无致他日有负恩眷。①

疏中还抨击首相申时行任人唯亲，阻塞言路；吏部都给事中杨文举经理荒政，贪赃枉法；礼科都给事中胡汝宁惟知攻击正人。此疏一出，满朝震动，申时行赌气不上朝，神宗切责汤显祖假借国事攻击元辅，将其贬为徐闻典史。

三、汤显祖廉政爱民的为政理念

汤显祖贬官徐闻两年后，调任遂昌知县，这是他仕途的最后阶段。汤显祖自贬官后，一直有还朝的愿望，几位友人也一直为他努力斡旋。汤显祖原本志不在遂昌知县，但到任后，看到这里百废待兴，性格和责任心使然，他做了许多有利民生之事，在位五年，将遂昌县治理的清明安定，深受百姓爱戴。汤显祖到任后，首先着手改进的是教育设施。当时的遂昌，孔庙讲堂破旧、藏书匮乏、书院倾颓，汤显祖献出了向例归知县所有的公费和罚款，加上三千钱学租，在溪水之南瑞牛山前营建文武合一的射堂和书院，又建成学舍三十间，每间可供二人住宿；他还利用职权收回租田二十五亩，作为书院日常修缮费用，及清贫学生的补助。

除了兴办教育，汤显祖一直执行除暴安民的仁政。他仿效古代良吏，放囚犯回家过春节、观元宵花灯；老虎进城咬伤一孩童，他亲自率人赶虎。而对待地方豪强势力，他坚决不姑息，"斗大平昌，一以清净理之，去其害马者而已"②。遂昌人正四品官太常少卿项应祥告假回乡，声势颇盛。他的子弟仗势欺

---

① 汤显祖著、徐朔方校：《论辅臣科臣疏》，《汤显祖诗文集》，中华书局 1973 年版，第 1211 页。
② 汤显祖著、徐朔方校：《答李舜若观察》，《汤显祖诗文集》，中华书局 1973 年版，第 1259 页。

人、为非作歹，被人状告的情况多有发生。一日，汤显祖宴请项应祥，酒酣耳热之际，忽闻外人声喧嚷，探知有人告状，本待翌日处理，而门卫喧闹愈甚，于是汤显祖请项应祥和他一同升堂理事。众口一词，被告人都是项家子弟，项家是大地主，自己不交纳钱粮，还包庇本家和亲戚。汤显祖作《复项谏议征赋书》，列举豪强大姓规避田赋的几种不同情况，一一加以分析。然后附去他本人以及家族、亲戚的欠税清单。措词委婉，而在原则上则不作丝毫妥协。项应祥对此怀恨在心。万历二十九年（1601）考察郡县地方官，因项应祥的一句话，已经弃官回家三载的汤显祖，受到"闲住"的处分。

汤显祖没有当过什么大官，但是无论处于什么职位，他都心怀天下苍生、国家社稷。他不会为了自己的升迁而阿谀奉承，不会为了明哲保身而缄默不语。他为政不以立功为先，而是将百姓利益放在首位，这样的人品与精神，值得现今所有的大小官员学习、借鉴。

哲学和文学思想篇

一、汤显祖哲学思想、文学思想的背景和由来

明代中晚期，陆王心学风靡，反对理学存天理、灭人欲，标举人性意识，弘扬主体精神，之后的泰州学派诸子、李贽等则在此基础上更进一步、反道学、反孔教，这些都为晚明思想解放奠定了基础。相应的，晚明文学也开始反对理学的桎梏，不再认为文以载道，转而追求文学的独立性，要求文学表现真情、张扬个性，表达个体的意识和欲望。

汤显祖师从于阳明后学泰州学派代表人罗汝芳。罗汝芳提出"天之大德曰生，生生而无尽曰仁，而人则天地之心也"①；强调赤子之心是不思而知、不虑

---

① 罗汝芳：《天衢展骥册序》，《罗汝芳集》，凤凰出版社2007年版，第519页。

而能的直觉和本能；发展"人为贵"的思想，人是身（骨肉）与心（灵魂）的结合，故为贵；认为"仁者寿"，要性善、看淡富贵利禄；坚信"死固不死"，身会死亡，而心可以不死，肉体不会永存但精神可以长生。他在文学上则主张言为心声，情见乎词。汤显祖贵生、重视情感的思想，与老师罗汝芳不无关系。

汤显祖还十分推崇"异端"李贽、又与达观禅师关系甚笃。李贽提出著名的"童心说"，他认为天下之至文皆出于童心，即赤子之心、最初一念之本心，绝假纯真，他最厌恶假人假言、矫揉造作的道学文章；他不以孔子之是非为是非，认为六经等儒家经典并非至论；他肯定人的私欲，在"人必有私"的前提下，主张道德基于自然情感、是真诚的；他认为天下无一人不生知、无一物不生知，有着"圣人不曾高、众人不曾低"的平等观念，十分重要的是，他进步地提倡男女平等，他的《初潭集》中记述了许多才智不凡、识见卓绝、胆识过人的女子，称"男子不如也"；他还鼓励自由恋爱、寡妇再嫁，赞扬女子大胆追求自身幸福。这些颇有当代意识的言论，在封建社会根本是不可想象、大逆不道的。达观禅师与汤显祖的遇合很有传奇色彩，隆庆四年（1570），二十一岁的汤显祖秋试中举，在南昌西山云峰寺拜会座师发簪不慎掉落莲池，随笔题诗二首："搔首向在林，遗簪跃复沉。虽为头上物，终是水云心。""桥影下西夕，遗簪秋水中。或是投簪处，因缘莲叶东。"① 后达观见此诗，认定作者有出世思想，定要度他出家。二十年后，他们才在南京初遇，后来二人成为挚友。达观一生强烈的反对程朱理学，他提出"情有者理必无，理有者情必无"，情与理两不兼容。汤显祖赞美世间真挚的情感，抨击礼教对人、特别是女子身心的束缚，笔下的霍小玉、杜丽娘都是敢于追求幸福、内心热烈似火的深情之人。他的作品表明了他的思想情感与李贽、达观都是一致的。

汤显祖的哲学思想和文学思想深受罗汝芳、李贽、达观的影响，幼年时曾接受道教的熏陶，又收到儒家正统教育。汤显祖的思想中儒释道三教因素都有

---

① 汤显祖著、徐朔方校：《莲池坠簪题壁二首》，《汤显祖诗文集》，中华书局1973年版，第549页。

体现，但有时时突破三者藩篱，有独特的创建。

二、汤显祖的哲学思想

1. 怀疑精神

汤显祖敢于怀疑先贤，对汉儒训诂注疏之学提出疑问。他批判象数之学、认为天变示儆只是偶然现象，不具有普遍性和必然性。他的《策第三问》否定汉朝以来直至宋代理学家邵雍等鼓吹的"象数之学"。象数之学是以《易传》中的象与数来说明宇宙构成的法则。邵雍的《先天图》用一分为二、二分为四的概念来解释世间万物，并以此推测过去、预知未来。汤显祖则完全不信此道，他在《策第三问》中云："自世儒喜为奇说，以神异圣人之事，推象数以原经而经滞；务为求过，以自附圣人之学，衍意见以传经而经离。求愈奇，故说愈凿；说愈凿，故旨愈繁，而圣人之道愈失其初矣。"所谓象数之学，都是拘合强同、欺骗世人、不足为信。这样的怀疑精神、和从客观实际出发的精神是今人十分需要学习的。

2. 人性的修养

汤显祖认为人性就是天命，他在《明复说》中云："天命之成为性，继之者善也。显诸仁，藏诸用。于用处密用藏，于仁中显露。仁如果仁，显诸仁，所谓'复其见天地之心'，'生生之谓易'也。不生不易。天地神气，日夜无隙。吾与有生，俱在浩然之内。先天后天，流露已极。"人性是天命所成，人的天性是仁善的，修养人性的要素之一是"贵生"，他说"天生人至灵也"，"干父，坤母，人生貌焉中处，参而为三"，人与天地是在同等位置的，他反对轻生，"天地之性人为贵，人反自贱者，何也？"他不仅提出人当自贵，还主张"天下之生皆当贵重也"[①]，他为官时实施仁政，正是由此而来。二是"明复，他说"自诚明谓之性"是"赤子之知也"[②]，这是出生即有的认识；"自明诚谓之教"是

---

① 汤显祖著、徐朔方校：《贵生书院说》，《汤显祖诗文集》，中华书局1973年版，第1163页。

② 汤显祖著、徐朔方校：《明复说》，《汤显祖诗文集》，中华书局1973年版，第1164页。

"致曲是也","隐曲之处,可欲者存焉。致曲者,致知也"①。除了先天之知,还需要由后天教育得来的知,先"明乎善",才能实行这种善。三是"保童心",他说:"童子之心,虚明可化。乃实之以俗师之讲说,薄士之制义,一入其中,不可复出。使人不见泠泠之适,不听纯纯之音。是故为诸生八年而后乃举于乡,又十三年而后乃进于庭,素学迂而大义不明也。因思世人受此病者甚众,独无秦越人之术,剐其肉,药而洗之,令别生美气也。"②他批判各种不可变通的教条、钳制人思想的八股取士制度对人心灵的摧残,对人与生俱来灵性的扼杀。在当今这个物欲横流的社会,充满了各种诱惑,如何以人为本、教育后代、保持赤子之心是仍值得所有人深思的。

三、汤显祖的文学思想

1. "情至"观

晚明文坛,李攀龙、王世贞等为了矫正淫靡文风而倡导复古主义,但客观上却有些矫枉过正,出现了形式主义的弊病。与汤显祖的哲学思想相一致,他在文学上主张文以言情,这点与老师罗汝芳的观点一脉相承。他说,"人生而有情"③,"世总为情。情生诗歌,而行于神。天下之声音笑貌,大小生死,不出乎是。因以澹荡人意,欢乐舞蹈"④,他所说的情,是人的一切自然感情欲望。或许收到罗汝芳"死固不死"之说的影响,汤显祖认为情之所至,可以超越生死、时空。作品中表现的情,须是真情,才能动人。汤显祖厌恶那些虚伪的应酬文章、模拟因袭的复古之词,情真才能辞切。与反对拟古相一致,他还主张学习前人的基础上,要知道变通,抒发自己作为一个独立个体的独立情感。他反对

---

① 汤显祖著、徐朔方校:《明复说》,《汤显祖诗文集》,中华书局1973年版,第1164页。
② 汤显祖著、徐朔方校:《太平山房集选序》,《汤显祖诗文集》,中华书局1973年版,第1036页。
③ 汤显祖著、徐朔方校:《宜黄县戏神清源师庙记》,《汤显祖诗文集》,中华书局1973年版,第1127页。
④ 汤显祖著、徐朔方校:《耳伯麻姑游诗序》,《汤显祖诗文集》,中华书局1973年版,第1050页。

禁锢人思想的八股文，作惯八股文章的人写起诗文来也是程式化的，丝毫没有灵性，读来味同嚼蜡。他说："真有才者，原理以定常，适法以尽变，常不定不可以定品，变不尽不可以尽才"①。

2. 重"意、趣、神、色"

汤显祖在《答吕姜山书》中云："凡文以意趣神色为主。四者到时，或有丽词俊音可用，尔时能一一顾九宫四声否？"汤显祖认为文学作品的思想、情感、韵味、精神、形象最为重要，不能反被声调格律等规则束缚，真得佳词丽句，于声律偶有违背又何妨。他不愿作品被改动，因为哪怕只改一字，也可能失了原本的意趣："《牡丹亭记》，要依我原本，其吕家改的，切不可从，虽是增减一字以便俗唱，却与我原来意趣大不同了。"②他认为为文与作画一样，要追求"神似"而非拘泥于形，"予谓文章之妙，不在步趋形似之间，自然灵气恍惚而来，不思而至，怪怪奇奇，莫名可状，非物寻常得以合之。苏子瞻画枯枝竹石，绝异古今画格，乃愈奇。若以画格程之，几不入格。米家山水人物，不用多意，略施数笔，形象宛然，正使有意为之，亦复不佳。故夫文墨小道，可以入神而证圣。"③

汤显祖的思想中有消极的一面，当他仕途受挫时，在宗教中寻求安慰，以出世之思来应对现实问题。但他许多哲学思想、文艺主张不仅在当时有着进步的意义，在今天仍有其价值。他对人性的尊重、对真情的倡导、对自由思想的向往，在今天，对于为文治学者仍有指导作用。

---

① 汤显祖著、徐朔方校：《揽秀楼文选序》，《汤显祖诗文集》，中华书局1973年版，第1076页。
② 黄天骥：《与宜伶章罗二》，《意趣神色——论汤显祖的文学思想》，《黄天骥自选集》，广东高等教育出版社2003年版，第89页。
③ 汤显祖著、徐朔方校：《合奇序》，《汤显祖诗文集》，中华书局1973年版，第1077页。

戏剧篇

汤显祖在正史中被记载是由于他从政为官的经历,而能为大众所知、名垂千古则归功于他的戏曲作品"临川四梦"——《紫钗记》《牡丹亭》《南柯记》《邯郸记》。汤显祖是中国戏曲史上绕不开的重要人物,作为明代成就最高、影响力最大的剧作家,他被后人称为东方的莎士比亚,名列百位世界文化名人。万历四十四年(1616)六月,汤显祖病逝,这一年,英国的戏剧大师莎士比亚也离开了人世。二人素不相识,但作品中所流露的进步思想却十分类似,汤显祖的"至情"之说与莎士比亚的人文主义从根本上说是一致的。

一、代表之作《牡丹亭》

1. 歌颂真情、批判礼教

汤显祖自云一生所作,"得意处惟在牡丹"①。《牡丹亭》是汤显祖的代表作品,在戏曲史上写下了浓重的一笔。汤显祖讴歌真情、至情,他"以为情不可以论理,死不足以尽情"②。他有一篇著名的《〈牡丹亭〉题词》:"天下女子有情,宁有如杜丽娘者乎!梦其人即病,病即弥连,至手画形容,传于世而后已。死三年矣,复能溟莫中求得其所梦者而生。如丽娘者,乃可谓之有情人耳。情不知所起,一往而深。生者可以死,死可以生。生而不可与死,死而不可复生者,皆非情之至也。梦中之情,何必非真?天下岂少梦中之人耶!必因荐枕而成亲,待挂冠而为密者,皆形骸之论也。传杜太守事者,仿佛晋武郡守李仲文,广州守冯孝将儿女事,予稍为更而衍之。至于杜守收拷柳生,亦如汉睢阳王收拷谈生也。嗟夫!人世之事,非人世所可尽。自非通人,恒以理相格耳!第云理之所必无,安知情之所必有邪!"封建礼教对女子的压制尤甚,他们被教育、

---

① 王思任:《批点玉茗堂牡丹亭词叙》,《王季重小品》,文化艺术出版社1996年版,第212页。
② 同上。

奴化，以贞洁烈妇为标杆，遵守妇德，婚姻自由是天方夜谭。人心因为长期受到礼教的灌输与洗脑，已经到了扭曲的程度。首相王锡爵的女儿王焘贞，成婚之前，未婚夫突然病死，王焘贞提出要为夫守节，王锡爵认为女儿如此能为家族挣得脸面，便同意了。王焘贞此后整日白衣素服、寡言少语，沉迷于修道飞升，后竟然成为众人推崇的大仙，连父亲都拜她为师。她当然不是女仙，也不会飞升，但在众人的力捧之下，只得以为夫殉节为由，服食毒药，"坐化升仙"。这场闹剧现在看来是如此的荒唐，根源就是吃人的礼教让人变态、疯狂、丧失本性。理学禁锢人心的时代，这样从情感出发，尤其是一个女子超越生死之界、超越梦幻与现实的至情至性，极为少见和可贵，因此《牡丹亭》一出，"几令西厢减价"，杜丽娘的深情打动了无数人的心，甚至有娄江女子、商小玲这样的人为之动容感叹至死。杜丽娘像当时大多数闺秀一样，德言容功方面被严格要求，她必须谨遵闺训，偷懒昼眠会被母亲责备，即便延师课读，也不过是为了嫁人后不至于目不识丁、辱没娘家，所读之书也是儒家经典。他能见到的唯一外姓男子就是塾师陈最良，《墙头马上》《西厢记》之类的戏文中的故事之于杜丽娘根本没有发生的可能。青春活泼的少女，十六岁了居然都没有游过自家的花园。这种监禁式的生活，是她所处的封建时代女子的常态。汤显祖笔下的杜丽娘没有在这种生活中生如槁木，她表面是寻常大户千金柔弱规矩的模样，心底却潜藏着热烈的感情，变为鬼魂的杜丽娘其实就是她真实内心的一个象征。从梦中情到人鬼情、再到人间情，杜丽娘对柳梦梅的感情始终如一并不断升华。汤显祖用这个为情死、为情生的人物有力的抨击了摧残人身心的封建礼教。

2.《牡丹亭》的影响

《牡丹亭》问世之后，即刻引起强烈的反响，对后世更是产生了深远的影响。对牡丹亭的评点、改编、演出等等不胜枚举。有一大批作家受到汤显祖的影响，在言语和构思上进行刻意模仿，他们甚至还形成了一个流派，称为"玉茗堂派"（"临川派"），如孟称舜、吴炳、洪昇、张坚和阮大铖等。吴炳之《粲花五种曲》——《绿牡丹》《疗妒羹》《画中人》《西园记》《情邮记》，曾被誉为

"置之《还魂记》中，几无复可辨"①，《疗妒羹》的主人公是深受杜丽娘影响的乔小青（原型冯小青），因题曲而为人所知："冷雨幽窗不可听，挑灯闲看牡丹亭。人间亦有痴于我，岂独伤心是小青。"玉茗堂派之外，孔尚任作《桃花扇》也可窥见《牡丹亭》之影响，李香君习昆曲，所唱就是《牡丹亭》中的【皂罗袍】，《访翠》《眠香》也被称为"追步玉茗堂四梦"。还有一些作品则直接将汤显祖作为人物形象。蒋士铨之《临川梦》，以汤显祖为主人公，写汤显祖平生事迹，并让其入梦，与"临川四梦"中的人物相会，读《牡丹亭》感伤而亡的娄江女子俞二姑也在剧中得以与汤显祖相识。朱京藩之《风流院》，汤显祖为风流院主，院内收留众多痴情男女的鬼魂，柳梦梅、杜丽娘掌管花名册，冯小青之魂在风流院内，书生洁郎拾得小青题诗，与之惺惺相惜，后经历各种波折，二人在南山老人的帮助下还阳成婚。后代其他的文学形式也多有受《牡丹亭》影响者。《红楼梦》中对女子的赞扬，对"真"的渴求都与汤显祖的思想一致，书中还多次出现《牡丹亭》演出的桥段，林黛玉"艳曲警芳心"，"良辰美景奈何天"这样的句子能脱口而出，"葬花"之于"寻梦"、"离魂"之于"闹殇"都在点滴中显示着曹雪芹对汤显祖的承袭。《牡丹亭》不但影响了后世之文学思想和创作，还对舞台演出有着不可忽视的贡献。此剧创作之初本为宜黄腔演唱，以沈璟为代表的格律派还批评汤显祖对于格律多有违拗，冯梦龙等作家还为了使《牡丹亭》符合昆曲的演唱规律，削足适履的对其进行改写。然而《牡丹亭》并没有因为不合律的问题成为一部案头之书，而是从明代起，便活跃在舞台之上，从士大夫的家班、到宫廷内苑、再到民间草台，都不乏牡丹亭中的出目，它成为了昆曲表演之经典，经久不衰，至今仍是最为常演的剧目。

3.《牡丹亭》在海外的传播与交流

《牡丹亭》不仅在中国影响深远，还远播海外，引起了世界各地汉学家的广泛关注，也为中国文化推向世界作出了贡献。西方世界对《牡丹亭》的译介始

---

① 梁廷枏：《曲话》，《中国古典戏曲论著集成》第八集，中国戏剧出版社1959年版，第26页。

于 20 世纪二三十年代，1929 年，徐道邻（Hsü DauLing）的《中国的爱情故事》（德文）（Chinesische Liebe）一文中，有关于《牡丹亭》的摘译和介绍；1931，德国汉学家洪涛生（Vincenz Hundhausen，1878—1955）选译《牡丹亭·劝农》，在德国的汉学杂志《中国学》（Sinica）第六卷刊出；此后，洪涛生又陆续译成《肃苑》《惊梦》《寻梦》《写真》等出，或单独出版，或在汉学杂志上发表；1937 年，洪涛生完成了《牡丹亭》全本的翻译工作，书名题《还魂记：汤显祖浪漫戏剧》（*Die Rückkehr der Seele: ein romantisches Drama*），分别由苏黎世与莱比锡拉施尔出版社出版。除了德译本，还有英、法译本。1933 年，徐仲年（Hsu S N）译著的《中国诗文选》有《牡丹亭》第四出《腐叹》摘译文及评价文字；1939 年哈罗德·阿克顿（H. Acton）选译《牡丹亭·春香闹学》（*Chun Hsiang Nao Hsueh*），载于《天下月刊》（*T'ien Hsia Monthly*）第八卷四月号。20 世纪 80 年代初，白之（Cyril Birch）教授翻译的《牡丹亭》全本由印第安娜大学出版（1980）。《牡丹亭》的译介，对于让《牡丹亭》走入西方视野有着重要的作用。汉学家们关于《牡丹亭》的研究随之越来越多。20 世纪 70 年代，华裔学者夏志清（C. T. Hsia）教授的论文《汤显祖笔下的时间与人生》是相关论题最早的英文论文，同一时期还有一篇博士论文：Lily Tang Shang 的《汤显祖的四梦》（1974）。80 年代，相关论文还有白之的《〈牡丹亭〉结构》（1980），胡耀恒（John Y. H. Hu）的《从冥府到人间：〈牡丹亭〉的结构性阐释》（1980）。20 世纪 90 年代，西方对《牡丹亭》的更加活跃，主要成果有白之的《戏剧爱情故事比较：〈冬天的故事〉和〈牡丹亭〉》（1991），史恺悌（Catherine Swatek）的《梅和画像：冯梦龙的改编本〈牡丹亭〉》（1993），蔡九迪（Judith T Zeitlin）《异人同梦：〈吴吴山三妇合评牡丹亭〉考释》（1994），高彦颐（Dorothy Ko）专著《闺塾师——明末清初江南的才女文化》（1994）中的第二章《情教的阴阳面：从小青到〈牡丹亭〉》，博士论文史恺悌的《冯梦龙的《风流梦》：其改编本〈牡丹亭〉的抑遏策略》（1990），Jingmei Chen 的《害相思少女们的梦世界：1598—1795 年间女性对〈牡丹亭〉之回应》（1994）。21 世纪，海外《牡丹亭》研究势头持续增加，出现了《牡丹亭》研究的专著：史恺悌的《舞台上的牡丹亭：中国戏曲四百年的发展历程》(2001)。其他的成果还有：雷威安（André Lévy）《汤显祖和小说〈金瓶梅〉的作者身份——戏剧〈牡丹亭〉相关资的启示》(2001)，蔡九迪《我眼中的牡丹》(2002)，陆大伟（David Rolston）的《陈士争版〈牡丹亭〉的传统与革新》(2002)，伊维德（Wilt L. Idema）《"睡情谁见？"——汤显祖对本事材料的转化》(2003)，李惠仪《〈牡丹亭〉和〈红楼梦〉中爱的语言和文化的因素》(2004)，袁书菲（Sophie Volpp）《文本、塾师与父亲——汤显祖〈牡丹亭〉中的教学与迂儒》(2005)，华玮《〈牡丹〉能有多危险？——文本空间、〈才子牡丹亭〉与情色天然》(2006)，马克林（Colin Mackerras）的《皇家粮仓版〈牡丹亭〉》(2010)。

除了学者的译介和研究，《牡丹亭》在海外的演出也颇具影响力。

1998年5月，美国先锋派导演彼得·谢勒斯（Peter Sellars）和昆曲演员华文漪以及作曲家谭盾合作，在维也纳首演《牡丹亭》，之后又还在伦敦（9月）、罗马（10月）、巴黎（12月）及美国加州柏克莱（1999年3月）巡演。① 同年，上海昆剧团排演的《牡丹亭》本拟出访演出，由于剧中一些道具情节的革新不被上海文化局认同，故未能成行，但演出录相于本年7月15日在纽约亚洲研究会举行的座谈会中上映。1999年7月，由华裔导演陈士争编排的全本《牡丹亭》在美国林肯中心上演，这是首次将《牡丹亭》55出全本剧情改编成的昆曲演出②。

之后使西方观众为之震撼的《牡丹亭》演出当是白先勇执导、苏州昆剧院演出的青春版《牡丹亭》。2006年9月15日至10月8日，青春版《牡丹亭》

---

① 史恺悌：《舞台上的牡丹亭：中国戏曲四百年的发展历程》，第203页。该书第六章对彼得·谢勒斯版《牡丹亭》做了详细讨论。

② 李智：《独立东风看牡丹——陈士争版〈牡丹亭〉与传统戏曲的挖掘视角》说，这次演出将昆曲、评弹、花鼓戏、川剧丑角、秧歌统统搬上舞台，在美国引起轰动，被认为是体现"完整性"和"真实性"的昆曲创新。不过，对于陈版《牡丹亭》，国内也多有批评之词，以为是迎合"西方猎奇"的产物，其演出形式的革新，"由于没有传统的戏曲美学精神贯穿，这些戏曲形式只能成为空洞的文化符号出现，生拉硬凑在一起，勉强'讲述'完《牡丹亭》中的故事。"

在美国加州大学柏克莱、尔湾、洛杉矶、圣塔芭芭拉分校分别进行了连台演出。美国洛杉矶市长向剧组颁发了"特别嘉奖证书",圣塔芭芭拉市市长把10月3日—8日定为"牡丹亭"周,加州大学总校长认为这是一次成功的文化外交。"美国的主流媒体利权威戏曲评论家对青春版《牡丹亭》也不吝版面和笔墨,予以热烈的报导与评论"①2007年起,青春版《牡丹亭》开始在欧洲各地演出。2007年4月16日至20日,苏州昆剧团赴法国巴黎参加了在联合国教科文组织总部举行的"中国非物质文化遗产艺术节",在艺术节上演出了《牡丹亭·惊梦》,受到教科文组织总部盛赞。2008年6月,青春版《牡丹亭》先后在英国伦敦、希腊雅典演出,受到当地观众的欢迎。据媒体报道,青春版《牡丹亭》连续6天在伦敦著名的萨德勒斯韦尔斯剧院上演,上座率达到90%。《泰晤士报》《卫报》《每日电讯报》《金融时报》等英国各大主流媒体均对演出给予高度评价。2009年11月17日,苏州昆剧团再次在在法国巴黎联合国教科文组织总部表演了《牡丹亭·惊梦》。2012年10月,苏州昆剧团又进军美国东部地区,在密歇根大学Lydia Mendelssohn剧场、纽约大学和纽约亚太文化艺术中心Kaye剧场等也上演了《牡丹亭》中的主要折子戏。

除了彼得·谢勒斯版、陈士争版、青春版《牡丹亭》在欧美的演出外,尚有浙昆版、皇家粮仓厅堂版《牡丹亭》、谭盾导演实景版等《牡丹亭》在欧美的演出。2010年6月,汤显祖曾任县令的遂昌县人民政府在浙江大学人文学院的促成下,与英国斯特拉夫德镇建立了文化交流合作关系,两地领导及有关学术机构开始互相走动。2011年4月29日至5月4日,遂昌县人民政府代表团与浙江省昆剧团应邀参加了莎士比亚故里斯特拉夫德镇参加莎士比亚诞辰447周年庆典活动,浙昆在斯镇艾文学院演出了两场《牡丹亭》经典折子戏——《游园》《惊梦》和《幽遘》。2012年4月19日至26日,遂昌县人民政府代表团与浙江省昆剧团应邀参加了莎士比亚故里斯特拉夫德镇参加莎士比亚诞辰448周年庆典活动。这是在英国政府为了庆祝英国女王伊丽莎白二世登基60周年及迎

---

① 《青春版〈牡丹亭〉访美演出》,《苏州年鉴》,古吴轩出版社2007年版,第391页。

接2012年伦敦奥运会召开的背景下举办的一项文化盛典,因此有着特殊的意义。浙江昆剧团在斯特拉夫德镇上演了4场全本《牡丹亭》。观看了演出的斯特拉特福文学院副院长泰乐爱说,"中英两国人民很幸运能拥有汤显祖和莎士比亚这样的戏剧大师,他们留下了跨越时空的不朽名作"。皇家粮仓厅堂版昆曲《牡丹亭》由林兆华和汪世瑜连袂指导改编,2010年6月,厅堂版昆曲《牡丹亭》应意大利威尼斯、波罗尼亚、都灵三地孔子学院邀请,先后在意大利威尼斯、波罗尼亚、都灵等地进行了7场巡回演出,受到当地民众的欢迎。由美中文化协会和纽约大都会艺术博物馆共同制作的大型园林实景版昆曲《牡丹亭》于11月29日至12月2日在纽约大都会艺术博物馆中的阿斯特庭院上演。该版《牡丹亭》由中国著名作曲家谭盾改编并导演,中国知名舞蹈家黄豆豆编舞,由"昆曲王子"张军担纲主演,演出实景呈现明代原版《牡丹亭》中《惊梦》《离魂》《幽媾》和《回生》4折经典曲目。

《牡丹亭》在西方的演出可谓方兴未艾,相信走出国门的汤显祖剧作会拥有越来越多的西方观众,这是一条建立中外文化交流的重要纽带,也是向世界传播中国文化的一条有效途径。

二、《紫钗记》《南柯记》《邯郸记》

汤显祖之"临川四梦"以《牡丹亭》影响力最大,而其他"三梦"也是佳作。三部作品都取材自唐人传奇,但经过了艺术的改造和加工。王思任在王思任在《批点玉茗堂牡丹亭叙》中云:"其立言神指:《邯郸》,仙也;《南柯》,佛也;《紫钗》,侠也;《牡丹亭》,情也。"其实,汤显祖自己曾标明创作戏曲是"为情使作","四梦"之神都是"情"。汤显祖所言之情并非局限于爱情,与他的思想相一致,他所说的情是从人性出发,是指人不被任何道德、理论、教条所束缚的自然情感。《紫钗记》《牡丹亭》讴歌赞美真挚的爱情,《南柯记》《邯郸记》则写尽了世态人情。牡丹亭展现的是情与理的两不相容,是深层的矛盾与斗争,所以显得尤为不易,《紫钗记》中的爱情受到了外部力量的破坏(卢太尉),又由外部力量来挽救(黄衫客),思想性上就不及《牡丹亭》。《紫钗记》

由汤显祖早年写作之《紫箫记》改编,写霍小玉与李益事,一改《霍小玉》传的悲剧结局,而改为大团圆结局,小玉从娼家变为良家,李益也从负心汉变为有情郎。许多人认为此剧落入明人传奇才子佳人的窠臼,乃汤显祖剧作中最下者。《南柯记》《邯郸记》在思想上比较消极,在佛道的面前,一切都是梦幻泡影,情最终归于幻灭。虽然如此,三剧中仍有许多地方在当下仍有积极的意义。《紫钗记》中男女主人公间的爱情自不必说,王思任说此剧主旨在一个"侠"字,也不无道理,黄衫客的慷慨仗义,世间少有,在当今社会,仍需要这样有侠义精神的人,多一些人愿意救他人于危难,助旁人而不求回报,那么社会定能更加和谐、充满问情。《南柯记》《邯郸记》中都影射当时的官场,大梦一场都述说宦海沉浮。淳于棼、卢生都是靠夫人的裙带关系谋得高位,并非科考取仕。汤显祖所在的时代,科场舞弊并不少见,他也曾受其害,此二剧作如此安排,也是对此种不良社会现象的讽刺。《邯郸记》中卢生起初还对科场弊端愤愤不平,而当妻子崔氏为他结交要员、以求功名时,他又心安理得接受通过关系和贿赂得来的官位,还在曲江宴上谈容高傲、盛气凌人。这种人在当时很常见,就是在今天,仍有很多人是这种心理,一方面看似厌弃逼试诸如行贿、受贿等劣性;一方面又通过这些手段来谋求自己的利益,汤显祖此剧在今天看来,仍有警示作用。

　　除了作品的思想性,语言文辞等艺术表现方面,四梦都是古代戏曲作品的翘楚之作。其他"三梦"虽不如《牡丹亭》演出频繁、影响力大,但自问世以来,也有经常登上舞台的经典出目,如《紫钗记》之"折柳""阳关",《南柯记》之"瑶台",《邯郸记》之"云阳""法场"等。清代曲家叶堂,更是为"临川四梦"订了全谱,这使全本戏的演出有了基础。昆曲列入世界非物质文化遗产以来,得到各界的重视,为了振兴、抢救昆曲,多排好戏是当务之急,好戏首先需要好剧本,"临川四梦"当然会走进相关人员的视野。《牡丹亭》的演出大盛且不必说,江苏省昆剧团为年轻演员排演大戏《南柯记》,好底本加上偶像级青春靓丽的优秀青年演员,此剧各地巡演上座率之高,可赶超青春版《牡丹亭》《1699桃花扇》等受欢迎的昆曲演出。《紫钗记》虽未在昆曲舞台上全本搬演,但有其他剧种的移植,如越剧《紫玉钗》就是非常成功的改编。据悉,全本《邯郸梦》也要开始排演,如此看来,"临川四梦"重现今日戏曲舞台指日可待。

诗文篇

中国古代正统文人眼中,戏曲小说之流都是难登大雅之堂的雕虫小技,诗文才是正宗。汤显祖虽以戏曲闻名于后世,但在当时,他是以诗文而负文名,就数量来看,诗文创作量也远超戏曲。他的诗文集,明代刊本有《红泉逸草》《问棘邮草》《临川汤海若玉茗堂文集》,清代又有《玉茗堂集》《玉茗堂全集》,后有徐朔方先生笺校、北京古籍出版社出版的《汤显祖全集》,基本收录了现存汤显祖的所有作品。

一、诗歌创作

汤显祖受老师罗汝芳"言为心声,情见乎词"之观点的影响,认为"世总为情,情生诗歌",他推崇苏轼、白居易,在诗歌中表达情中之志,他反对形式化的拟古,主张张扬个性、抒写真性情,还强调真情、性灵、卓识的同一。他的诗歌内容丰富,包括评论政事、关注民生、聚焦社会、叙说情感、赞美河山、抒写心情等各个方面。

1. 关注现实,作品与社会民生紧密相关

他为官时,胸怀天下百姓,见民生疾苦,以诗歌记录,表达哀叹之情,并对批判不平之事。饥荒发生的时候,遍地饿殍,满目苍凉,他沉痛的写下五言古诗《疫》[①]:

> 西河尸若鱼,东岳鬼全瘦。
> 江淮西米绝,流饿死无覆。

---

① 汤显祖:《疫》,《汤显祖诗文集》,徐朔方笺校,中华书局1973年版,第247页。

炎朔递烟煜，生死一气候。
金陵佳丽门，辐席无夜昼。
脑发寅渠薄，天地日熏臭。
山陵余王气，户口入鬼宿。
犹闻吴越间，叠骨与城厚。
宿麦苦迟种，香秫未黄茂。
长彗昔中天，气焰十年后。
乘除在饥疫，发泄免兵寇。
恩泽岂不洗，鼎鬲多旁漏。
精华豪家取，害气疲民受。
君王坐终北，遍土分神溜。
何惜饮余人，得沾香气寿。

诗中不仅有对灾难惨状的描绘记录，对难民的同情和痛心，还发出"精华豪家取，害气疲民受"这样的批判讽刺之声。他不屑依傍权贵，敢于仗义执言，刘台因张居正夺情风波遭流放，后死于途中，汤显祖作诗曰：

江陵罢事刘郎出，冠盖悲伤并一时。
为问辽阳严谴日，几人曾作送行诗①。

2. 艺术水平高，清新有情致

汤显祖的山水诗，描绘祖国大好河山，明丽自然，时有警句，而今仍有很高的文学审美价值。

如《许湾春泛至北津》②：

---

① 汤显祖：《甲申见递北驿寺诗，多为故刘侍御台发愤者，附题其后》，《汤显祖诗文集》，徐朔方笺校，中华书局1973年版，第187页。
② 汤显祖：《汤显祖诗文集》，徐朔方笺校，中华书局1973年版，第15页。

>芳皋驰荡晓春时，暮雨晴添五色芝。
>玉马层峦高似掌，金鸡一水秀如眉。
>轻花蝶影飘前路，嫩柳苔阴绿半池。
>好去长林嬉落照，莫言尘路可栖迟。

词句间一片春色，新雨润物，高峦秀水，蝶舞花柳，烟林落照，此诗读来犹如欣赏一幅明媚而清新的画卷，情景交融，心情也十分明快。又如《题王逸人家》①：

>金盘河色外，石屋华峰西。
>日气草薰陌，花光云映溪。
>空岩人语迥，檐壑鸟飞低。
>直置堪长隐，东陂鱼稻肥。

田园居家，一派怡然和谐之感，全诗没有生僻难懂字眼，平淡如话但又饶有韵味，不减唐人佳篇，颇得渊明、摩诘之意。

3. 表达真挚情感

汤显祖一生交游广阔，朋友众多。他戏曲作品中赞美真情，生活中与朋友也是以诚相待、感情真挚，他有许多赠答诗、送别诗都写的情真意切，绝非敷衍的官样文章。如《石城送蜀客梧州》②：

>春到回龙傍郁林，乱藤烟月送猿吟。
>鹃声莫更逢三月，销尽同乡九折心。

全诗短短28字，通过猿啸、鹃啼等特定意向，渲染离别之意、游子之情，自己对友人的不舍和挂念，流露在字句间。又如《送客湘东》③：

---

① 汤显祖：《汤显祖全集》（一），北京古籍出版社1999年版，第888页。
② 汤显祖：《汤显祖诗文集》，徐朔方笺校，中华书局1973年版，第438页。
③ 同②，第891页。

> 拂槛菱歌饯远游，断蝉疏雨最宜秋。
> 思君独夜梦何处，班竹帘西湘水流。

秋色最衬离情，汤显祖，特别擅长运用意向来烘托情绪，断蝉、疏雨一下就让人进入了伤别的情境，后两句直接点出对友人的思念，毫无造作之感，是感情的自然喷发。

二、散文写作

汤显祖散文包括玉茗堂文与玉茗堂尺牍，虽成就不如戏曲和诗歌，但也独具一格。他曾学习《文选》及散文八大家之宋六家（欧阳修、三苏、曾巩、王安石），他学习他们的为文之法，却不拘泥于模仿。沈际飞《玉茗堂文集题词》曰："临川无所不足，故一篇之中，写理入微，援情穷变，涕泗歌舞，有并时而集，异时而揸者焉。真也，有余也，非汉、宋字句之谓也。"与他的诗歌相应，他为文也主张自然灵气。查继佐《汤显祖传》中云："海若为文，大率工于纤丽，无关实务。然其遣思入神，往往破古。"他为文多是有感而发，以真情语写真情事，畅快淋漓。他没有专门的文学评论著作，但许多散文中有着他对文学的看法，由此可窥见其文艺思想主张，最著名的就是他的《牡丹亭题词》："天下女子有情，宁有如杜丽娘者乎！梦其人即病，病即弥连，至手画形容，传于世而后死。死三年矣，复能溟莫中求得其所梦者而生。如丽娘者，乃可谓之有情人耳。情不知所起，一往而深。生者可以死，死可以生。生而不可与死，死而不可复生者，皆非情之至也。梦中之情，何必非真？天下岂少梦中之人耶！必因荐枕而成亲，待挂冠而为密者，皆形骸之论也。……嗟夫！人世之事，非人世所可尽。自非通人，恒以理相格耳！第云理之所必无，安知情之所必有耶！"不仅点出塑造杜丽娘这个人物的初衷，还言明了他对至情的观点和态度，文笔流畅，语气真切。除了散文，他的尺牍也十分精彩，短小精悍，行云流水，文采飞扬，颇有意趣。如《寄左沧屿》："目中如门下。零露蔓草，未足拟其清扬；秋水霜兼，差以慰其游溯。鸣琴山水，太冲深招隐之情；迟暮佳人，惠休拟碧云之咏。倏焉别去，渺矣伊人。再觏无从，怅伫何及。"① 文雅而有六朝骈文之风，又清丽自然，富有语言的韵律美，读来朗朗上口。

汤显祖的诗文成就长期以来被戏曲的光芒所掩盖，其实他除了是一位伟大的戏曲家，也是一位出色的诗人、文学家。他的诗文关注现实、社会、民生，因此不显得内容虚无缥缈，他为文作诗情感真挚，艺术技巧高超，都是今天写作之人应该学习借鉴之处。

功利篇

旅游业是绿色环保的产业，又能带动一个地区的其他产业发展，还能促进当地就业，旅游业已经成为中国一个新的经济增长点。中国名山大川不胜枚举，然而还有许多山水灵秀之地不为大众所知，其实自然风光大好之处有许多，如果没有一定的文化积淀，就很难在众多美景中脱颖而出。就如杭州西湖，自古声名在外，除了湖光山色，最主要是因为几百年沉淀下来的人文内涵。如今许多地方政府都挖掘当地的文化名人，以期为旅游业注入新的能量。

汤显祖在中国文学史、戏曲史上向来是重要的人物，而随着昆曲列入世界非遗名录，青春版《牡丹亭》吸引了一大批年轻的观众，昆曲似乎突然热起来了。青春版《牡丹亭》如火如荼的巡演，又有一些流行文化也用到其中的元素，如流行歌曲《在梅边》，加之媒体的宣传，汤显祖随着《牡丹亭》一起为大众所熟知，即使非戏曲爱好者的普通民众，提起昆曲也往往能说出《牡丹亭》这部剧名。有这样一位文化巨人，能与之沾边的地方都极尽所能挖掘汤显祖文化，以提升当地知名度，推动旅游业的发展，从而带来经济利益。事实证明，汤显祖文化确实能给一个地方带来切实的好处，这从浙江遂昌与江西抚州两地的比

---

① 汤显祖：《寄左沧屿》，《汤显祖诗文集》，徐朔方笺校，中华书局1973年版，第1435页。

较就可看出。

汤显祖是江西临川人，现在的江西抚州是正宗的汤显祖故里，而抚州似乎除了建造一座汤显祖纪念馆，便无其他动作，去江西旅游的人，也很少会去抚州。这与莎士比亚故居游客的络绎不绝形成了鲜明的对比，一方面或许是因为纪念馆不是真正的故居，更主要的其实还是宣传不够。浙江遂昌则是另外一番景象了。汤显祖在遂昌为官五年，他的政绩和遗爱至今为人所称道，《牡丹亭》完成于江西，仅仅是在遂昌酝酿构思，汤显祖和《牡丹亭》就已成为遂昌的第一文化品牌。进入遂昌的高速公路入口附近的山石上，就刻着宣传文字。遂昌县城除了汤显祖纪念馆，还有汤公酒楼、汤公度假酒店、汤公金缕茗楼茶馆、汤公大道等一系列与汤显祖有关的地标。数年来，遂昌每年春天都有举办汤显祖相关的大型活动，包括国际学术会议、专业剧团演出、昆曲曲友大赛，甚至"千人齐唱牡丹亭，万人同跳昆曲广场舞"这样的隆重庆典活动。除此之外，还原古代春耕劝农仪式，以演员扮演汤显祖，各个步骤复原的像模像样，还有一些戏曲曲艺相关节目。汤显祖被誉为"东方的莎士比亚"，而两人又恰好同一年去世，因此，让汤公和莎翁牵手，有利于中英文化的交流。于是，在浙江大学的推动下，遂昌与莎士比亚故里已开展文化合作交流多年，在海内外产生了极大的影响，受到了国家领导人的肯定。遂昌县的出访报告中写道："遂昌县是我省重点欠发达地区、重要生态屏障地区、革命老区、少数民族地区和乌溪江库区，在生态文明蓬勃兴起、'山上浙江'建设如火如荼的新时期，遂昌着眼'绿色发展、生态富民、科学跨越'，积极探索实践一条以乡村休闲旅游为引领、一二三产业统筹协调发展的新路子。2010年以来，在省委、省政府大力推进文化强省建设的鼓舞下，遂昌凭借一股'小马拉大车'的勇气和执着，依托'汤显祖世界文化名人、（牡丹亭）世界文化名著、昆曲世界文化遗产'三大世界文化品牌，把汤显祖文化'走出去'作为提升县城发展视野、扩大对外开放的战略突破口，积极与英国斯特拉夫德市开展汤显祖和莎士比亚文化交流活动，三年多来，两地文化交流共识逐步增强，友好往来逐渐增多，交流氛围日益浓厚，合作领域不断拓宽，各项文化交流工作取得了明显成效。"遂昌在浙江处于经济较不发达的山区，自然风光极美，但在浙江以外知名度并不高，近年通过打造汤显祖文化的品牌，国内甚至国际知名度提升之快令人欣喜。汤显祖确实为遂昌的经济发展起到了很强的推动作用，政府也对此十分重视，积极地开展各项相关活动，以树立遂昌良好的形象。汤显祖文化的功利价值，在浙江遂昌，是非常成功的案例。

第三篇

「临川四梦」的文本美学与曲学观念

经典唱尽雅俗韵，玉茗千秋绝妙词[①]

黄振林

一、"宜伶"檀板，玉茗堂前首演《牡丹》

2016年是我国最伟大的古典戏曲大师汤显祖逝世400周年。明神宗万历二十六年（1598），由于长期屈沉下僚，深感官场的腐败，加上爱女、大弟、儿子相继夭亡的强烈刺激，汤显祖向吏部辞职，并谢绝挽留，归隐临川家中专事戏曲创作。这一年，他将全家从临川城外文昌里迁至城中香楠峰下的新居玉茗堂，创作了《牡丹亭》。随后两年，又创作了《南柯记》和《邯郸记》，迅速产生了广泛而深远的影响，成为戏曲史上最伟大的经典。汤显祖也有了"四梦传天下，戏坛古今师"之称谓。

临川是历史文化名城，也是明清南方戏曲中心之一，弋阳腔、海盐腔、昆山腔、青阳腔、徽州腔等均流经此地，享有戏曲之乡的美誉。汤显祖创作《牡丹亭》时，昆山腔传播范围逐步扩大，海盐腔在江浙、南京等地逐渐淡出。各地缙绅富贾蓄养的家班均为昆腔班底。像江苏太仓王锡爵家班、江苏无锡邹迪光家班、江苏常熟钱岱家班、客居金陵的徽州人吴越石家班等，都有争相演唱《牡丹亭》的史料记载。无锡人邹迪光是汤显祖的朋友，他还曾写信邀请汤显祖

[①] 原载于《艺术评论》2016年第8期。

赴无锡观看《牡丹亭》演出，但由于各种原因汤显祖未能成行。魏良辅改造后的昆腔在曲唱形式上已相当完善和成熟。其"尽洗乖声，调用水磨，功深熔琢，气无烟火"的行腔风格，塑造出昆曲"转音若丝，流丽幽远"的抒情曲韵，与"临川四梦"浪漫缱绻的剧情风格和谐统一。汤显祖自己在南昌滕王阁也观看过江西昆曲艺人王有信、于采等表演《牡丹亭》，并赋诗云"韵若笙箫气若丝，牡丹魂梦去来时。河移客散江波起，不解销魂不遣知。桦烛烟消泣绛纱，清微苦调脆残霞。愁来一座更衣起，江树沉沉天汉斜"。从"韵若笙箫气若丝"的描写看，是经典的昆腔行腔方式。

但汤显祖在临川完成《牡丹亭》等剧作后，究竟由什么艺伶演唱？用什么声腔演唱？这在戏曲演出史上是个令人感兴趣的话题。其实，与江浙缙绅商贾不同，汤显祖弃官归家后，虽然"游于伶党之中"，身边聚集了相当数量的"宜伶"，但并没有蓄养私人家班。"宜伶"这个词，在明代典籍中极其少见，只有汤显祖和梅鼎祚在诗文或者尺牍中使用过。汤显祖诗文中曾经有"小园须着小宜伶""离歌分付小宜黄""宜伶相伴酒中禅""弟之爱宜伶学《二梦》"等称谓。而宜伶，是来自临川邻县宜黄县的戏伶。从他应约撰写的著名文稿《宜黄县戏神清源师庙记》的记载我们可知，这些宜伶演唱的是以宜黄籍著名抗倭将领谭纶从浙江布政司左参政任上带回的海盐腔。正是汤显祖身边的这些宜伶，首先在玉茗堂将《牡丹亭》搬上舞台。汤显祖有诗为证："玉茗堂开春翠屏，新词传唱《牡丹亭》。伤心拍遍无人会，自掐檀痕教小伶"。汤显祖甚至躬身登场，指导小伶搬演《牡丹亭》。汤显祖在《与宜伶罗章二》中说："章二等安否？近来生理何如？《牡丹亭记》，要依我本，其吕家改的，切不可从。虽是增减一二字以便俗唱，却与我原做的意趣大不相同了。往人家搬演，俱宜守分，莫因人家爱我的戏，便过求他酒食钱物。如今世事总难认真，而况戏乎！"[①] 作为宜伶的精神领袖，汤显祖曾多次派遣宜伶戏班赴南京、安徽、南昌等地演出，晚年

---

① 汤显祖著、徐朔方校：《与宜伶罗章二》，《汤显祖全集》（二）玉茗堂尺牍之六，北京古籍出版社1999年版，第1519页。

还派遣宜伶到安徽宣城慰问著名剧作家梅鼎祚。除了生活上的关心，艺德上的指点外，最重要是申明自己的艺术观。他在著名的《答吕姜山》尺牍中说到，"凡文以意趣神色为主。四者到时，或有丽词俊音可用，尔时能一一顾九宫四声否？如必按字摸声，即有窒滞迸拽之苦，恐不能成句矣。"① 吕姜山，即吕胤昌，字玉绳，浙江余姚人，汤显祖好友，万历十一年（1583）同科进士，著名曲论著作《曲品》的作者吕天成的父亲。他曾改编过《牡丹亭》并从吴中寄给汤显祖，由于戏曲观念和对声律理解的差异，遭到汤显祖的否定。汤显祖从小就随大伯习曲，家中藏书有大量的元曲，很多曲文都烂熟于心，于声律极有造诣。常常和少年伙伴帅机、吴拾芝、曾如海等"唱和赏音"。后来又长期生活在南京，对南曲演唱耳熟能详。加上他深厚的曲词修养和超人的文学才华，就像明代人评价汤显祖所云，其气节耿介，词曲风流。他的精彩的曲文，融汇骈文的辞藻、诗词的意象，隽秀典雅，脍炙人口。如"朝飞暮卷，云霞翠轩；雨丝风片，烟波画船"，系化用王勃《滕王阁诗》而来，得到明清很多文人的由衷赞美和仰慕。后世很多剧作家都想改译他的曲词，均难以如意。即便如石凌鹤这样的戏剧大家，在改译《牡丹亭》时，改成"朝飞暮卷，云霞翠轩；柳丝花片，烟波画船"，就两个字的差异，其意蕴的丰富性就不如原稿。

明代文人在高度称赞《牡丹亭》的构思精巧和文辞优美的同时，又纷纷指责其曲律上存在不足。诸如"不谙曲谱""用韵任意"等。晚明以后的曲家，为了昆腔演唱的需要，对"四梦"进行"改窜"，特别是对曲牌使用的删削，反映了昆曲演唱的某些规范性要求。像《牡丹亭》，明代就有沈璟的改本《同梦记》、臧懋循的改本《还魂记》、冯梦龙的改本《墨憨斋复位三会亲风流梦》、硕园改本《还魂记》、徐肃颖删润本《玉茗堂丹青记》等。清代以后，曲家从曲谱角度整饬《牡丹亭》等汤显祖剧作，出现了像钮少雅《格正还魂记词调》，完全从曲牌格律角度格正其句式、字节、字调等；如冯起凤《吟香堂牡丹亭曲谱》、

---

① 汤显祖著、徐朔方校：《答吕姜山》，《汤显祖全集》（二）玉茗堂尺牍之一，北京古籍出版社1999年版，第1302页。

叶堂《纳书楹牡丹亭全谱》，则删除宾白，保留曲文，详注工尺，迎合曲家清唱需要。其实，汤显祖对传奇的表演，特别是对音律的认识有自己独到的见解。沈璟主张尊古守旧，恪守曲律，他主张顺其自然，"音"为"意"用。他在明清曲家中是最重视情感作用的戏曲家，他的《牡丹亭》也是天下"第一情戏"。他评王玉峰《焚香记》传奇时指出："其填词皆尚真色，所以入人最深，遂令后世之听者泪，读者颦，无情者心动，有情者肠裂。何物情种，具此传情乎？"① 他与宜伶罗章二、张罗二、吴迎、汝宁等交往密切，常常切磋舞台艺术。他曾写两首诗寄给与吴迎配戏的生角张罗二，诗前小序云："迎病装唱《紫钗》，客有掩泪者，近绝不来，恨之。"② 意思是当年吴迎演《紫钗记》中"怨撒金钱"，把霍小玉病中思念李益的情状淋漓尽致地表现出来了。而后来演技衰退，失去观众，根本原因是真情的缺失。汤显祖是古代难得的真性情的剧作家，尽管说是"失宫犯调"，但正如明代张岱评论《还魂记》，可谓是"灵奇高妙，已到极处"，是古典戏曲舞台上最有魅力的剧作之一。

二、纷纭呈现，四百年舞台惊艳《还魂记》

"填词之设，专为登场"。自"四梦"诞生以来，案头改写、舞台改演现象层出不穷。杜丽娘和柳梦梅的爱情故事，超越了明清传奇中一般的才子佳人题材的戏曲设计。他们不是青梅竹马，也非一见钟情，完全是青春朦胧觉醒的少女，游园惊梦、因梦生情、因情而死、死而复生、终成眷属。这种"无媒自嫁、鬼亦多情"的剧情安排，顺应了最本真的人心初衷，呼应了最珍贵的情感期待。文人愿改、艺伶愿演、观众愿看，并且越改越新、越演越好、越看越爱。正因

---

① 汤显祖著、徐朔方校：《玉茗堂批评焚香记·总评》，《汤显祖全集》（二）补遗，北京古籍出版社1999年版，第1656页。
② 汤显祖：《寄生脚张罗二恨吴迎旦口号二首》，《汤显祖全集》（二）玉茗堂诗之十三，北京古籍出版社1999年版，第797页。

为思想深刻、意趣深远、艺境深邃,横看成岭、侧看成峰,使得剧作处处充满生长的力量。特别是舞台演出本,在原有情节基础上因势而生、顺情而长,增枝延蔓、标新立异。比如《惊梦》,额外安排睡魔神上场。原著"入梦"情节,仅有"睡介""梦生介"等舞台提示,而安排睡魔神,则是手持日月镜,将执柳枝的书生柳梦梅引导上场入戏。再如"堆花"场面,原本只一个花神(末扮),"束发冠、红衣、插花",唱一支【鲍老催】即下场。花神的设计是为了强调杜丽娘与柳梦梅的"姻缘之分,天作之合"。但在后来的演出中,花神人数迅速增加,形成了现在舞台上的"堆花"现象。《审音鉴古录》载,"花神依次一对对徐徐并上,分开两边,对面立。以后照前式,闰月花神立于大花神傍,末扮大花神上,众合唱【出对子】【画眉序】【滴溜子】,然后搭台上下立,末唱【鲍老催】【五般宜】,众花神下。"清代乾隆年间的戏曲选本《缀白裘》是影响很大的兼顾昆腔和乱弹的台本,它选录的曲词和念白均按照戏班的串演本为标准,而不是文人的案头本。在演出《惊梦》时,花神唱【鲍老催】【双声子】两支曲子。其中【双声子】唱词云:"柳梦梅,柳梦梅,梦里儿成姻眷。杜丽娘,杜丽娘,勾引得香魂乱。两下姻缘非偶然。羡梦里相逢,梦里同欢"。从唱词的形态和曲韵看,这不是长短句曲牌体的曲唱,而是典型的民间梆子或乱弹形式。到了近代,"堆花"花神装扮已经五彩缤纷,昆乱不分,装扮的民间化色彩非常浓厚。其实到清代康熙乾隆年之后,昆曲日渐衰落,不少演员或专昆曲,或兼昆乱。特别是"四梦"折子戏演出,如《春香闹学》《游园惊梦》《拾画叫画》《花报瑶台》《云阳法场》《折柳阳关》等,很多艺伶都在情节中穿插技巧性的表演,以博得观众的喝彩。汤显祖非常熟悉传奇舞台的观众期盼,该娴静处娴静,该闹热处闹热。比如,将烽火硝烟的穿插作为情节转折的契机,《牡丹亭》中李全扰江淮、《紫钗记》中吐蕃犯境、《南柯记》中檀萝国侵扰槐安国、《邯郸记》中驱除吐蕃等,提升了戏剧场面的紧张度,增强了观演效果。当然,除了文人好事者肆意篡改外,鄙俗庸伶的随意拆解增删也比比皆是,以至于各种坊刻唱本随处可见。还有的将"临川四梦"改编成说书、弹词、子弟书、鼓词、评话等各种艺术形式。晚清时著名诗人龚自珍在《己亥杂诗》中云:"梨园串本募谁修,亦是风花一代愁。我替尊前深惋惜,文人珠玉女儿喉",并在诗歌的注释中写道:"元人百种曲,临川四梦,悉遭伶师篡改,昆曲俚鄙极矣",①为"临川四梦"等被无端篡改打抱不平。当代舞台的"四梦"改编同样遇到相同的难题。受西方话剧技巧的影响,改编者打破"三一律""四堵墙",写意和幻觉合用,叙事与代言并行。比如现代人"闯"入梦境,与戏中人对话,实现古今穿越。再如"拾画""叫画"中,柳生吟哦"欲傍蟾宫人近远,恰些春在柳梅边"时,画中的杜丽娘变成真人,在画框中摇动等。尽管舞台的真实感和现代感增强,但损害了戏曲虚拟和程序表演,演员的本领被声光电化的舞台技巧所掩盖。1959年,著名戏剧家孟超,写文章点评石凌鹤改编《牡丹亭》,将"游魂""幽媾""欢挠""冥誓"压缩为"幽会"一场,而杜丽娘的装饰除了头披黑纱外,原作中"赚花阴小犬吠春星,冷冥冥梨花春影"造就的鬼魂气息、幽冷感觉都没有,魂游的气氛不见了。表达了老戏剧家对传统戏曲舞台特点的深刻理解。"临川四梦"的舞台改编永远在路上。尽管这样,丝毫不影响"四梦"作为舞台上最伟大的经典流光溢彩。

三、直指心魂,有多少曲家还原"四梦"

汤显祖是个极富艺术才情的剧作家。他的"临川四梦"均来自于对前人话本小说的创造性改编。像《牡丹亭》前部分故事框架取材于何大抡辑《重刻增补燕居笔记》卷九所载话本小说《杜丽娘慕色还魂》。他依托故事框架,主要选择杜丽娘为情而死、为情而生的情节线索铺陈关目。游园惊梦、寻梦写真、诊祟闹殇、地府冥判、魂游幽媾、回生还魂,真可谓出生入死,碧落黄泉,只为情了。王骥德《曲律》卷四评云:"《还魂》妙处种种,奇丽动人";吕天成《曲品》卷下评:"杜丽娘事,甚奇。而着意发挥怀春慕色之情,惊心动魄。且巧妙

---

① 徐扶明:《牡丹亭研究资料考释》,上海古籍出版社1987年版,第79页。

迭出，无境不新，真堪千古矣。"汤显祖剧作都是直指人心魂的惊心动魄之作。像《牡丹亭》的"游园惊梦"乃《牡丹亭》的戏魂。"丽娘一梦，还魂皆活"，它是少女生命的大转折，新起点，青春意识在梦中惊醒，性爱情怀在梦中激活，立意新奇，曲词绝伦，感人心魄。明代王思任评点《牡丹亭》的"至情"云："《牡丹亭》，情也。若士以为情不可以论理，死不足以尽情。百千情事，一死而止，则情未有深于阿丽者也。且其感应相与，得《易》之咸；从一而终，得《易》之恒。则不第情之深，而又为情之至正者。"所谓"情之至正"，是高度肯定丽娘之情的天然、合理、真实、可信。"游园惊梦"在舞台上常常连演，是昆曲舞台上生旦联袂的家门戏。尤其是欢会场面，丽娘喜而羞涩，梦梅乐而不淫。生旦依偎配合，精准传神。丽娘自游园惊梦之后，情思不已，辗转难眠。禁不住背着春香回园寻梦。"心似缱，梅树边，这般花花草草由人恋"，依凭园中景物，追思昨日欢好。然而，园空人静，美梦难续，除了温情回忆后一片凄凉冷落，彻骨揪心的伤感令丽娘泪下如雨，伤心自怜。杰出的舞台艺术家都把搬演"四梦"作为成就最高艺术境界的毕生追求。昆曲泰斗、小生名家俞振飞与京剧名旦程砚秋、京剧大师梅兰芳多次合作上演《游园惊梦》，俞振飞与梅兰芳半个世纪来曾三次同台合演。旦角的深情缠绵，生死离魂；生角的翩翩风度，婉转多情让观众如痴如醉。正因为惊天地，泣鬼神的梦中情、人鬼情、人间情，引得无数艺伶和读者如痴如醉。正如吴梅所云："临川此剧，大得闺阁赏音。小青《冷雨幽窗》一诗，最传人口。至播诸声歌，赓续此剧。而娄江俞氏，酷嗜此词，断肠而死。藏园（指蒋仕铨——引者注）复作曲传之，媲美杜女。他如杭州女子之溺死，伶人商小令之歌死，此皆口孽流传，足为盛名之累。"①

汤显祖巨大的艺术才情和创造力使得"临川四梦"列入古典戏曲史上最有魅力的剧作行列，成为舞台上永恒的经典。400年来，不仅昆曲，各种声腔剧种都对"四梦"的改编充满了极大的兴趣。像《牡丹亭》，可以说是古典戏曲

---

① 吴梅：《怡府本还魂记·跋》，转引自蔡毅编著《中国古典戏曲序跋汇编》（二），齐鲁书社1989年版，第1257页。

中被改编形式和数量最多的剧作之一。一部剧作能够在400年来一直保持这么新鲜旺盛的舞台活力，不能不说是舞台艺术的奇迹。经典的魅力来源于其本身内在的艺术张力和再生长能力。只要有合适的条件，随时都能刺激引爆艺术再生的燃爆点。中华人民共和国成立后，为了抢救几乎绝迹的弋阳腔戏班，时任江西省文化局负责人的"左联"时期著名剧作家石凌鹤，在流散的艺人和戏班中进行剧目调查和唱腔记谱。后又组织高腔训练班，经过艰苦努力，成立了江西省赣剧团。赣剧音乐以传统弋阳腔曲调为基础，吸收乱弹、皮黄、秦腔、昆腔音乐元素，丰富了赣剧音乐的表现力。石凌鹤在20世纪50—80年代陆续将"临川四梦"改译为赣剧搬上舞台，再现了弋阳腔而非昆腔对"四梦"的搬演。特别是《牡丹亭》，由赣剧表演艺术家潘凤霞、童庆礽联袂演出，在庐山受到毛泽东等中央领导的高度赞赏。

　　石凌鹤熟悉西方话剧的舞台艺术，又深谙古典戏曲的关目结构，要把50出左右的古典传奇改编在现代剧场演出，时间控制在三个小时之内，必须集中主要情节和人物，展开主要矛盾和冲突，以达到集中浓缩的舞台效果。他总结自己改编"临川四梦"的经验是，第一，尊重原著，鉴古裨今；第二，保护丽句，译意浅明；第三，重新剪裁，压缩篇幅；第四，牌名仍旧，曲调更新。应该说，石凌鹤对"临川四梦"的改编，既保留了原著故事的完整构架、独特构思，又删削枝蔓，突出重点。对脍炙人口的"丽句"的保护特别慎重，不轻易将观众耳熟能详的经典唱段做现代白话改写，赢得了广大观众的首肯。以后各类声腔剧种对汤显祖剧作的改编，也基本上依循这个规律，即聚焦"临川四梦"最经典的情节和场面，以此为核心进行设计和编排。像春香闹学、游园惊梦、寻梦写真、叫画拾画、离魂幽媾、冥判回生、吊打圆嫁、花报瑶台、折柳阳关、冻卖珠钗、怨撒金钱、扫花三醉、云阳法场等，都被反复改编并取得良好的戏剧效果。另外就是像与这些经典情节血肉交融的著名曲词，那怕是"散金碎银"，也基本被保存下来并通过其他声腔形态谱曲演唱。对经典的心存敬畏，是对经典的尊重，也是对经典翻新创造的首要前提。

　　古典戏曲毕竟是几百年前的舞台成果，其思想高度肯定受到时代条件的限制，其审美形态离今天观众的要求也有距离。"给古人的形骸，吹嘘些生命的气息"，这是现代戏剧诗人郭沫若先生新编历史剧的名言。对经典进行适应当代舞台审美变迁的改造，符合艺术发展的规律，也是发展经典、创新经典的必由之路。回顾"临川四梦"近百年的改变历史，也有很多经验值得总结深思。中华人民共和国成立后，"临川四梦"的改编打着剔除封建糟粕的幌子，将涉及鬼魂、宗教等所谓迷信落后的东西剔除，包括像《邯郸记》中"度世""合仙"，《紫钗记》中黄衫客的戏份等删除，其实都是极左思想影响的结果。当代的不少改编，拔高人物思想境界，比如为杜丽娘打上鲜明的个性解放的烙印，把她改得更大胆、更主动，甚至更开放；比如拔高《紫钗记》中李益形象的正面色彩，赋予其更多的正义感、使命感，嫉恶如仇、关爱民众等，甚至把《邯郸记》定位为"官场现形记"，揭露明代官场的黑暗，其实与汤显祖戏剧主旨和意趣相去甚远。只有实事求是尊重经典的内在意蕴，不刻意拔高古人，才能还原经典的无限魅力。

简论"临川四梦"的创作时空与作品属性

饶兴华

摘 要 本文较详尽地论证汤显祖"临川四梦"、特别是《牡丹亭》的创作时间与地点;指出"四梦"不是为某一声腔或戏班而作,作为中国传奇文学的顶峰与经典,文学性是其第一属性。

关键词 时间;地点;案头之书;梨园搬演

汤显祖一生创作了四部传奇,合称"临川四梦"或"玉茗堂四梦",这四梦是在什么时间、什么地点完成的?为什么第一梦费时长、空间宽,而后三梦在一地几乎是一气呵成?四梦的属性是案头之书还是为某个特定的声腔创作的?本文试图对此简略探讨。

汤氏最早完成的一梦,其实是只有一个短暂梦境的《紫钗记》。这是他对早期未完成作品《紫箫记》的修改加工。汤氏在《紫钗记题词》中说:

"往余所游谢九紫、吴拾芝、曾粤祥诸君,度新词以戏,未成,而是非蜂起,讹言四方,诸君子有危心,略取所草具词梓之,明无所与于时也。记初名《紫箫》,实未成。……南都多暇,更为删润,讫,名《紫钗》。……曲成,恨帅郎多病,九紫、粤祥各仕去,耀先、拾芝局为诸生倅,无能歌乐之者。人生荣困生死何常,为骥苦不足,当奈何。"[①]

---

① 汤显祖:《汤显祖集》,玉茗堂文之六题词,上海人民出版社1973年版,第1097页。

题词中,"往余所游"记的是他在科考落榜后与好友们同歌《紫箫》的情景。时在万历七年(1579)前后,地在临川无疑,虽未写完,但为了"明无所与于时",却也已付梓。题词中的"讫"和"曲成",却是两个时间、地点和内容都相差很大的概念。"讫"是指对《紫箫记》的"删润"和改名,地点在南都(即南京),时间当在万历十五年(1587)左右。"曲成"才指的是新改本《紫钗记》杀青。这时出现了"帅郎多病"等情况,不能再现当年好友同歌的美好时光,汤氏甚为感慨,为此记写下了题词(准备付梓了)。从"九紫、粤祥各仕去"看,曾粤祥是万历二十二年(1594)才任福建同安知县,谢九紫是万历二十三年(1595)才举进士,然后在南京刑部当官,时间最早应在万历二十三年;从"帅郎多病"看,帅机于万历二十三年七月卒,时间最迟则应在万历二十三年七月之前。而这时,汤氏正在浙江遂昌任上。也就是说,"曲成"的时间地点与"讫"的时间地点是不相同的。

还有一件巧合的事可资佐证。在汤氏所撰《玉合记题词》中,记述了万历十四年(1586)在南京时,好友梅禹金造访之事:

"八月太常斋出,宛然梅生造焉,为问故所游,长者俱销亡,在者亦多漂泊。……予观其词,视予所为《霍小玉传》,并其沉丽之思,减其秾长之累。且予曲中乃有讥托,为部长吏抑止不行。……"①

这里说到,在南京任太常博士时,梅来造访。汤问了梅往昔好友的近况,看了梅的作品,并应梅所请,为其作品《玉合记》写了题词。汤也给梅看了他《紫箫记》的删润本,当时名为《霍小玉传》。还说到改本的命运,因曲含"讥托,为部长吏抑止不行"。这说明,在南京删润"讫"的《紫钗》或《霍小玉传》并未付梓,因此还未"曲成"。

万历二十三年(1595)帅机(惟审)卒后,汤氏寄送了一部新出的《紫钗记》到帅机的灵前祭奠。他在《与帅公子从升从龙》的信中说:"《紫钗记》改

---

① 汤显祖:《汤显祖集》,玉茗堂文之六题词,上海人民出版社1973年版,第1092页。

本寄送惟审樾帐前，曼声歌之，知其幽赏耳。"①这更可确证，《紫钗记》是在万历二十三年（1595）七月前"曲成"付梓。

由此，我们便清楚了这样的脉络：《紫箫记》系1579年前后作于临川，但未完成；1587年左右在南京"删润"完毕，并改名《紫钗记》；1595年，《紫钗记》在遂昌"曲成"。这一梦的创作地点由临川到南京，经过徐闻又到了遂昌，时间跨度竟长达16年之久。

这说明了一个十分重要的事实：汤氏49岁弃官回乡之前，为实现自己的政治抱负，是生活在现实中，主要精力用于从政，传奇创作只不过是他的闲时所好。

最著名、最精彩的一梦，当然是《牡丹亭》。汤氏有题词，说明是完成于1598年秋（明刊本署万历戊戌秋）。

万历二十六年（1598），是汤氏人生的一个最重大的转折点。此年春三月，汤显祖北京上书后，便直接返回了家乡临川。他作出了一个最关键、最重要、也是最明智的决定：弃官不做，将自己的全部理想与信念寄托于传奇创作。这一决定，不仅改变了汤氏本人的人生轨迹，更使中国文坛绽放出了一朵足以震撼世界文坛的奇葩。

一回到家乡，汤显祖的主要时间和精力便投入了写作中，并很快进入了艺术创作的最佳境界。可以说，他很多时间都是跳出现实，生活在梦幻之中。这有不少他回故乡后的诗作为证。

"春深小院啼莺午，残梦香销半掩扉。"（《初归》）②

"梦去河阳花似远，兴来彭泽柳初分。……最是折梅春棹里，想思时许和歌闻。"（《答周松阳》）③

"几年清梦有长安，不道临川一钓竿。"（《初归柬高太仆应芳曾岳伯如

---

① 汤显祖：《汤显祖集》，玉茗堂尺牍之二，上海人民出版社1973年版，第1281页。
② 汤显祖：《汤显祖集》，玉茗堂诗之九，上海人民出版社1973年版，第517页。
③ 同②，第518页。

书》)①

"亦自知津亦自迷，新归门迳草凄凄。闲游水曲风回鬓，梦醒山空月在脐。"(《移筑沙井》)②

"休官云卧散仙如，花下笙残过客馀。幽意偶随春梦蝶，生涯真作武陵鱼。"(《遣梦》)③

"空霄为梦罗夫子，明月姑峰一线天。"(《己亥发春送达公访白云石门，过旴吊明德夫子二首》)④

"梦破长安古寺钟，偶经花雨旧林空。"(《达公来别云欲上都二首》)⑤

"怪得异香常入梦，君家九十九峰前。"(《送黄九洛归虔二首》)⑥

"江楚悠悠春梦深，偶然离别倍伤心。"(《送郴士陈元石嘉础归黄安六首》)⑦

"卜筑原知傍列星，几年魂梦忆丹青。"(《送傅观察以故重庆起监平播军》)⑧

"向后独山风雨夜，想思时有梦魂惊。"(《送叶梧从岭海归独山》)⑨

"吹帘伏槛影沉沉，五日更头思梦深。……梦中还有好容颜，钟漏泠泠到楚山。"(《五日梦梅客生如秣陵竞渡时二首》)⑩

"知向梦中来，好向梦中去。来去梦亭中，知醒在何处？"(《梦亭》)⑪

---

① 汤显祖：《汤显祖集》，玉茗堂诗之九，上海人民出版社1973年版，第519页。
② 同上书，第520页。
③ 同上书，第521页。
④ 同上书，第528页。
⑤ 同上书，第530页。
⑥ 汤显祖：《汤显祖集》，玉茗堂诗之十四，上海人民出版社1973年版，第799页。
⑦ 同⑥，第801页。
⑧ 汤显祖：《汤显祖集》，玉茗堂诗之九，上海人民出版社1973年版，第547页。
⑨ 同⑧，第560页。
⑩ 汤显祖：《汤显祖集》，玉茗堂诗之十三，上海人民出版社1973年版，第756页。
⑪ 汤显祖：《汤显祖集》，玉茗堂诗之十五，上海人民出版社1973年版，第856页。

在《梦觉篇》①序中,记述了梦见明媚女奴,取画梅裙着之,等等。

从这些诗作中,我们不仅可窥见汤显祖回乡后精神面貌之一斑,甚至还可从"花似远""柳初分""折梅""春梦""画梅裙"等字里行间看到一些《牡丹亭》的影子。汤显祖重情,《牡丹亭》写的是至情。汤显祖说:"因情成梦,因梦成戏。"(《复甘义麓》)②这正是他创作《牡丹亭》等四梦时的真情实感。

有一些见诸记载的传说,更生动地记述了汤显祖在家乡创作《牡丹亭》等四梦时的高度亢奋和痴迷状态。如查继佐《汤显祖传》:

"相传谱四剧时,坐舆中调客。得一奇句,辄下舆索市廛秃笔,书片楮,粘舆顶,盖数步一书,不自知其劳也。"③

又如焦循在《剧说》卷五中载:

"相传临川作《还魂记》,运思独苦。一日,家人求之不可得,遍索乃卧庭中薪上,掩袂痛哭。惊问之,曰:填词至'赏春香还是旧罗裙'句也。"④

"赏春香还是旧罗裙"句出自《牡丹亭》第二十五出,全剧共五十五出。此传说说明这时汤显祖《牡丹亭》的创作还没过半呢。

由此可知,汤显祖创作《牡丹亭》当为万历二十六年(1598年)春秋之间的大约半年时间。地点毫无疑问是在家乡临川。

《南柯记》与《邯郸记》常合称"二梦",都是在临川完成的,前者成于万历二十八年(1600年),后者成于万历二十九年(1601年)。这都有汤显祖题词和明刊本署明的时间。一年写出一部,合起来有七十四出之多,也足见汤显祖回乡后写作四梦时的专注和高效。

---

① 汤显祖:《汤显祖集》,玉茗堂诗之九,上海人民出版社1973年版,第534页。
② 汤显祖:《汤显祖集》,玉茗堂尺牍之四,上海人民出版社1973年版,第1367页。
③ 汤显祖:《汤显祖集》,附录,传,上海人民出版社1973年版,第1517页。
④ 汤显祖:《汤显祖集》,附录,评论,上海人民出版社1973年版,第1563页。

汤显祖回乡后为什么致力于传奇创作呢？这和中国文坛的大环境与发展趋势是分不开的。对于中国文坛的走向，汤显祖看得十分清楚。他"尝与友人论文，以为汉宋文章，各极其趣者，非可易而学也。……此道神情声色，已尽于昔人，今人更无可雄，妙者称能而已。"(《答王澹生》)① 也就是说，汉宋文章、唐诗宋词，昔人已见证了高峰；元代曲文杂剧，亦已走过辉煌；入明以后，中国的文坛便以《琵琶记》引路，迎来了传奇文学创作的高潮。汤显祖回家乡后的雄心壮志，便是笔耕这文学创作的新园地——传奇。

汤显祖四梦，是传奇文学的鸿篇巨著，关于作品的属性，当时的论者有云："此案头之书，非筵上之曲。"② 诚如斯言，四梦传播的首要渠道，确是案头之书而非筵上之曲。沈德符在《顾曲杂言》中说的："汤义仍牡丹亭梦一出，家传户诵，几令西厢减价。"③ 张琦在《衡曲麈谭》中说的："临川学士，旗鼓词坛。今玉茗堂诸曲，争脍人口。"④ 主要指的，也都是案头之书。吴梅在《顾曲麈谭》中说得更明白："临川汤若士显祖，着有四梦传奇。今世皆知之，且皆读其所著矣。《牡丹亭》一记，颇得闺客知己。如娄江俞二姑、冯小青、吴山三妇皆是也。"⑤ 而他提到的俞二姑更是通过这案头之书，才与《牡丹亭》结上生死之缘的。汤显祖在《哭娄江女子二首》诗的序中记载："娄江女子俞二娘秀慧能文词，未有所适。酷嗜《牡丹亭》传奇，蝇头细字，批注其侧，幽思苦韵，有痛于本词者。十七惋愤而终。元长得其别本寄谢耳伯，来示伤之。"⑥ 以后四梦流传到海外，为国际人士关注、研究与仰慕的，也主要是这案头之书。即使今天，我们要全面领略汤显祖四梦的丰采，也唯有读汤显祖原著一途。这"案头之书"，才是"临川四梦"原汁原味的全部精华。"案头之书"，准确地表明了四

---

① 汤显祖：《汤显祖集》，玉茗堂尺牍之一，上海人民出版社1973年版，第1234页。
② 汤显祖：《汤显祖集》，附录，评论，上海人民出版社1973年版，第1546页。
③ 同②，第1552页。
④ 同②，第1551页。
⑤ 同②，第1572页。
⑥ 汤显祖：《汤显祖集》，玉茗堂诗之十一，上海人民出版社1973年版，第654页。

梦作为文学巨著的第一属性。

但是，四梦作为传奇文学，其第二属性是拿来做演出剧本，成为筵上之曲。事实上，四梦诞生后，梨园争相搬演，对四梦的传播有很大的贡献。当时有评论认为四梦"非筵上之曲"，却是因为四梦的创作在艺术上有很大的突破，要成为"筵上之曲"，其他艺术门类如演唱，也必需要有所革新才能跟上。这在当时的环境下会受到指责和误解，是可以理解的。这涉及传奇文学的搬演，即二度创作问题，这问题非常复杂，当另辟一大命题讨论。但必须明确指出的是，"临川四梦"根本谈不上是为哪一具体声腔（更不用说戏班）而创作的。

有人说汤显祖非吴人，四梦不是为当时盛传的昆腔，而是为家乡宜伶演唱的海盐腔写的，这是很人的误解或偏见。首先，时人批评四梦一些词曲不合格律，说得沸沸扬扬之时，汤显祖本人从未说过四梦是合海盐腔格律的；其次所谓的海盐腔（更不要说什么江西化的宜黄海盐腔）的格律本来就是个子虚乌有的东西，从来也没人总结出来过，汤显祖怎么去合这样的格律？再说，汤显祖的四梦，宜伶也根本不能拿来就唱。汤显祖就曾说过："紫钗一郡无人唱，便是吴歈听不禁。"（《醉答君东怡园六绝》）[1]他为了使宜伶能演唱四梦，更是花了大力气。你看，在万历二十七年（1599）春"沙井阑头初卜居"时，他便"往往催花临节鼓，自踏新词教歌舞。青春索向酒人抛，白发拼教侍儿数。"（《寄嘉兴马乐二丈兼怀陆五台太宰》）[2]他感叹："无限白头歌笑里，新词还得个人怜。"（《闻拾之远信惨然二首》）[3]"伤心拍遍无人会，自掐檀痕教小伶。"（《七夕醉答君东二首》）[4]这也证明宜伶在搬演四梦时，在演唱方面，是经历了一番汤显祖本人亲自参与了的艰难革新的。

汤显祖家藏书甚丰，他还"妙于音律，酷嗜元人院本，自言箧中收藏，多世不常有，已至千种。有太和正韵所不载者。比问其各本佳处，一一能口诵

---

[1] 汤显祖：《汤显祖集》，玉茗堂诗之十三，上海人民出版社1973年版，第738页。
[2] 汤显祖：《汤显祖集》，玉茗堂诗之九，上海人民出版社1973年版，第537页。
[3] 汤显祖：《汤显祖集》，玉茗堂诗之十四，上海人民出版社1973年版，第782页。
[4] 汤显祖：《汤显祖集》，玉茗堂诗之十三，上海人民出版社1973年版，第735页。

之。"(姚士粦《见只篇》)①

当时戏剧理论方面最有影响的巨著《太和正音谱》所收杂剧不过689种，可汤显祖所收却至上千种，且对"各本佳处，一一能口诵之"，足见他极其深厚的戏剧写作功底。正是在这种基础上，他才能在回乡后不长的时间里，一气呵成写完不朽的《牡丹亭》及其后的"二梦"。他在创作过程中，"每谱一曲，令小史当歌而自和之，声振寥廓。"（邹迪光《临川汤先生传》）②说明他对音律的精通。

作为一代文豪，汤显祖精通词曲音律，但在文学创作中决不拘泥现有的格律。他明确标榜"凡文以意趣形色为主"（《答吕姜山》）③，"词以立意为宗"（《序丘毛伯稿》）④，"文情不厌新"（《得吉水刘年侄同升书喟然二首》）⑤。他的创作，追求的是新奇与灵气。他在《序丘毛伯稿》中说："天下文章所以有生气者，全在奇士。士奇则心灵，心灵则能飞动。能飞动则下上天地，来去古今，可以屈伸长短生灭如意。如意则可以无所不如。……不能如意者，意有所滞，常人也。"在《合奇序》中，对守格与创新的关系，他说得更清楚："予谓文章之妙，不在步趋形似之间。自然灵气，恍惚而来，不思而至。怪怪奇奇，莫可名状。非物寻常得以合之。苏子瞻画枯株竹石，绝异古今画格，乃愈奇妙。若以画格程之，几不入格。米家山水人物，不用多意，略施数笔，形象宛然。正使有意为之，亦复不佳。故夫笔墨小技，可以入神而证圣。"⑥这正是一个天才作家才能写出不同凡响作品的奥秘。吕天成称汤显祖"绝代奇才，冠世博学。……才思万端，似挟灵气。……原非学力所及，洵是天资不凡。"（吕天成：

---

① 汤显祖：《汤显祖集》，附录，评论，上海人民出版社1973年版，第1552页。
② 汤显祖：《汤显祖集》，附录，传，上海人民出版社1973年版，第1513页。
③ 汤显祖：《汤显祖集》，玉茗堂尺牍之四，上海人民出版社1973年版，第1337页。
④ 汤显祖：《汤显祖集》，玉茗堂文之五序，上海人民出版社1973年版，第1080页。
⑤ 汤显祖：《汤显祖集》，玉茗堂诗之十一，上海人民出版社1973年版，第656页。
⑥ 汤显祖：《汤显祖集》，玉茗堂文之五序，上海人民出版社1973年版，第1078页。

《曲品》)①吴梅赞汤氏"临川天才,不甘羁靮。天葩耀采,争巧天孙"②,都是十分中肯的评价。

因此,说汤显祖不谙音律,是毫无根据的。凌濛初说汤显祖"祇以才足逞而律实未谙",但也承认"彼未尝不自知"。③而且,用固有的格律来检核一部新创作,批评汤剧词曲不合格律,本身就是一种十分守旧迂腐的观点。吴梅在《中国戏曲概论》中,说得很客观:"缘临川当时尚无南北词谱,所据以填词者,仅《太和正音谱》《雍熙乐府》《词林摘艳》诸书而已。不得以后人之律,轻议前人之词也。"④为求合格律而对汤剧词曲进行的改窜,更使汤氏反感,亦为评家不齿。汤氏曾作诗《见改窜牡丹词者失笑》⑤,并在《与宜伶罗章二》的信中谆谆叮嘱:"《牡丹亭记》,要依我原本,其吕家改的,切不可从。虽是增减一二字以便俗唱,却与我原做的意趣大不同了。"⑥为汤剧某些词曲不合格律寻找理由,如认为汤剧是为合宜伶的海盐腔的格律所作,则更无根据。

万历二十九年(1601)之后,汤显祖自己觉得"二梦已完,绮语都尽"(《答罗匡湖》)⑦,便戛然停止了传奇的创作。

汤氏四梦,特别是在家乡创作的《牡丹亭》,是一座中国传奇文学的丰碑,无论思想性、艺术性、文学性,均达到了中国传奇文学的顶峰,成为了一代文学样式的经典,也成为了世界文化遗产的瑰宝。

---

① 汤显祖:《汤显祖集》,附录,评论,上海人民出版社1973年版,第1550页。
② 同上书,第1573页。
③ 同上书,第1554页。
④ 汤显祖:《汤显祖集》,附录,评论,上海人民出版社1973年版,第1574页。
⑤ 汤显祖:《汤显祖集》,玉茗堂诗之十四,上海人民出版社1973年版,第803页。
⑥ 汤显祖:《汤显祖集》,玉茗堂尺牍之六,上海人民出版社1973年版,第1426页。
⑦ 同⑥,第1435页。

"一生儿爱好是天然"
——论杜丽娘的"死亡"与"重生"

徐 晨

摘 要 "杜丽娘之死"一直是研究《牡丹亭》文本意义的一个重要议题。从杜丽娘对爱情的主动追寻出发,以与"西厢式"爱情的不同、"主动造梦"以及"向死而生、为生而死"等方面,辨析杜丽娘"死亡"与"重生"的前因后果;在其"死亡"与"重生"之间,探究杜丽娘这一人物的内在性格与其死亡的真实动因。

关键词 《牡丹亭》;杜丽娘;死亡;重生

一

作为中国古典戏曲双璧之一,《牡丹亭》常常被拿来与同为经典的《西厢记》相比较;又因其后诞生了塑造出众多光彩又叛逆的女性形象的惊世之作《红楼梦》,《牡丹亭》不可避免地被看作是上承《西厢记》,下启《红楼梦》的作品。杜丽娘,也就自然成为了在反抗压迫、追求爱情、争取自由等方面的代表,她比崔莺莺更大胆、较林黛玉尚不足的女性形象,处于从宋元到明清女性情爱意识觉醒的过渡期与转折点上。①

细察之下，这个观点却并不令人满意。就人物形象的塑造而言，杜丽娘与崔莺莺之间，除了身份上的相似，其余的可比性并不大。与杜丽娘相比，崔莺莺实际上仍然属于被动的情爱承载者。虽有"临去秋波那一转"的惊艳加持，仍然不过是听了男人的温情软语，在丫头的怂恿下，半推半就，认为自己一旦委身便要嫁给对方的千金小姐。而实际上，《西厢记》里反抗的主角与其说是崔莺莺，不如说是红娘——在崔莺莺与张生几个回合的来往中，是红娘见不得张生病痛难耐，为张生想办法出主意；在崔莺莺举棋不定之时，是红娘劝崔莺莺大胆向前，无须多虑；事情败露后，是红娘临危不惧，与老妇人据理力争，认为小姐与张生相好并不是见不得人之事。这里的红娘，像是一个"过来人"，明白小姐的心思，在其羞涩矜持的时候，推她一把，助她一臂，宛若二人爱情中的"救世主"。甚至可以说，如果没有红娘从中相助，崔莺莺与张生的情愫很有可能会被扼杀在萌芽之中，空余遗憾。正因如此，在此后的许多版本中，红娘的地位都超越了崔莺莺，成为了绝对的主角。从某种程度上讲，当我们提到《西厢记》，首先想到的是"愿普天下有情人都成了眷属"这一主题，而第二个想到的，恰恰是红娘这个聪明泼辣大胆机灵的形象，而不是过于娇怯又口是心非的崔莺莺。

《牡丹亭》则恰恰相反。与崔莺莺的半推半就不同，杜丽娘自始至终都是主动的。主动造梦，主动赴死，主动还魂，也正是这完全而彻底的主动，使得杜丽娘与崔莺莺等相似的大家闺秀产生了截然不同。她并不像那些名门小姐一般，在偶然的情况下，在寺庙或是后花园里意外遇见一男子，眉来眼去，三笑留情，

---

① 此类观点几乎已成共识，如近些年发表的文迪义《〈红楼梦〉：女性意识觉醒之丰碑——兼与〈西厢记〉〈牡丹亭〉比较》(《山花》2013年第11期)，王妍《〈西厢记〉〈牡丹亭〉"女性意识"之解读》(《盐城工学院学报》2005年第4期)，舒红霞、王骁《〈西厢记〉〈牡丹亭〉〈红楼梦〉女性意识初探》(《大连大学学报》2002年第3期)，曾效葵《从〈西厢记〉和〈牡丹亭〉看中国古代女性意识的觉醒》(《安徽文学》2011年第7期)等文，都曾有所论述。

题诗赠帕，然后私定终生。杜丽娘妙就妙在，她的爱情，皆由她全权创造——是她自己一手打造了一个自己中意的男主角。

曾有论者言，"莺莺对于张生，是由'情'到'欲'；杜丽娘对于柳梦梅，却是由'欲'到'情'。也就是说，杜丽娘并不是先爱上柳梦梅，才有冲破'男女之大防'的选择，而首先是难耐青春寂寞，由自然涌发的生命冲动引向与柳梦梅的梦中幽会，恣一时之欢，由此蕴育了生死不忘之情"[①]。杜丽娘起先只是一个懵懂少女，因由大自然的美好，想到了同样美好的自己，继而怜惜起自己正值青春年华，却无人来欣赏的处境。杜丽娘确实是深陷"困境"中的，"春困"，她的身边不是年迈保守的父母，就是古板迂腐的教书师父，唯一能与自己说说话的春香，也还是一个不懂男女之事的小丫头。因而，受到自然美好感召的杜丽娘，触景生情，融情于景，用"梦"的方式在春意盎然的美景中，制造了一个只属于自己的情爱故事。在这个故事中，男主角柳梦梅可以是任何人，只因在柳边折枝相赠，只因梅子磊磊可爱，因此姓柳名梅，加之是出现在杜丽娘的梦中，故曰"梦梅"。显而易见，柳梦梅这一形象，完全是按照杜丽娘的臆想凭空设计出来的，而这一点，恰恰最能说明杜丽娘的爱情与旁人不同。

问题是，这种不同究竟意味着什么？杜丽娘"因情造梦"所编织的情梦世界究竟有着怎样的戏剧史的意义？或者说，究竟是什么成就了杜丽娘的不朽的情爱，同时也成就了《牡丹亭》的爱情绝唱，甚至"几令《西厢》减价"？诸如此类，也就需要我们进一步来加以发掘和品味。而归根究底，一种出"生"入"死"的超越意识才有可能成为《牡丹亭》中杜丽娘悲剧的动因与情致所在。

二

如果从"情"的角度出发，《牡丹亭》一剧中所有人物都可以被视为杜丽娘

---

① 章培恒、骆玉明：《中国文学史》，复旦大学出版社1996年版，第437页。

的陪衬。而我们说从"情"的角度来看，便是有意按下杜宝这条与政治有关的副线不表。在故事展开的层面上，《牡丹亭》的剧情结构是双重的，它其实写了两个故事：其一自然是杜丽娘的爱情故事；其二便是杜宝的政治故事。它甚至给人一种强烈的感觉，即，《牡丹亭》中的第一男主角并非柳梦梅，而是杜宝。杜丽娘和杜宝的行动挑起了剧本的两条情节主线，二人分别是这两条线中的绝对主角。剧作家笔下的作品都有自己的影子，可是，细加琢磨就会发现，年过半百的汤显祖，身上并没有多少柳梦梅的影子，而是与为官清廉，一心想为国家、百姓效力的杜宝更为相像。再者，如果我们抛开杜宝这个与情无关的人物不谈，《牡丹亭》中唯一能代表汤显祖对情的认知的人物是杜丽娘，也只有杜丽娘，与柳梦梅并没有太大关系。从主动造梦，到寻梦、写真，到冥间审判，到魂游、幽媾，到主动坦白实情并指引柳梦梅开棺，再到要求人间的"实礼"，如此种种，实则都是杜丽娘一己的诉求与行动。柳梦梅充其量只是杜丽娘爱情的最大配合者，甚至连合伙方都谈不上。因此，与其说《牡丹亭》写的是杜丽娘与柳梦梅二人的爱情，不如说其实是杜丽娘"一个人的爱情"。

此论述也许与一些观点相悖，如《〈牡丹亭〉"至情""有情"辨——从梦与真的关系考察》①一文的作者认为，柳梦梅也有做梦的情节，且二人之梦构成了一种呼应关系。杜丽娘一梦，柳梦梅一梦，巧妙的"双梦"结构让两个人彼此在梦中相遇相约，继而才有了后面的相知相爱。天下无不根之萌，"双梦说"让杜柳的爱情看起来仿佛如前世注定般充满了宿命感，愈发动人。然而，杜丽娘的"一梦而亡"，已经被无数学者仔细探究过，从"惊梦"到"寻梦"到"闹殇"到"幽媾"到"回生"，环环相扣，一气呵成；而关于柳梦梅的"梦"，却是漏洞百出，经不起推敲，不免让人心存疑虑。

第二出《言怀》里，柳梦梅"自报家门"后说了一段话："忽然半月前，做下一梦。梦到一园，梅花树下，立着个美人，不长不短，如送如迎。说道'柳

---

① 赵蝶：《〈牡丹亭〉"至情""有情"辨——从梦与真的关系考察》，《戏曲研究》2016年第1期。

生，柳生，遇俺方有婚缘之分，发迹之期。'因此改名梦梅，春卿为字。"此段表白看来是为了显示柳梦梅的痴情，因为梦中女子的一句话便改换了名字，实则不符实际。且不说古代男子会不会轻易改名，只说柳梦梅如果能为梦中的女子痴情到改名字的程度，这个女子必定是让其心心念念牵肠挂肚的，是如同"神仙姐姐"一般的存在。再者，在梦中既已知"不长不短，如送如迎"，那么柳梦梅必然应该对该女子的样貌、身型、姿态了然于心才对。而在第二十四出《拾画》中，柳梦梅捡到画后，并没有认出画中女子即是自己朝思暮想的树下美人。直到后期日日夜夜对画像把玩之余，发现了杜丽娘题在画卷上的诗"不在梅边在柳边"，才心生疑惑，继而把"画中人"和自己先前的"梦中人"联系在一起。

如果这个安排还勉强可以为杜丽娘与柳梦梅的"梦中注定"添砖加瓦，那么在第二十八出《幽媾》里，二人的相遇又出现了不合理性，而这种不合理性同样出现在柳梦梅身上。这场相遇对于杜丽娘来说，并不突兀。杜丽娘魂游观中，听得柳梦梅高声低叫"俺的姐姐，俺的美人"，不免动情。接下来，杜丽娘还通过名字与自己画像的比对，确认了柳梦梅就是自己的"梦中人"，之后才大胆地来到柳生的房前敲门，一诉衷肠。而柳梦梅却并非如此。杜丽娘敲门之时，柳梦梅见到她的第一反应是："呀，何处一娇娃，艳非常使人惊诧"，随后便如得了便宜般欣喜道，"果然美人人见人爱，小生喜出望外。何敢却乎？"继而急急地补充道，"以后准望贤卿逐夜而来"。可见，柳梦梅其实是在心里已经有了"梦中人"、"画中人"的情况下，又欣然接受了夜半敲门的陌生女子。也许有人会说，柳梦梅其实知道那就是杜丽娘，对于这点，也实在让人难以认同。在第三十二出《冥誓》中，也就是二人夜夜欢歌许久之后，杜丽娘深觉这样下去不是办法，便将自己的身份如实相告。待问道柳梦梅他的画卷从何而来时，柳梦梅惊讶道："可怎生一个粉扑儿？"杜丽娘也才亲口确认说："可知道，奴家便是画中人也。"也即是说，柳梦梅其实是在不知道杜丽娘就是其"心上人"的情况下与其共度良宵并发下海誓山盟的。如此看来，缘分倒是有了，但痴情何在？种种看来，"双梦说"实则立不住脚。因此，说《牡丹亭》所渲染的只是杜丽娘一个人的爱情，柳梦梅只是个陪衬，也许并不为过。

三

艺术史上，爱情总是要在生死的陪衬之下，在对生与死的超越之中，才显其伟大。古今中外感人肺腑的爱情故事，也无一不有着死亡的烘托。在东方，前有自挂东南枝的《孔雀东南飞》，后有比翼化蝶的"梁祝"，主人公往往不得不选择"殉情"这一方式来维护自己的爱情。西方也是如此，无论是历史相对久远的《罗密欧与朱丽叶》，还是描写现代故事的电影《泰坦尼克号》，爱情只有在死亡的面前，才更显珍贵。

中国人历来讲究因果，讲究轮回，而世间最大的因果轮回，便是生死。汤显祖云："情不知所起，一往而深。生者可以死，死可以生。生而不可与死，死而不可复生者，皆非情之至也。"①就是说，生死之间是可以互相转换的，而唯一能强大到可以支撑完成此间相互转换的力量，便是情。因情，得不到它的人可以睡去，只要梦中有情；当梦中的情缘散了，做梦人可以死去，只要另一个世界有情；当"人鬼情"不能长久，死去的人可以复生，只要复生后可以继续未了之情，正如杜丽娘自己所言："前日为柳郎而死，今日为柳郎而生"②。

《〈牡丹亭〉中杜丽娘亡于思疾的原因》一文的作者曾把杜丽娘的死因归结于"《牡丹亭》'至情'的主旨"、"汤显祖的儒家思想"以及"传奇的奇异色彩"三方面原因③，这种说法固然有其道理，但事实上，杜丽娘之死，在汤显祖的安排下，乃是一种积极的主动的死。徐朔方先生曾说："杜丽娘不是死于爱情被破坏，而是死于对爱情的徒然渴望。"④这句话，我们可以同意其前半部分，认可

---

① 汤显祖著、徐朔方、杨笑梅校：《牡丹亭》，人民文学出版社2015年版，第185页。
② 同上书，第187页。
③ 庞杰：《〈牡丹亭〉中杜丽娘亡于思疾的原因》，《成都师范学院学报》2014年第2期。
④ 汤显祖著、徐朔方、杨笑梅校：《牡丹亭》，人民文学出版社2015年版，第2页。

杜丽娘与刘兰芝、祝英台的死因不同。在《牡丹亭》里，并没有一个如"老夫人"或是所谓的"家仇国恨"等反面力量来破坏杜丽娘的爱情，她也自然就不是死于爱情被破坏。而后半句"死于对爱情的徒然渴望"实则有待商榷。杜丽娘真的是死于对爱情的徒然渴望吗？窃以为不完全对。杜丽娘之死，恰恰与她的梦一样。死去，只是做梦的下一步，是对追寻爱情的更有力的办法。比之做梦，死去，便能更彻底地摆脱一切人世间的苦恼和障碍，更大胆地去实现自己的心愿。

春花秋月是为最美，杜丽娘因春伤情，因此一梦不醒。而这一梦，却恰恰是对自己爱情的一种成全。梦醒无果，想要再次享受爱情美妙的杜丽娘，必须寻找新的方式。故而，在中秋之夜，杜丽娘看似死得凄惨，实则是在告别人间的同时，开启了新的"寻梦"之旅——与那个带给自己"千般爱怜，万般温存"的心上人的再次相会。人有悲欢离合，月有阴晴圆缺，作者选择了月圆之时送走丽娘，虽是"以乐景衬哀情"，却也不失为一种"无心插柳"的祝福和憧憬。

杜丽娘早在"游园"后、"惊梦"前就曾独白过："可惜妾身颜色如花，岂料命如一叶乎？"以"叶"比"命"，是杜丽娘第一次预见到自己那即将如同落叶一般飘零的命运。无独有偶，在《寻梦》一出中，当杜丽娘寻梦不得，忽见一株大梅树，脱口而出道："这梅树依依可人，我杜丽娘若死后，得葬于此，幸矣"，紧接着感叹道，"这般花花草草由人恋，生生死死随人愿，便酸酸楚楚无人怨"，被春香劝离后，更是直接地表明了自己的心态，"难道我再到这亭园，则挣的个长眠和短眠！"梦，是生命短暂的静止和休眠，死，则是长期而久远的梦。当梦境不可复制，不可重现，杜丽娘只能选择死亡这种极端又惨烈的方式来完成自己的爱情。因此我们可以推断，在此时，杜丽娘的心中已经有了用"短眠"和"长眠"这两种获得爱情的办法了！"短眠"已经尝试过，余下的，便唯有"长眠"尔。

面对自己的日渐瘦削，杜丽娘想到用写真的方式来留住自己的美貌，并言："若不趁此时自行描画，流在人间，一旦无常，谁知西蜀杜丽娘有如此之美貌乎！"按常理推断，杜丽娘小小年纪，即使身体欠佳，也不应该想到死亡。而杜丽娘却直接想到画像可以作为自己死后被记住的信物，可见是对自己死亡的最终命运预见得非常清晰。在杜丽娘生前的最后一出《闹殇》中，杜丽娘也曾先后感言："奴命不中孤月照，残生今夜雨中休……此乃天之数也。"而根据杜丽娘病逝前对春香说"咱可有回升之日否？"的发问以及临终前留在世上的最后一句"怎能够月落重生灯再红！"等，我们可以大胆推断，杜丽娘对自己的死亡早有"预谋"。并且，她不仅对自己的"死亡"早有预料，甚至对自己的"重生"，也是有预料的。由此可见，"梦境""死亡""重生"，恰恰对应着杜丽娘与柳梦梅"梦中情""人鬼情""人间情"的三部曲。

死有很多种，同样是因情而死，却也是千姿百态。刘兰芝是守护爱情不得，愤愤而死；祝英台是渴望爱情不得，悲伤而死。而杜丽娘之死，看似是死亡，实则是向死而生、为生而死，是一种有别于简简单单殉情的死亡。这种死亡，看上去是被动的"因病成疾、慕色而亡"，其实是为了获得爱情的主动性选择，正如有论者言："杜丽娘之死，并不意味着她生命的结束，而应该说是杜丽娘新的斗争的开始；杜丽娘之死，并不是悲剧的结束，而是杜丽娘与封建礼教斗争转换了形式"①，真乃"生生死死为情多"，彻底突破了"发乎情、止乎礼"的条条框框，达到了一个人为了争取自己所爱而可以达到的最高峰。

"死亡"与"重生"的结合是具有世界文化史上的原型意义的。原始先民就是从四季轮回中就体察到这种"死亡"与"重生"，从而产生遍及世界各地的四季神话，基督教《圣经》中更是以基督之"死亡"与"重生"来构建起一套神学谱系。故而"死亡"并非意味着肉体的死寂，更是直指精神的"重生"；换言之，也就是精神不死。在这个意义上，杜丽娘为了情爱，因情而死，死而复生，虽不似基督之死而复生那般神奇而圣洁，却也像填海之精卫，情海欲填，死得其所。况且，四季的轮回，与《牡丹亭》的生生死死，也正好形成了鲜明的映照，剧作家"一生儿爱好是天然"的天道美学在这里也得到了最好的诠释与体现。

---

① 毛德富：《"寻梦"——杜丽娘爱路叙说》，《殷都学刊》1994年第4期。

四

正是在一种"死亡"与"重生"的文化视域之下，杜丽娘的情梦世界才显得瑰丽无比、不同凡响。

凡间女子若想追求自己的爱情，必然是有着重重障碍的。然而，在戏中，剧作家则可以赋予女主人公凡人所不具备的能力，赋予她特殊的身份，使其可以摆脱或者至少可以无须遵守凡间的规定与礼数。这也就意味着，她不能是个凡人。不是人，那么就只剩下几种选择：仙、鬼、妖（精、怪）。杜丽娘本为凡间女，自然不可能突兀地得道成仙，也不可能成为妖魔精怪。那么唯一的出路，就是变成鬼。也只有变成鬼，才能暂时获得凡间女子不可获得的"权力"。但是，却也不能像《李慧娘》或《活捉三郎》中的主人公，只是一味地因"鬼"而"神"，快意恩仇或报仇雪恨或快活缠绵。也正是在"鬼"—"神"—"人"这三个身份与权力互相撕扯的分寸之间，有了剧情的推进，也就是"还魂"。

如果说梦中的杜丽娘依然是对手持柳枝的柳梦梅半推半就，那么化身为鬼魂的杜丽娘则直接来到柳梦梅的房前敲门，大胆可爱。对于杜丽娘来说，"鬼"的身份，不仅仅是前文所提到的对爱情的进一步追寻，更是被额外赋予的权力的象征。正因为有了这种权力，杜丽娘才能在没有如红娘般的丫头的帮助下，独立完成与心上人的甜蜜约会。王思任曾用一个"妖"字评价杜丽娘[①]，想必，这个"妖"字不仅指杜丽娘妖艳的美貌，更指其可以为了心上人出生入死、死去活来的叛逆本性，正所谓"一灵咬住，必不肯使劫灰烧失"，普通凡间女子，自是不可比的。这样看来，"牡丹花下死，做鬼也风流"，也就不仅仅指男性了。

除此而外，传奇传奇，非奇不传，在对爱情的渲染中加上"慕色而亡""人鬼幽会""掘墓开棺"等桥段，这种大众接受层面上的"死亡"与"重生"，不

---

① 汤显祖：《王思任批评本〈牡丹亭〉》，王思任批评，李萍校点，凤凰出版社 2011 年版，第 1 页。

仅增加了剧情的跌宕起伏，利于剧目的传播，更是对于大众心灵的抚慰，因缘聚会，善恶有报，成为大众审美范式下屡试不爽的安神片。

故而，"杜丽娘之死"既是"死亡"，也是"重生"。"死亡"是"表"，"重生"是"里"，从"死亡"到"重生"，二者互为因果，荡气回肠，构成了杜丽娘悲剧的完美的回旋曲线。换句话说，"死亡"是杜丽娘独特的追寻情爱、超越常情的方式与途径。也正是这样独特的方式与途径，才让杜丽娘与同时期其他大户小姐"一见钟情"式的爱情产生了质的区别。造梦、寻梦，继而不惜放弃生命来成全自己的情爱追寻，如此投入，必然换得到一份超越生死的不朽爱情。虽九死而犹未悔，欣欣然向死而生，成就了杜丽娘，也完满了牡丹梦。

论汤显祖戏曲文体选择之后的诗学宗尚[①]

袁 茹

摘 要 汤显祖自觉选择戏曲文体的节点在其四十岁之后,万历十八年(1590)到万历二十三年(1595)年间。这一选择是汤显祖多年以来思想情感与创作积累与发展的结果。汤显祖的诗学宗尚在其自觉选择戏曲文体之后发生变化。《紫箫记》创作之时,其审美追求与其时的诗学取向一致,追求秾丽,难免涩重;待《紫钗记》改成,尤其是《牡丹亭》创作之后,其诗歌风格的自然浅丽、鉴赏注重诗歌初创性与自然性,创作手法的以诗为戏,主张学习中晚唐诗歌,拒绝接受杜甫"诗圣"的形象,表现出独特的诗学宗尚,这些诗学宗尚的变化有汤显祖自觉选择戏曲文体影响的因素。

关键词 汤显祖;《牡丹亭》;文体选择;诗学宗尚;"临川四梦"

汤显祖(1550—1616)以戏曲闻名于世,学界有关其诗歌创作及理论研究偏少。汤显祖的文学创作过程中,诗歌创作在前,对戏曲文体选择时间较迟。鉴于传统戏曲与生俱来的诗剧特征,文体互渗成为必然。且诗体为高,曲体为卑,遵循中国古代文体互参中"以高行卑"的定势[②],汤显祖戏曲中受其诗学最直接的体现就是渗入了大量诗歌。万历二十六年(1598)汤显祖开始集中创作

[①] 本文原载于《东华理工大学学报》(社会科学版)2019年第4期。
[②] 蒋寅:《中国古代文体互参中"以高行卑"的体位定势》,《中国社会科学》2008年第5期,第149页。

《牡丹亭》《南柯梦》《邯郸记》，反映出汤显祖在戏曲文体选择前后的诗学取向之不同。相对于明代之前以诗文创作为主的作家，或像关汉卿等专门致力于创作戏剧的作家，汤显祖的诗歌和戏曲创作交融并进、互相影响的现象是一个鲜明的存在。

一、汤显祖戏曲文体选择的节点及其原因

（一）汤显祖戏曲文体选择的节点在《紫箫记》的修改至完工

汤显祖对戏曲文体的选择经历了一个长期的探索过程。汤显祖少年早慧，五岁即能属对，十二岁写诗《乱后》，弱冠时即"能精乐府歌行五七言诗"[①]（邹迪光《临川汤先生传》）。万历五年（1577年）到七年（1579年）间，汤显祖30岁左右时才开始戏曲《紫箫记》的创作，但这一创作并不能说汤显祖此时已经自觉地选择了戏曲文体，因《紫箫记》的创作明显带有相对的被动性质，只能说汤显祖此时开始表现出对戏曲文体的爱好。《紫箫记》是汤显祖与友人吴拾之、曾粤祥等合作，根据唐人小说《霍小玉传》写成，有讽刺时世处，全剧未得以完成，且艺术上不很成熟，曲白雕琢骈俪，与当时剧坛占据主要地位的骈俪剧派有关，可见汤显祖在戏曲创作之初对当时曲坛流行之风气的附和。此后近十五年的时间，汤显祖没有创作过戏曲，还是以诗文创作为主体。一直到万历二十三年（1595年）才几番修润《紫箫记》成《紫钗记》，"会景切事之词，往往悠然独至"[②]，已摆脱了骈俪剧派的影响，转向本色。这个时间段恰恰是明代戏剧新变阶段的开始，也是汤显祖本色创作的开始。此后其他三梦的创

---

① 徐朔方笺校，中华书局上海古籍所编辑：《汤显祖集》第2册，中华书局1962年版，第1511页。
② 同上书，第1555页。

作,已是"布格既新,遣辞复俊,其掇拾本色,参错丽语"①。所以,汤显祖自觉地选择戏曲文体是在万历二十一年(1593年)汤显祖到遂昌(今浙江遂昌)任知县,"四梦"中的第一梦《紫钗记》在此润色并付梓之时,即万历二十三年(1595年)汤显祖创作成《紫钗记》成为他自觉选择戏曲问题的节点。万历二十六年(1598年),汤显祖辞官归里,此后集中精力进行戏曲创作,完成著名的《牡丹亭》②。万历二十八年(1600年)创作了《南柯梦》,次年写《邯郸梦》。万历三十年(1602年)的《宜黄县戏神清源师庙记》是关于戏曲的宣言书,表明汤显祖在戏曲理论上走向成熟。

(二)汤显祖戏曲文体自觉选择的思想与情感基础

汤显祖为什么在《紫箫记》后的近十五年间没创作戏曲的背景下突然再度转而创作戏曲?是什么原因促使汤显祖再度选择戏曲并成为此后终生创作的主要文体?

促使汤显祖自觉选择以戏曲作为创作主要文体的,开始是基于万历十八年(1590年)汤显祖在思想上的转变。这一年,多年仕途蹭蹬的汤显祖在南京礼部祠祭司主事任上,读了李贽在湖北麻城出版的《焚书》,很受启发,"听以李百泉之杰,寻其吐属,如获美剑"③(《答管东溟》)。12月,汤显祖与达观初会于南京刑部邹元标家。达观和李贽在当时的思想界被称为两大教主,他们学说中对程朱理学的虚伪礼教的批判精神影响了汤显祖,促使他与传统思潮相背离。

当时文坛创作主流是诗文,戏曲被社会精英阶层视为"小道"。汤显祖对于戏曲情感上的爱好是在万历十二年(1584年)到万历十六(1588年)年间,汤显祖在南京备考,曾多次观摩戏曲演出,结交艺人。汤显祖曾与浙江曲家屠隆

---

① 陈多、叶长海:《曲律注释》,上海古籍出版社2012年版,第307页。
② 汤显祖自题的《牡丹亭·题词》署"万历戊戌秋清远道人题",徐朔方《汤显祖年谱》依据明末刻朱墨印本《牡丹亭》,认为《牡丹亭》完成于1598年秋。
③ 徐朔方笺校,中华书局上海古籍所编辑:《汤显祖集》第2册,中华书局1962年版,第1295页。

等、江苏曲家张凤翼、安徽曲家梅鼎祚、戏曲作家吕氏父子、引海盐腔入江西之第一人谭纶、曲友谢廷谅兄弟、戏曲家郑之文等交游。①他们互相学习切磋，并刻意扩大戏曲这一文体的影响。

汤显祖现存诗歌二千二百六十余首②，终生没有停止诗歌创作。汤显祖弃官家居期间仍把"吟咏升平，每年添一卷诗足矣"③作为自己理想的生活状态，"频繁作诗"是汤显祖生活的常态。汤显祖一生对诗歌的创作态度是热情的，目标是远大的，但他的诗歌成就不高已成定评，"诗终牵率，非其所长"④。但汤显祖又生活在一个对诗歌的发展十分自信的时代，虽然明代诗歌总体上是衰退的，但明代诗人的热情不减，创作不歇。诗歌创作和理论方面有著名的前后七子与各种诗派此起彼伏，积极寻找新时代诗歌的出路和发展方向，汤显祖对自己的诗歌创作一直有信心："仆于诗赋中，所谓万有一当为丈不朽者，过而异之"⑤（《答李乃始》），即使遭遇诗歌发展困境"犹未能忘情于所习也"⑥（《与陆景邺》）。汤显祖"尝自序其诗三变而力穷"⑦，可以看出汤显祖用心变革诗歌的不懈努力及其对诗歌创作的重视程度，但是用尽心力创作的结果却是陷入不能自拔的困境之中。汤显祖诗歌未能成一代之名家，并非揄扬者所说的"懒作一代之诗豪"，而"竟成千秋之词匠"⑧（吕天成《曲品》），而是付出了相当的努力，但最终力有不逮，由此困境而变化文体选择就成为可能。很显然，戏曲有比诗歌所不能及的表现和传播能力。钱谦益《汤遂昌显祖传》云："胸中块垒，陶写

---

① 杨安邦：《汤显祖交游与戏曲创作》，江西高校出版社2006年版，第155—266页。
② 邹自振：《汤显祖综论》，巴蜀书社2001年版，第237页。
③ 汤显祖：《玉茗堂尺牍》，上海远东出版社1996年版，第204页。
④ 徐朔方笺校，中华书局上海古籍所编辑：《汤显祖集》第2册，中华书局1962年版，第1559页。
⑤ 同④，第1424页。
⑥ 同④，第1338页。
⑦ 钱谦益：《列朝诗集小传：汤遂昌显祖传》，钱陆灿编《明代传记丛刊（7）》，明文书局1991年版，第602页。
⑧ 李晓芹：《〈曲品〉疏证》，江西教育出版社2015年版，第39页。

未尽，则发而为词曲。"①汤显祖的思想感情世界，尤其是其先进于时代的情至论，必须要用更多的情节来铺陈，用新的文体来传播给更多的人，而这些是他的诗歌创作所难以达到的。

二、汤显祖在自觉选择戏曲文体之后的诗学宗尚

（一）汤显祖选择戏曲文体之后诗歌风格变得浅易清丽

汤显祖《如兰一集序》云："诗乎，机与禅言通，趣与游道合。禅在根尘之外，游在伶党之中。要皆以若有若无为美。通乎此者，风雅之事可得而言。"②在汤显祖眼中，诗歌与戏曲的好尚是相通的，它们之间的关系紧密，在创作过程中会自然地因文体不同而相互影响。

汤显祖早期的诗歌语言典丽，甚至有晦涩之嫌。汤显祖在《答张梦泽》中阐述自己学诗的过程："弟十七八岁时，喜为韵语，已熟骚赋六朝之文"，隆庆四年（1570年）中举之后"乃工韵语"。③万历四年（1576年），汤显祖"戏逐诗赋歌舞游侠如沈君典辈"④（《答管东溟》），与宣城梅鼎祚交游，并接受梅鼎祚"律多累气"的批评进一步学习律诗。万历六年（1578年），29岁的汤显祖居临川家中，为抒发其郁闷之情，写下《龄春赋》《广意赋》《感士不遇赋》等多篇赋作，偏向涩僻古奥，有故作艰深之嫌。在这一诗风背景中，汤显祖开始进行

---

① 钱谦益：《列朝诗集小传：汤遂昌显祖传》，钱陆灿编《明代传记丛刊（7）》，明文书局1991年版，第602页。
② 徐朔方笺校，中华书局上海古籍所编辑：《汤显祖集》第2册，中华书局1962年版，第1062页。
③ 同②，第1365页。
④ 同②，第1295页。

《紫钗记》的创作，与其诗学取向大致相同。"《紫箫》琢调鲜美，炼白骈俪"①，较"《紫钗》更为丛杂，而词藻秾丽，几字字呕心镂肾以出之，故颇多晦涩语及费解语"②，《紫钗记》"不过诗词富丽"③，可见汤显祖此时的戏曲创作不管在内容还是在艺术上都没有成熟，只能是"实实填词，呆呆度曲"④。

在《紫箫记》被重新改编为《紫钗记》之后，不仅戏曲风貌发生变化，其诗歌风貌也变得浅易清丽，这与《紫箫记》丽辞的运用被诟病有关，再加上明代骈俪派戏剧文风发生变化，几乎同时，汤显祖的诗学宗尚也发生了变化。钱谦益论及汤显祖诗歌的变化说："义仍少熟《文选》，中攻声律，四十以后，诗变而之香山、眉山。"⑤汤显祖四十岁是万历十八年（1590年），这时正是汤显祖开始接受达观和李贽思想变化的时期，也正是酝酿修改《紫箫记》的时期，此时他的诗歌开始学白居易而变得浅易，对其即将自觉选择相对浅易的戏曲文体奠定了基础。一直到《牡丹亭》创作之后，汤显祖还是自觉地接受诗词的影响，如其创作《牡丹亭》等戏曲时还受到了《花间集》绮丽风貌的影响，陈继儒《〈牡丹亭〉题词》云："独汤临川最称当行本色。以《花间》《兰畹》之余彩，创为《牡丹亭》。"⑥万历四十三年（1615年），汤显祖在《玉茗堂评花间集序》中也说："余于《牡丹亭》《二梦》之暇，结习不忘，试取而点次之，评骘之。"⑦

汤显祖在诗歌和戏曲的审美趋向上，前后时期有相通之处，即戏曲与诗词风貌都是以"丽"为主。汤显祖晚年有《答吕姜山》云："凡文以意趣神色为

---

① 徐朔方笺校，中华书局上海古籍所编辑：《汤显祖集》第2册，中华书局1962年版，第1550页。
② 吴梅：《吴梅全集（理论卷中）》，河北教育出版社2002年版，第872页。
③ 蔡毅：《中国古典戏曲序跋汇编》，齐鲁书社1989年版，第1217页。
④ 同③，第1216页。
⑤ 钱谦益：《列朝诗集小传：汤遂昌显祖传》，钱陆灿编《明代传记丛刊（7）》，明文书局1991年版，第602页。
⑥ 王凯符：《陈继儒小品文选注》，首都师范大学出版社2010年版，第206页。
⑦ 徐朔方笺校，中华书局上海古籍所编辑：《汤显祖集》第2册，中华书局1962年版，第1477页。

主"①，强调只要有"丽词俊音"能表达这些"意趣神色"，宁愿违反音律，可见汤显祖对于"丽"这一美学范畴的喜爱。《牡丹亭》的"丽"有时被赞为"当行本色"，有时其中的"绮语"又被批评，但汤显祖仍然坚持自己的立场，如《答罗匡湖》云："忽得雅翰，读之，谓弟著作过耽绮语。……《二梦》已完，绮语都尽。敬谢真爱，不尽。"②《牡丹亭》本为"丽事"，必配"奇文"，是将曲文的文采和诗文的文采混在一起。总体而言，"意深词浅，全无一毫书本气"③。作为才子类作家，更需要的是读者和观众带来自己期待的心理体验，如读者的叹服，观众的万人空巷，甚或是自己的夸耀文采才华之目的，都能得到读者和观众的回应。汤显祖诗歌及戏曲中之丽语，未尝不是其逞才摘藻的表现，所以汤显祖非常自信自己的语言表达，对吕玉绳说宁可"拗折天下人嗓子"④，也不愿意改动一字一句。

但很明显，这种"丽"在汤显祖诗歌和戏曲创作前后期还是有细微变化的，即是由早期的"秾丽"与涩重难懂转向后期的"清丽"与浅易自然结合，由前期的恪守格律到后期的突破声律的限制，诗学取向渐趋自然。不管汤显祖如何注重辞藻，把戏曲写得多么瑰丽，但是戏曲仍然是通俗文学，而不同于诗歌之雅文学之本质身份。《牡丹亭》的语言虽然如诗如歌，但也是多样化的，如杜丽娘的语言优美富有诗意，丫鬟春香的语言则浅显。所以，《牡丹亭》是将"丽"和相对浅易结合起来了。

（二）汤显祖解读《诗经》的诗学鉴赏取向：原创性与自然性

《诗经》是诗歌初创阶段的代表性作品集，最能代表中华民族文学的原创性

---

① 徐朔方笺校，中华书局上海古籍所编辑：《汤显祖集》第2册，中华书局1962年版，第1337页。

② 同上书，第1435页。

③ 李渔：《闲情偶寄》，云南人民出版社2016年版，第26页。

④ 汤显祖"不妨拗折天下人嗓子"之说是针对何人？即是针对沈璟（沈汤之争）还是针对吕玉绳，至今仍在争论。详见王染野《曲海寻踪——吴地宋元明清几位戏曲家演艺、作品之杂考》，《苏州科技学院学报》（社会科学版）2006年第1期，第96—97页。

特点。这段诗歌历史是不完整的,由于其原创性和自然性,还没有发展到艺术的精粹,还是属于最原始的状态。汤显祖的时代,《诗经》已作为儒家之经很多年,此时回归到原创性和自然性解读不仅是一种新鲜的鉴赏取向,而且是一种独立思想的体现。这种解读与《牡丹亭》追求"真""情"的标准是一致的。

汤显祖每一部戏曲作品中都征引了《诗经》的篇章,尤其是以《关雎》为重。《诗经》传统的"温柔敦厚"的诗教观早已成为诗学主流,但汤显祖对于《关雎》的解读却不是以"温柔敦厚"的标准来解读的。如《牡丹亭》中对于《关雎》的解读是回归到《诗经》最自然的原始创作阶段,必然也就更关注诗歌初创阶段的真情自然,即从自然性的角度来进行解读。杜丽娘认为"关关雎鸠"是"关了的雎鸠",其实陈最良上课的时候已经说过"关关"是鸟儿的叫声,杜丽娘此时是在故意曲解,乱解《诗经》,注重的是雎鸠"尚然有洲渚之兴,可见人而不如鸟乎!"[1]看似戏说,但却是对于《关雎》最本初最自然的解读。

即使退一步从《毛诗》的角度去读《关雎》,汤显祖仍能找到圣人的后妃之德和杜丽娘的叛逆感情的共同点,如杜丽娘读到《毛诗》第一章"窈窕淑女,君子好逑",悄然废书叹曰:"圣人之情,尽见于此矣。今古同怀,岂不然乎?"[2]杜丽娘觉得自己和圣人是一样的情感,因此不管《关雎》有没有被解释成"后妃之德",她都看到了全诗所肯定的君子对于淑女的思慕之情,这种思慕是自然性的表达,因为它是男女恋爱之中的正常情感。《关雎》中的君子思慕之情也是"不知所起,不知所终",只是因为无意中看到这位"窈窕淑女",没有了解,就这样无理由地爱上了,而《牡丹亭》中的杜丽娘的情感反应是等同于隐藏在采摘荇菜后面的淑女。杜丽娘说是圣人与自己"今古同怀",其实是把自己和圣人即诗歌中的君子的情感对应起来了。杜丽娘应该是第一个把自己作为女性的爱慕之情感特点和《关雎》男性君子的思慕特征等同起来的女性读者。汤显祖故意把圣人拉回到普通人,强调圣人那求而不得的矛盾心理就是普通人

---

[1] 吴凤雏:《〈牡丹亭〉评注本》,中国戏剧出版社2013年版,第41页。
[2] 同上。

的心理。后人再如何解读"后妃之德""发乎情,止于礼",但是这个"发乎情"是谁也否定不了的,而且君子在这里所显现的情感强度也够强烈。汤显祖更将这种思慕强度加深,以致杜丽娘"因情而死,因情而生"。这种自然性,表现在《诗经》时代的婚姻还没有发展到必须有父母之命、媒妁之言的阶段,所以君子才这样辗转反侧思而不得,仍然没有请父母和媒人出面。杜丽娘和柳梦梅也是没有父母之命媒妁之言的。

汤显祖回归到诗歌初创阶段,从自然性的角度鉴赏《关雎》,将儒家赋予其身上多年的"礼"之外衣撕下,只展示其"情"之内质,是对《关雎》最客观的解读。不仅如此,《牡丹亭》也是按照类似《关雎》的自然性的结构来设置情节的。《关雎》是按照君子思念淑女的情感强度的一步一步加深来写,深到"钟鼓乐之"就戛然而止,而《牡丹亭》也是按照女子思念男子的情感强度自然加深来写的。因为现实生活中没有这种感情健康生长的土壤,所以杜丽娘的思念君子是到死亡而戛然而止,后面的发展就转移到不能实现的梦境中去。突破了儒家视域下《关雎》的"乐而不淫哀而不伤"的标准。《牡丹亭》中两情相悦的感情本来是"正"的,却因为礼教的束缚变成了"邪"——死后重生。原本杜丽娘与柳梦梅的青年男女之间的恋情也是可以像《关雎》中的君子思念淑女一样正常发展,但是后来却因为礼教的限制而不得不走向梦中之"邪",死亡之"邪",其对于读者和观众的情感方面的震撼力自然是更强烈的,所以才会有"几令西厢减价"的轰动效应。

汤显祖有时在戏曲之中故意用《诗经》为其戏曲装点"正统"。比如《紫箫记》中霍小玉称《诗》说《礼》,受《诗经》《礼记》等儒家经典的影响。贵妃说自己自幼常咏《关雎》,是用"后妃之德"来接受《关雎》的,但霍小玉自己以"唱《关雎》酹彼金罍"来表明自己看重的是《关雎》《卷耳》中的男女相思不得的情愫。《牡丹亭》中的杜丽娘更是因为父亲亲自选定的《诗经》教材中原本温柔敦厚的《关雎》触发了她的反叛式的情感,可见汤显祖对于《诗经》的儒家经典化解读是予以否定的。可惜的是,这种反叛情感的表达在汤显祖去世后仍然不能得到广泛的认同,甚至不能容于其子汤开远,汤开远竟"取义仍续成《紫箫》残本及词曲未行者,悉焚弃之"①。

(三)汤显祖集唐诗体现出的诗学取向:以诗为戏,倾向中晚唐诗歌

在中国诗学史上,对唐诗充满热情与崇拜的程度,没有哪一个时代能与明代相提并论。所以文人采取各种方式表现对唐诗的复古,集唐诗就是汤显祖复古诗学创作的表现。《牡丹亭》是较早使用集唐诗作为戏曲下场诗的,其中集唐诗有280句,分别来自一百七十余首唐诗,出自129位诗人。②从时代来看,汤显祖多集中晚唐107位诗人的230首诗歌中的235句。③后人对此批评者较多,如王骥德《曲律·论落诗》:"不惟场下人易晓,亦另优人易记。……迩来集唐句以逞新奇者,不知喃喃作何语矣。"④孔尚任也批评:"倘用旧句、俗句,草草塞责,全出削色矣。时本多尚集唐,亦属滥套。"⑤

集唐诗在汤显祖的戏曲作品中的作用未必有多大。有观点认为集唐诗的大量使用可以提升明清传奇的地位和格调,给人以"绮绣满眼"的感觉。但如果把《牡丹亭》中的集唐诗去掉,并不会影响全剧的"绮绣满眼"。而且对于一般的文化层次低的观众而言,会更多关注"奇事";而《牡丹亭》中的反叛性使得上层和卫道者不屑观看此剧,因此也不会去深入品味其中那么多的集唐诗。汤显祖这些集唐诗是写给谁看的?写给其同一阶层的文人看的。即使汤显祖将这280首唐诗中的句子针对各出的情节来创作,和剧情有融合的成分,也达不到融会贯通的效果,不能与剧本融为一体,最终还是成为恃才逞才的工具,也说明汤显祖在创作的时候有才子夸耀的目的。汤显祖选定戏曲作为自己创作的

---

① 钱谦益:《列朝诗集小传:汤遂昌显祖传》,钱陆灿编《明代传记丛刊(7)》,明文书局1991年版,第602页。
② 吴凤雏:《关于〈牡丹亭〉中的集唐诗》,《东华理工大学学报》(社会科学版)2011年第2期,第101页。
③ 王育红、吕斌:《〈牡丹亭〉集唐诗探析》,《中国韵文学刊》2005年第2期,第72页。
④ 王骥德:《曲律》,《中国古典戏曲论著集成》第4册,中国戏剧出版社1959年版,第142页。
⑤ 孔尚任:《桃花扇》,人民文学出版社2002年版,第11页。

主要文体，决定了他选择了集唐诗。因为集唐诗本不是一种严肃的创作，而是一种文字游戏，是"以诗为戏"。如黄庭坚评价王安石的集句诗"正堪一笑尔"，正是因为他把集句诗视为游戏之作。不仅在中国，西方也普遍持这种观点，"将古代诗歌经典作破碎化和重新组建的处理，以戏谑的方式吸收"①，而这个特点，和戏曲的戏谑方式契合，所以这也是汤显祖大量采用集唐诗的原因。钱谦益论及汤显祖诗歌的变化说"义仍少熟《文选》，中攻声律，四十以后，诗变而之香山、眉山。"②这句话特地提到"眉山"，苏轼生性幽默善谑，有时用俚语插科打诨。汤显祖擅长的戏曲文体中插科打诨者更多，诗歌中也有戏说类诗作，创作了一系列"戏答""醉答"之类的诗歌，如汤显祖38岁创作了《发落》一诗，语言是随意写出，粗俚间杂；万历二十六年（1598）前后写的《生日诗戏刘君东》《醉答君东东怡园书六绝》《君东病足戏为临川之约二首》。

从《牡丹亭》的集唐诗中可以看出，汤显祖主要宗尚中晚唐诗，而非盛唐，不同于前后七子的"诗必盛唐"。汤显祖的时代，正是前后七子复古思潮影响很大的时代。从诗体上看，他们的创作多是以乐府歌行为主，喜作五七言古诗，即尊崇古体诗，如李梦阳喜乐府歌行，李梦龙对乐府诗自视甚高。古体诗擅长叙事和议论，而近体诗擅长描写和抒情，这正是重"情"的汤显祖喜爱的诗体。

汤显祖戏曲中的集唐诗表现出来的诗学取向是主张学习中晚唐，直接影响到其万历年间，尤其是后期的创作也与中晚唐诗歌风貌相似。如万历十九年（1591）所作的《香岙逢贾胡》："不住田园不树桑，珴珂衣锦下云樯。明珠海上传星气，白玉河边看月光。"③《牡丹亭》第二十二出《旅寄》："香山岙里打包来，三水船儿到岸开。要寄乡心值寒岁，岭南南上半枝梅"④，是16世纪澳门市

---

① 高峰枫：《文字游戏与价值重估：普罗芭的维吉尔〈集句诗〉》，《国外文学》2015年第1期，第55页。
② 钱谦益：《列朝诗集小传：汤遂昌显祖传》，钱陆灿编《明代传记丛刊（7）》，明文书局1991年版，第602页。
③ 徐朔方笺校，中华书局上海古籍所编辑：《汤显祖集》第1册，中华书局1962年版，第428页。
④ 吴凤雏：《〈牡丹亭〉评注本》，中国戏剧出版社2013年版，第105页。

井生活的形象记载,有中唐时期诗歌的日常生活气息与浅易。汤显祖到达广州,写了纪行绝句《广城二首》:"临江喧万井,立地涌千艘。气脉雄如此,由来是广州。""书题小雪后,人在广州回。不道雷阳信,真成寄落梅。"① 以上这些诗歌大都失于纤巧,接近白居易晚年诗的浅淡而韵味不足。写作《牡丹亭》的那一年四五月间,汤显祖作《闻都城渴雨,时苦摊税》,"当知雨亦愁抽税,笑语江南申渐高"② 句又有元白讽喻诗的味道。万历十九年(1591)《秋发庾岭》云"枫叶沾秋影,凉蝉隐夕辉"带有李商隐诗歌的影子。万历二十三年(1595)《觐回宿龙潭》"是岁春连雪,烟花思不堪。雨中双燕子,今夕是江南"③,也有是晚唐翁宏诗作的特色。

(四)汤显祖对杜甫其人其诗的接受:从《牡丹亭》人物形象塑造的角度

《牡丹亭》中塑造两个具有强烈反差的杜甫的后人:杜宝和杜丽娘。杜宝和杜丽娘的思想完全对立,让读者意识到汤显祖的人物塑造肯定与诗人杜甫在明代的被接受有关。

杜宝这一形象,因严格按照礼教的束缚而变得冷酷无情,是汤显祖否定的人物,表现出汤显祖不满于时人对杜甫"诗圣"形象的接受。北宋以后,对杜甫的接受更注重的是精神层面的形象,诗人杜甫就被冠以"诗圣"的称号,为圣人群像中的一个。《牡丹亭》中的杜宝忠心朝廷,行为完全符合儒家规范,与"诗圣"精神层面相通。杜宝给杜丽娘选择了《诗经》作为启蒙读物,接受的是纯粹的儒家经典化的《诗经》。但凡诗人以"圣人"面目出现,读者以"圣"来接受诗人,自然就不能真正了解诗人诗歌中真情的流露,也会误读诗人。汤

---

① 徐朔方笺校,中华书局上海古籍所编辑:《汤显祖集》第1册,中华书局1962年版,第412页。
② 同上书,第517页。
③ 同上书,第460页。

显祖一生强调"真"字,"平生只为认真"①(《与宜伶罗章二》),"直心是道场"②(《答诸景阳》)。因此,李梦阳主模仿,弊端在于"得史迁、少陵之似,而失其真"③,就很难为汤显祖接受,他反对前后七子的模拟式的复古所写出的"赝文"。他反对七子的复古理论,认为他们盲目复古,不仅是模仿太多没有新意,也在于情之真被剥夺,他的诗歌是从自己的胸臆中流出的,他的《牡丹亭》中笑是真笑,啼是真啼,叹是真叹,评《焚香记》云:"其填词皆尚真色,所以入人最深,遂令后世之听者泪,读者颦,无情者心动,有情者肠裂。"④可见汤显祖诗学上反对复古思想与其戏曲的艺术追求是一致的。

汤显祖注重的"情"是与"真"紧密联系在一起的。在汤显祖看来,古往今来传世之作都是因为情感的卓绝所至。汤显祖以"情至""情真"来批评"诗圣"这种精神层面的接受,目的是把对杜甫其人的接受转向客观,表明他对诗歌创作中真情的重视,诗歌中真情的表达,在汤显祖晚年的伤逝、悼念类诗中表现尤其明显。

对于杜甫的诗歌,汤显祖有批评的言论,如陈田《明诗纪事》中说:"义仍才气兀傲,不可一世。集中五古清尽沉郁,天然孤秀,而时伤蹇涩,则矫枉之过也。其诗云:'常恐古人先,乃与今人匹',又云:'文章虽小技,目中谁大手?'李、何取法于杜,义仍则并杜而薄之,曰:'杜甫少一清字'。"⑤但《牡丹亭》中集诗最多的是杜甫的诗,似乎又与他批评杜甫有矛盾。其实这种矛盾,反映出汤显祖接受杜诗的客观态度。汤显祖对杜甫"诗圣"形象的拒绝,并不代表他全盘反对杜甫的诗歌,而是他仍然重视杜甫诗歌的诗体示范意义,汤显祖批评杜甫诗歌少"清"的特点,和他戏曲文体选择之后更重视自然有关。

---

① 徐朔方笺校,中华书局上海古籍所编辑:《汤显祖集》第2册,中华书局1962年版,第1426页。
② 同上书,第1343页。
③ 张廷玉等:《明史》第5册,岳麓书社1996年版,第4166页。
④ 徐朔方笺校,中华书局上海古籍所编辑:《汤显祖集》第2册,中华书局1962年版,第1486页。
⑤ 陈田:《明诗纪事》,上海古籍出版社1993年版,第2268—2269页。

三、结语

汤显祖诗学宗尚的变化与其自觉选择戏曲文体的时间几乎同时,这一现象并非巧合,应可见两者之间有相互影响的背景。汤显祖戏曲文体自觉选择之初,主要是受到了诗歌理论和创作的影响;汤显祖在集中心力进行戏曲创作之后,其诗学理念因为戏曲创作而进一步强化并丰富,并在当时的诗歌创作实践中同步体现出来,诗歌风格也因此发生变化,水平也提高,这与汤显祖戏曲创作中对于"情"和"自然"的追求是相关的。两者之间的相互影响总体上是积极的、正面的,也使汤显祖诗歌和戏曲创作思想和特征交融、演进、发展,促进其各种文体创作水平的提高。

第四篇 汤显祖佚文稽考与文献考辨

汤显祖"轻生"句的考辨

党红梅　邓　汉

摘　要　今人断言，汤显祖因古徐闻人有"轻生""习俗"而创办贵生书院。但是习俗流变轨迹、汉语语法变迁表明，汤显祖的"轻生"被今人误读；雷州府志中也没有蛛丝马迹显现出古徐闻有"轻生习俗"，但应是存在"轻生"现象。实际上，"其地人轻生，不知礼义"只是一个政治借口，汤显祖的真实目的，是为了使自己创办贵生书院一事能被录入《广东通志》。

关键词　汤显祖；轻生；习俗；现象；徐闻

由于各种因素的局限，今人放大了贵生书院在当时的影响力。更有甚者，有人将《与汪云阳》文中的"其地人轻生"扩大为古徐闻有轻生习俗，将古汉语的"轻生"直接挪用为现代书面语，无逻辑地把个别现象扩展为区域社会现象、下延为族群习俗，进而论断汤显祖创建贵生书院是为了阻止古徐闻人动辄求死。此定论单一化了贵生书院的创办动机，传递出明代徐闻有"愚昧自杀的习俗"，有违历史事实。

一、古今汉语语法的变迁显示汤显祖的"轻生"被误读

(一)"轻生"是人脑中的求死意识或意念

"轻生"在《现代汉语大词典》解释是:不爱惜自己的生命;今多指自杀。《当代汉语词典》《现代汉语分类大词典》持相同的解读。《法律文书大词典》的解释为:轻视自己生命,自杀;动词。这些词典对"轻生"的解释指向两类意思:轻视自己生命;多指自杀。在心理学上,"轻生"指个体在大脑中产生的求死意识或意念,但没有付诸行动,属于(法学称谓的)自杀未遂。

由于人脑是一个黑箱,科学还没有进步到随机探测其活动状态的程度,围绕"轻生"属于意识或意念的特性,早期被归类入心理学,侧重于个体心理研究。但"轻生"所外显的"自杀"现象及其死亡后果,引起社会学家的注意,法国社会学家涂尔干在1897年出版的《自杀论》中指出,自杀不是个人事实,而是社会事实,表面上与他人无关的自杀现象最终都可以通过社会结构和其扩散功能加以解释。大约1965年起,世界卫生组组织把自杀列入公共卫生领域。

虽然"轻生"不是"自杀",但二者有着高度密切的关联性,参看表1所罗列出的二者的异同。

表1 "轻生"和"自杀"的异同

		轻生	自杀
相同	指向	自己	自己
	动机	求死	求死
	结果	或死或活	或死或活
不同	表现区域	大脑	肢体
	显现过程	看不见	看得见
	判断标准	不知道	肢体伤害
	公众直觉	较严重	严重

"轻生"被多指自杀,是因为两者具有根本性的相同之处:当事人求死的动

机、指向对象与活着还是死亡的结果相同。不同之处也存在着内、外的相似性："轻生"属于大脑活动，是轻生者的内在意图；自杀是当事人实现求死意图所做的、能被他人可视的肢体动作及伤害。

（二）汉语语法变迁显示"轻生"被误读

从汉语语法角度看，"其地人轻生，不知礼义，弟故以贵生名之"，是一个前两句、后一句构成的因果复句，如图1所示。

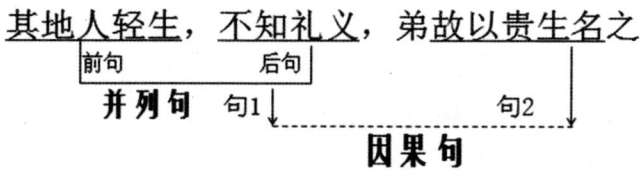

图1 汤显祖"轻生"句的句法结构

当句1的两个分句表并列时，应是前后句的语法地位相同，不分主次。如果前句解读为贱视生命的"自杀"现象，表强调，那么，后句之意随之变为补充。由此句1内部的语法发生变化：前句为主，后句为辅。进而句1、句2构成的因果关系有违现代汉语语法定式，也不符合书面语的表达习惯，迫使句1的语句顺序颠倒为："其地人不知礼仪，轻生"，引起全句变成递进："其地人不知礼义，（甚至）轻生，弟故以贵生名之"。这种结果，显然改变了汤显祖的原句。

当句1前句"轻生"仅表示推测，是人脑中的各种意念，并未显现给外人看，后句则表示他人目力所见，构成了由内向外的逻辑，使句1、句2构成表递进的因果关系，也符合古汉语语法定式，符合书面语的表达习惯，这是汤显祖的原句。显然，语法结构表明，汤显祖的"轻生"并没有指向"自杀"或轻生导致的死亡。但译成现代汉语时，根据现代语句习惯，句1前句的解读仍必须局限在大脑的各种意识活动之内，必须是表推测的词语。

简而言之，古代汉语翻译现代汉语有一个固定的语法程序，即古汉语的单音节词在现代汉语中表示一个双音节词语的意思。所以，"其地人轻生，不知礼义"有多种译句：

> 那个地方的人们以死为轻，不讲究礼节、公义；
> 那个地方的人们轻视生活，不知道（朝廷的）礼节、公义；
> 那个地方的人们轻贱人生，不讲究（儒家的）礼节，不追求公义；
> 那个地方的人们轻视生命，不明白礼节的意义，不追求公义；
> 那个地方的人们淡视生计（生存、生产），不讲究礼节，不追求公义。

为什么会这样？这是因为古代汉语属于诗化的书面语，"五四"运动开始的白话文添加了大量的北方口语，使诗化的书面语迅速口语化，随之语法结构也纳入了北方的一些习惯用语的定式，此即现代汉语。随着时间的推移，趋于完善的现代汉语根据使用领域的不同，宏观上分化出正式用语和非正式用语，中观上前者又细分为学科正式用语与非学科正式用语。除了哲学、心理学等专业性很强的学科的用语差异，即使是通用的一般书面语的社会学、历史学等综合学科，因存在着把大众习惯语言用进文章的"不入流"现象，遂使要求严格的专业刊物和注重可读性的大众读物分化开来，导致古汉语的今译成为非专业人士的误读。

二、记录史没有显现出古徐闻有"轻生"习俗

现象是人能够看到、听到、闻到或触摸到的事物的表面特征以及这些特征的外部联系，可以为人的感官直接感知，人就生活在现象构成的世界。由于现象是事物的外部表现，是局部的、个别的，反映的只是事物的一部分，因而又有真象和假象之分。真象反映的是事情的真实情况，这时真象又可称作真相。受时空、工具等诸多条件的限制，人们常常看到的是假象，难以看到事件的真

实状况。"轻生"现象与"轻生"习俗就存在历史真实与否的问题。

(一)"轻生"现象与"轻生"习俗的关系

精神病学上的"轻生"由大脑的意念、付诸行动到结果所经过的三个环节,与法学和社会学的研究对象自杀一样,经过自杀意念、自杀行为、自杀结果三环节,这是"轻生"多指、甚至等于"自杀"的根源。换言之,"轻生"者将意念付诸行动时,他人因此可以通过眼、耳等感官感觉到,可称之为"轻生"或"自杀"行为,并用"已遂、未遂"指称行为的结果。这个过程,又多被社会学称之为轻生现象或自杀现象。

图2 "轻生""自杀"示意图

轻生现象有个别和一般的不同,单个轻生现象在口耳相传时代根本无法传递到今天,古代同一时期、同一地域的许多轻生现象必然引起关注,要么当时有官方出面处置,要么留有文字记录。轻生现象要代际传承为习俗,这是一件不可思议到荒诞的事情。可是为什么呢?

习俗是某一地域长期形成的风尚、礼节、习惯的总和。习俗形成有两个前提:必须是多数人共同遵守的行为规范,少数人的独创发明,在没有得到多数人的认同时,不能成为习俗;习俗又是一个自然发展的过程,是在生活中自然而然地形成的,且能保持一个相当长的时间。如果徐闻有轻生习俗,意即古徐闻的社会动乱、灾害等削弱了人们生存的信心和意志,轻生或自杀现象变成了抗争、控诉等的一个手段,那么,冲动性或突发性的"情绪型轻生"现象显然不具备代际传承性,能够代际传承为习俗的是"理智性轻生",其诉求有明确的指向对象;"自我性轻生"因个人对身处的社会及群体毫不关心,孤独而自杀,这是通常所说的轻生或自杀现象,通常在战乱、自然灾害时出现,不具备代际传承性;"利他性轻生"具有价值追求,或重义或重利,外人或后人通常是根据达成的目标来评价的,多不被划归到轻生之列;"宿命性轻生"是个体感到命运完全非自己可控而自杀,由于个体的多样性和人生追求的差异性,各类宗教或类似组织才具有较强的、普遍的、持久的能力导致某一地区出现轻生习俗。古徐闻出现过这样的宗教或类似组织吗?

(二)官方史志没有古徐闻人"轻生"的记录

《雷州府志》显示,明朝277年间,徐闻户籍数、人口数呈稳中略有上升趋势,如表2所示。

表2 明朝徐闻户籍数、人口数的变化

朝代	年份	户籍数	人口
洪武二十四年	1391	8200	64 418
成化十八年	1482	5962	13 177
宏治五年	1492	5838	13 053
正德七年	1512	5682	15 077
嘉靖十一年	1532	5900(流民入)	18 525
万历十一年	1583	5823	14 695
万历四十一年	1613	5823	14 756

数据来源:《雷州府志》赋役志第2—8页

明朝徐闻户籍、人口变化具有四个特点:

制度性户籍数的变化平稳,军户(2639户)、各种匠户(220户)及医户(2户)一般维持定数,弓兵铺、兵防夫、堰夫户微有增减。

虽然疍户在明朝一般被列入贱籍,但在雷州府志中,疍户一直被列入户籍数,且海南流民也被登记在册,这是1512年、1583年徐闻户籍数、人口数骤升并被记载的原因。

除了海南流民移入之外,军户等其他各户与民户构成了1∶2的比例。

民户的户籍变化原因较多,包括疍户、海南流民迁徙及不同时期匪患等引起的增减。

因此，明代徐闻（雷州府）人口平稳，应是保持了自然增减的状态，汤显祖（1550年9月24日—1616年7月29日）所生活的64年间，尤其在徐闻生活的时间里，徐闻人口处于较平稳状态，记录史没有蛛丝马迹显现出古徐闻存在大批轻生或自杀现象，没发现具有引人"轻生"的宗教。

试用逻辑推理一下，古徐闻境内的"轻生"由单个到同一时期的社会现象，再到代际传承下去，得自杀多少人才能被归纳到"习俗""民俗"这一层级？

一是若"轻生"是习俗，明代276年间在徐闻做官者不止汤显祖一人，也不只是汤显祖一人识字断文、能赋诗作词，更不只是人人都比汤显祖任期更短就调任离开，但为什么人命关天的大事，只有待了不足三年、不会讲雷语的外地人汤显祖发现并记录下来？

二是古徐闻人大脑中的求死意图外显时，借助翻译人员，借助动辄求死者的弥留之言、之举，汤显祖在场耳闻目睹了几次？或者耳闻之后，汤显祖调查了多少起轻生未遂、已遂事件，并区分开自杀、他杀、天杀（因自然灾害而死）的不同，才去追根究底并归纳出"轻生"求死？

三是即使"轻生"求死为明代徐闻官员忌讳，不予记录在册，那么，经过了当事人及亲属、随身翻译人员、汤显祖至少三个环节，今人又从哪里得知汤显祖的归纳判断符合原本发生的事实？"轻生"求死是当事人的大脑活动，他人看不见，除非坦然告知或求死言行过于明显，多数情况下外人是无从知晓其内在意图的，常常是亲属事后回忆当事人的种种言行并进行归纳的，即使现代法医系统的专业人士，也常出现与事实不符的主观判断，今人如何判断汤显祖的正误？今人又有何凭据说古徐闻的轻生现象经过代际传承为习俗？按证据学规则，汤显祖单个人的"其地人轻生，不知礼义"这一句书证，没有其他较多的、确凿的书证与言证从旁辅助形成证据链，孤证难证，应不予采信。

与此相关的，还有一种现象令人深思。过去的几千年，北方是政治、文化的中心，国家管理者以北方广大地区共同的民俗建立了主流的审美观或价值观，并借助文人为师或异地做官、商贾贸易往来、军人驻守边关等扩散开来，又通过"学在官府"这一传播形式代代传承下来，区域人文差异及其价值观的不同被消弭了。现代人应当遵循"同则不继"的规律，尊重历史，尊重生活在多样性地理环境基础上的人们，即使从功利角度出发，也应当看到，多样性的区域为人们提供了特色农业、特色商业、旅游业的支持，促进了并继续促进着经济的大发展。

三、汤显祖说"其地人轻生"的真实意图

今人以汤显祖《与汪云阳》诗作为证据，将"其地人轻生，不知礼义"归类为贵生书院的建造动机，完全忽略了《与汪云阳》文中展示的其他信息。

（一）"其地人轻生"旨在强调贵生书院的政治性

汤显祖《与汪云阳》的全文是："弟为雷州徐闻尉，制府司道诸公，计为一室以居弟，则贵生书院也。其地人轻生，不知礼义，弟故以贵生名之。兑阳兄为记，已立石，昨新志不录其文，弟思兑阳兄有道气，其文非偶然者。仁兄宜一补刻之，亦佳惠后学意也。"[1] 汤显祖给上级、当时的广东巡按汪云阳写信的目的，是请求汪云阳将刘应秋[2]所作的《徐闻县贵生书院记》录入《广东通志》。汤显祖从贵生书院的创办目的、存在价值两个角度说服汪云阳，"其地人轻生，不知礼义，弟故以贵生名之"属于行政面上创办贵生书院的目的。

但是，语言表述的内容与当时的徐闻实际状况未必相一致——凡是有行政经验的人都知道，如果没有引起上级领导的重视与支持，自己的行政举措存在

---

[1] 汤显祖著、徐朔方校：《汤显祖诗文集》卷48，上海古籍出版社1982年版，第1407页。

[2] 刘应秋是汤显祖的亲家，兑阳是别号，以示亲近。正因为这一层关系，《徐闻县贵生书院记》热情洋溢地夸赞汤显祖："徐闻之人士，知海以内有义仍才名久。至，则躐衣冠而请谒者，趾相错也。……乃又知义仍所縶重海内，不独以才，于是学宫诸弟子争先北面承学焉。义仍为之抉理谭修，开发欵启，曰津津不厌。"

政治定位当与不当、有无资金和人才的支撑等困难。而在具体的行政中，赋予其行政举措的正当性是地方为政者的必备素养与技巧。否则，行政人员的每一行政举措，按现代的说法，就是乱作为了。所以，在创办贵生书院的书面材料中，汤显祖所说的"其地人轻生"，强调的正是这一点，从而在为官职责层面上获得同僚支持，确立贵生书院存在的政治正确性。又由于官员的政治素养与个人道德相混合，创办贵生书院的政治正确性获得同僚认可的同时，个人的道德也随之获得了正当性。这两者一起为汤显祖被贬徐闻的政治立场做了最好的、有力地证明，扭转了被贬的被动局面。

（二）"佳惠后学"旨在强调贵生书院的长远效益

汤显祖捐俸创办贵生书院，的确是劳心劳力，但对于已有社学、县学且位处边疆、人口并不庞大的（参看表2）徐闻而言，创建高等教育性质的贵生书院，存在师资支持力薄弱、办学资金后援不继等困难。最重要的是，徐闻是个三面环海的"死胡同"，除了雷州、遂溪等地，再无生源供应地……所以，上级不重视也在情理之中。对于想要改变被贬状况的汤显祖而言，广东省这一级领导尚且轻看，如何能改变寓居徐闻的现状？更不用说远在北京的朝臣与皇帝了。基于这样的宏观考虑和具体的"新志不录其文"，汤显祖无奈之下，不得不将创办贵生书院的举动上升到了政治教化的高度。或者说，只有采用"其地人轻生，不知礼义"这样的说法，才能突出贵生书院的创建价值、突显创建者的政治素养，令人印象深刻，使汪云阳不是出于私人关系，而是基于行政伦理、社会公义，将刘应秋的文字录入仅次于国史的省志中。实际上，在给汪云阳写信之前，汤显祖已经将创办贵生书院一事录入了《雷州府志》①。《与汪云阳》文中的"佳惠后学"，表面上说的是刘应秋的文章，实则是汤显祖创办贵生书院这一事件、汤显祖每"日津津不厌"教化古徐闻学子的作为，以及贵生书院对后世的影响。

---

① 现在所能看到的《雷州府志》中的纪录是：贵生书院——万历十九年添注典史汤显祖、知县熊敏，共捐资俸，建于公馆东。

当然，四百多年前的汤显祖不具备传播学知识，但并不表明汤显祖没有传播学素养。在汤显祖所处的晚明，讲学是一种传播，他的老师罗汝芳年逾花甲还在昆明的五华书院和春梅书院阐扬泰州学派的思想。文字也是一种传播，至今仍然是知识分子热衷的主要传播方式之一。

　　总之，古徐闻无疑存在轻生现象，但肯定并没有多到了习俗的程度。汤显祖有"其地人轻生，不知礼义"一说，主要是为贵生书院的创办与存续找寻了一个政治性的借口，包含了为官职责、传播儒家思想等成分在内。与此同时，又是汤显祖巧用传播规律的证明。

汤显祖《广昌哭王守备庙》之谜

——汤翁与广昌之四

姚澄清

摘 要 明嘉靖三十九年八月,冯天爵、袁三之乱,广昌首当其冲,杀守备王礼。少年汤显祖在出逃避乱期间,写诗三首:《乱后》《广昌哭王守备庙》《射鸟者呈游明府》。诉说了国乱家危之沉痛哀伤;颂扬了临川县令"林润以抗御冯、袁得统治者赏识,征授南京御史"之喜;解开了汤显祖广昌哭庙之谜。汤显祖生于广昌,童年避乱流寓临川,终老临川。

关键词 汤显祖;汤学;少年出逃避乱之谜;广昌

由于偶然因素,笔者有幸接洽到汤显祖与广昌的一些历史行迹,时隐时现,若即若离地透露出他与广昌,似有某种难解难分的特殊情缘,因而斗胆写了几篇零星资料,分别发表在《争鸣》《抚州师专学报》,拙作《抚河源杂记·人物篇》①做了肤浅的介绍。本文是对上述资料提及的少年汤显祖避乱无家可归的补充说明,敬请汤学专家不吝赐教。

---

① 姚澄清、张天岳:《新发现的汤显祖三篇轶文》,1986年第3期,第115—118页;姚澄清:《汤显祖与黄太次的莫逆之交》,《抚州师专学报·汤显祖研究专辑庚辰号》2000年第3期,第82—85页;姚澄清:《关于汤显祖族系源流的新材料》,《抚州师专学报》2002年第1期,第8—12页;姚澄清:《抚河源杂记·人物篇》,香港华夏艺术出版社2015年10月第1版,第307—319页。

一、《汤传》对汤翁《广昌哭王守备庙》的评说

多年来,汤学专家们为研究宣传汤显祖的生平业绩及其对世界文化的贡献,付出了巨大的辛劳,写了大量的文章,出版了一系列力作,"临川四梦",走出国门,情动全球,可钦可敬,可喜可贺!但由于历史的误会及其他多方面的原因,读者难免有仁者见仁,智者见智的认识与争鸣。例如,少年时期的汤显祖出逃避乱的三首诗:《乱后》《射鸟者呈游明府》《广昌哭王守备庙》[①](以下简称《射鸟》《哭庙》)评说解读,尤其是《哭庙》,就有点似冷门中的热议话题,归结起来,有三种态势:

(一)行文严谨,不点不评

黄文锡、吴凤雏先生的《汤显祖传》[②]第一章:"少年时代的奋斗求索"写出了汤府"天朗气清""龙吟虎啸"的竞争氛围。显祖十三岁(即汤翁《广昌哭王守备庙》之时,笔者注),县学的教官主持考试,要显祖回答何谓"形而上学"这一难题。显祖指着"课桌"说:"形而上谓之道,形而下谓之器。"教官惊奇地称赞,次年就补他为弟子员。汤显祖入学后,开始读《文选》,觉得六朝大家寓情于色彩斑斓的文章,堪称高妙,便悉心熟读钻研,直到掩卷背诵且只字不讹的程度。在每次考试中,他都能在诸生中称雄。他自豪地回顾这段学习生活时说"童子诸生中,俊气万人一"。这里,没有《乱后》"世故遭阳九"的悲叹,也没有《哭庙》的哀伤,更无《射鸟》者的喜悦。

---

① 〔明〕汤显祖著、徐朔方校:《汤显祖集·全编,诗文卷一》,上海古籍出版社2015年版,第97、99、121页。

② 黄文锡、吴凤雏:《汤显祖传》,中国戏剧出版社1986年版,第3页。

（二）正文不说《乱后》，不提《哭庙》，不点《射鸟》，《附录年谱简编》，用一个"最"字作赞语

邹自振先生的《汤显祖及其四梦》附录三：

嘉靖四十年辛酉（1561年）十二岁，作诗《乱后》，这是现存最早的诗作……

嘉靖四十一年壬戌（1562年）十三岁……（未提《哭庙》。——本文笔者注），参加县学考试，初露才华，受考官称赞。同年，从罗汝芳游，并师从理学名臣徐纪之子徐良傅学习古文辞……

嘉靖四十二年癸亥（1563年）十四岁，约此年作《射鸟者呈游明府》。[①] 对此，邹先生未加评说。

（三）有《乱后》之悲，无《哭庙》之哀，无《射鸟》之喜

徐朔方先生《汤显祖评传》写道：汤显祖十一岁那年，被征募上前线抗御倭寇的两广民兵，在福建闽清县夺取仓库起事，进军江西。抚州邻县失陷，居民逃散，知府闭城而守。汤显祖全家奔逃在外（在哪里？没说。——本文笔者注），到第二年秋天事平才回家（从何处回来？没说。——本文笔者注）。他写了一首五言古诗《乱后》。这是他留下的最早一首诗。他的童年在"世故遭阳九"的悲叹中黯然结束。[②]《哭庙》《射鸟》只字未提。

（四）妙笔生火，"烈火烧临川，烧到他的家门"

龚重谟、罗传奇、周悦文三先生合著《汤显祖传》是这样写的：

"到了儒祖出生的第二年，他十一岁时候，农民起义的烈火烧到了临川，烧到了他的家门，使这位少年书生不能坐在家塾里读书。那年秋，原两广应征来抗倭的民兵冯天爵、袁三在福建闽清县举行起

[①] 邹自振：《汤显祖及其四梦》，中国文史出版社2013年版，第185—186页。
[②] 徐朔方：《汤显祖评传》，南京大学出版社1993年版，第9页。

义。起义军从福建破杉关打进江西。这次起义军规模很大,一口气破县城,达数千里。守令束手,一个十万户人口的临川县,八九万户都弃家逃散。本年秋天开始,汤显祖随家中父老逃亡在外(在哪里?没写。——本文笔者注),到第二年十月才到家中。农民起义对地主阶级总是一场灾难。当汤显祖回到家中,打扫旧室,四望萧条冷落,一片离乱情景浮现在他的眼前,涤荡着他的胸臆,不禁提起笔来,写下《乱后》诗一首(诗文从略——本文笔者注),这是至今保留下来的汤显祖最早的一首诗。可见他少年时期的才华。"①

龚、罗、周三先生只赞美少年汤显祖《乱后》的诗意才华,不曾提及少年汤显祖《哭庙》的哀痛,也未评点《射鸟》雀噪绕林的喜气。值得关注的是,为纪念汤翁2016年逝世400周年,上海人民出版社隆重推出了龚重谟先生的新作《汤显祖大传》(修订版),龚先生删除了"烈火烧临川,烈火烧到他的家门……"这一段文字。但龚先生的基本观点——"农民起义军的烈火烧到了临川,烧到了他的家门"还是没有动摇,只是在语气上说得比较温和一些,过程写得具体一些。他写道:"儒祖出生的第二年汤显祖十一岁的时候,原两广应征来抗倭的民兵,在冯天爵、袁三带领下在福建闽清县反水起义。起义军西进沙县、将乐,攻入泰宁,攻破闽赣边界的重要军事关隘——'杉关',打进江西。进江西后,连破广昌、新城(今黎川)、建昌(今南城)、南丰、乐安、永丰县,杀死守备王礼。临川十万户,十有八九都逃散在外(少年汤翁《乱后》有序原句为:'临川十万户,八九逃散',笔者注),当年秋天,汤显祖随家中父老逃亡在外(逃到哪里?龚先生没有说),到第二年十月才回到家中。"②在这里,龚先生没有明确说临川县被叛军占领了,只是借用少年汤显祖《乱后》有序"临川十万户,八九逃散"句,暗指"临川被叛军占领了"。然而,龚先生在《汤显祖

---

① 龚重谟、罗传奇、周悦文:《汤显祖传》,江西人民出版社1986年版,第18—19页。

② 龚重模:《汤显祖大传》,上海人民出版社2015年版,第24—26页。

大传》——汤显祖年谱新编（1550—1616年）中，笔锋一转，毫不含糊，用明白的语气宣称：

十二岁 1561 嘉靖四十年辛酉

……

两广民兵冯天爵、袁三在闽清县起义，从杉关进入江西，攻克了临川。作《乱后》诗。此为汤氏现存最早的诗作。①

但龚重谟先生惜墨如金，仍然不曾提及少年汤翁《广昌哭王守备庙》《射鸟者呈游明府》这两首诗作，也没有提供所谓起义军攻克临川的历史依据。周育德先生说："龚重谟是位刻苦、认真、执着、个性鲜明的学者。""他的一些观点未必获得大家共识，但是他能以充分的理由坚持自己的见解。""龚重谟就是龚重谟"。②笔者对周育德先生的高见表示欣赏。我们无权苛求龚先生写什么、不写什么，但笔者以为，写文章，出专著，总得用史实说话。笔者期待龚先生不吝赐教，用充分的理由证明："烈火烧临川""起义军进入江西，攻克了临川"的真实的历史依据在哪里？！

二、汤翁《哭庙》等诗的历史背景

在《汤显祖集（全编）》，徐朔方笺校的诗文卷一，《红泉逸草》之一，诗二十首（1561—1574，十二岁至二十五岁），收入了少年汤显祖《乱后》《射鸟》两首诗，《哭庙》则编入诗文卷二，《红泉逸草》之二。为叙述方便，笔者采用逆向思维的模式，先观赏《哭庙》。诗云：

万里军书始折胶，推锋直上梼蛮巢。

---

① 龚重谟：《汤显祖大传》，上海人民出版社2015年版，第353页。
② 周育德：《汤显祖大传》《序》《汤显祖论稿》（增订本），上海人民出版社2015年版，第611页。

> 朝辉板楯团金嶂，夜响刀环带月凹。
> 壮士常乘陇上马，将军曾击水中蛟。
> 平原远路空魂魄，落日玄云绕吹铙。①

笔者才疏学浅，读少年汤翁早慧、高智商的诗，甚是朦胧，只粗略地感觉到：王守备似是一位战功显赫的壮士，舍生忘死，"水中击蛟""捐躯沙场"的烈士，……但汤翁没有点明诗的寓意及其相互关系……可谓山朦胧，水朦胧，诗朦胧，朦朦胧胧见英雄。现在笔者把理解这首《哭庙》的诗意何为，寄托在徐朔方先生的[笺]文中。

徐先生的[笺]云：

"据明实录，嘉靖三十九年（1560）八月，原募御倭民兵冯天爵等夺闽清县库起事，西进江西广昌等地，杀守备王礼。诗当作于次年事平之后，年月无考。"②（本文笔者注：如"乱后"确作于嘉靖四十年，时年十二岁，"哭庙"诗作于事平之后，时年当在十三岁）。

至此，笔者进一步得知：引起少年汤显祖哭庙的重大事件乃冯天爵等叛乱，西进江西广昌等地，杀守备王礼；《哭庙》的确切地域乃江西广昌；哭庙祭奠的偶像乃王守备，其生前乃广昌镇县的武备；王守备是被叛军冯天爵等所杀；广昌乃叛军烧杀掠夺首当其冲的重灾区。但笔者还是一片朦胧：广昌首当其冲成为叛军冯天爵等烧杀掠夺的重灾区，与远在临川的少年汤显祖有何关系？王守备被叛军所杀与少年汤显祖的府宅有何渊源？少年汤显祖为何迢迢数百里从抚州临川逆水行舟，孤身只影去广昌悼念王守备？虽说"天下兴亡，匹夫有责"，但此时，汤显祖还只是个十几岁的孩子，天塌下来有大个子会撑起来，国难家危，他乱闯乱哭，于家何益？只能乱中添乱！

---

① 〔明〕汤显祖著、徐朔方校：《汤显祖集·全编，诗文卷一》，徐朔方笺校，上海古籍出版社2015年版，第97、99、121页。

② 同上。

汤显祖《广昌哭王守备庙》之谜

多本《汤传》提示：汤显祖乃江西临川文昌里汤家山人氏也！《评传》《大传》都是这样写的！他们说汤府的家门还大书有："北垣回武曲，东井映文昌"。隔江和城北的关帝庙（武曲）相望，东井连接着文昌桥。对联为汤府提供了地理方位，也表达了汤氏族人对子孙的祝愿与祈盼。少年汤显祖有这样祥和宁静、温馨的家园，不好好读书，竟然心血来潮，淘气出格，独往独来，天马行空，去广昌哭什么庙？真可谓哭出了水平，哭出了风格！哭得莫名其妙！此时此刻，少年汤显祖的父母都在哪里？都在干啥？！怎么不管束一下这个早慧的、高智商的"宁馨儿"？！也许其中有难言之隐。是否"难处难与君说"？

现在，让我们继续采用逆向思维的模式，倒回来看看《乱后》有序这首诗，少年汤显祖的诗都写了什么？徐朔方的[笺]文是怎样[笺]的……

《乱后》有序：

"杉关贼大入，破下县，连数千里，守令闭城束手。临川十万户，八九逃散，历二秋而定。归来扫葺旧室，四望萧条。鄙人终星耳，遭此不禁仰忆。横流之世，何云可淑。

地雁与天狗，今年岁辛酉。大火蚩尤旗，往往南天有。海曲自关阻，越骆生戎首。下邑无城郭，掩至安从守？转略数千里，一朝万馀口。太守塞空城，城中人出走。宁言妻失夫，坐叹儿捐母。忆我去家时，馀梁尚栖亩。居然饱盗贼，今归乱离后。亲邻稍相问，白日愁虚牖。太尊犹可禁，阿翁遂成叟。死别真可惜，生全复杯酒。曰余才稚齿，圣御婴戎丑。况复流离人，世故遭阳九。"

[笺]云：

"作于明世宗嘉靖四十年（一五六一年）辛酉，时年十二岁。三十九年八月，原募御倭两广民兵冯天爵、袁三等夺闽清县库起事，西进沙县、将乐，攻入泰宁，趋江西广昌、建昌、新城、南丰、乐安、永丰等县，杀守备王礼。四十年二月，天爵等为南赣兵邀擒。闰五月，破官军于泰和鹳朝镇。清军副使汪一中、指挥王应鹏、千户陈策、应鼎败死。七月，南赣巡抚杨应志革任回籍。命浙直总督尚书胡宗宪兼节制江西，发兵往援，限九月勘平。九月，袁三等自江西转趋闽浙边区。十月，自邵武转进江西铅山、贵溪等处。总督胡宗宪檄参将戚继光自浙江引兵赴之。袁三等败于贵溪上坊。被擒斩六百馀人。乃奔福建建宁。还，攻入江西宜黄，为南赣兵所败。始引去。以上据明实录南京国学图书馆本各该年月条。冯天爵、袁三军所至之建昌、宜黄，皆临川之邻邑。显祖去家当在去年秋，归在今年十月后。"

《乱后》受到汤学专家一致的赞叹！专家们从美学角度认为："此诗出自一个年仅十二岁的少年之手，实在让人惊异。全诗虽语句平实，与汤显祖以后的诗赋多重六朝骈丽之辞大为不同，却包含刻骨铭心的生命体验，字字带血，句句见泪，仿佛让人的视线追随着他及八九万颠沛流离、饥肠辘辘的流散者，好不悲哀。"①

笔者文史知识浅薄，无能读懂少年汤显祖具有相当深度的诗。只想从另一个角度，谈谈对《乱后》及[笺]文的读后感。

（1）《乱后》有序"临川十万户，八九逃散"被一些《汤传》专家振振有词当作叛军入侵抚州临川县的历史依据，此乃历史的误会……临川才乡的遗憾！

汤学大师徐朔方先生[笺]引经据典证明："冯天爵、袁三军所至之建昌（广昌、南丰、南城、黎川笔者注）、宜黄，皆临川之邻邑。显祖去家当在去年秋，归在今年十月后"。换言之，叛军未能进入抚州临川县作乱，只在临川县周边的邻县烧杀掠夺，但显祖还是"出逃"？又归"家"！显祖此时家在何方？临川无事，汤府何乱之有？！请问："显祖去家"去哪家？"显祖归家家在何方"？

（2）少年汤显祖诗作《乱后》"世故遭阳九"的惨状，写出了离乱逃亡的悲

---

① 邹元江：《汤显祖新论》，上海人民出版社2015年版，第70页。

愤与无奈，写出了抚州临川县市邻邑流民的呐喊与抗争，令人感同身受，也很使人感到迷茫！那些坚持少年汤翁"临川出逃论"的大佬先生始终没有告诉我们：少年汤翁从临川逃往何处？又从何处返回临川？而这个出逃的点和"回归"的点，恰恰就是叛军作乱——烧杀、掠夺的重灾区……如果说，少年汤翁《广昌哭王守备庙》谜中有谜，《乱后》临川出逃论则是戏中有戏。

（3）"临川十万户，只是文学语言，它可以是真实数据，也许是艺术虚构，还可能是虚虚实实……"。少年汤显祖"去家"，时年仅十一岁，兵荒马乱，人心惶惶，《乱后》诗作是十二岁，此时此刻，乱局刚平，人心未定，一个十几岁的少年，到哪儿去搞"户口调查"？笔者以为，"临川十万户"，只是泛指叛军作乱的抚州邻邑的自然区域，不是行政区划。抚河古称盱佬江、临川江，也简称临川，即临河近水之意。民间有"临水知鱼性，近山识鸟音"之说，因此，我们既不能"望文生义"，也不能"断章取义"。

（4）冯（天爵）袁（三）之乱，广昌首当其冲。清同治六年《广昌县志》载："明嘉靖三十七年九月，闽寇三百余焚掠。三十九年八月，广东叛兵袁三自泰宁犯新城，广昌守备王礼拒于锄头死之，执百户戴权焚劫。四十年正月闽寇三千余，城失之，退，九月汀寇千余，屯劫月余乃退；十月，闽寇蔡石峰等五千余焚劫，二十九日，闽寇三千掠乡保……。"此与汤翁《乱后》诗作描述之"世故遭阳九"悲惨画面有过之而不及。少年汤翁《哭庙》的哀伤之音，反映了他对国乱家破的悲愤与沉痛。他《哭庙》，哭家，有家难归，实则无家可归！

《射鸟》应是少年汤显祖避乱逃亡后的"团圆戏"，也是少年汤显祖《哭庙》的谜底！它以《乱后》诗篇开场，以《哭庙》为主曲，即少年汤显祖的"家"？为悬念，以好鸟"啾啾绕林端"落幕……请看少年汤显祖《射鸟》的诗作及徐朔方先生的[笺]：

    平原落日尽，白门征马寒。
    芳柯并渝采，宁云桑叶干？
    好鸟难蔽亏，啾啾绕林端。

> 繡鞲谁家儿，绿弓兰薄间。
> 第言飞肉美，谁念报恩环？
> 睥睨瞥空响，应声苏合丸。
> 彼鸟散魂魄，此人含笑颜。
> 凌云起光色，委身空翠盘。①

少年汤显祖这首乱后团聚之诗作，似有祥和吉庆的诗意。据徐朔方先生的[笺]云：

> 该诗"约作于嘉靖四十二年（一五六三）癸亥，十四岁。据抚州志卷三五，临川令游日章之前任为林润，后任为蒋梦龙。又据《明史》卷二一〇，林润以抗御冯天爵、袁三得统治者赏识，征授南京御史，其离任当在嘉靖四十年，即冯等被镇压之年。又据府志卷三十九，蒋梦龙，嘉靖乙丑（四十四年）进士，授临川令。如是游日章之任当在四十一年至四十三年。"②

笔者以为，徐朔方先生这段[笺]文，用明确清晰的史实，再次明白无误地阐明：叛军不曾"攻克临川县"；临川无事，县令抗敌有功，升官了！文昌里汤家山太平！叛军的"烈火"没有烧到临川，更没有烧汤家山人的大门……

至此，人们不禁要问，少年汤显祖的家为何如此难觅？难归？汤学专家为何只欣赏少年汤显祖《乱后》的艺术才华？为何不注意倾听少年汤显祖《广昌哭王守备庙》沉痛哀伤之音？是否"欲说还休，却道天凉好个秋"……

---

① 〔明〕汤显祖著、徐朔方校：《汤显祖集·全编，诗文卷一》，上海古籍出版社2015年版，第97、99、121页。

② 同上。

三、结语

少年汤显祖避乱期间所作的《广昌哭王守备》等三首诗，乃汤氏人生之初的风波曲。按事件发生的过程看，其顺序应是：《乱后》——离乱之苦；《广昌哭王守备庙》——悲乱之痛；《射鸟者呈游明府》——"治"乱之喜……

徐朔方先生在笺校少年汤显祖这三首避乱诗作时，用史实说话，不选边站，不以汤学权威自居，不搞一元独霸，他引用明史、府志的史实称："冯天爵、袁三军所至之建昌（广昌、南丰、南城、黎川——本文笔者注）、宜黄，皆临川之邻邑。"

临川县令——"林润以抗御冯天爵、袁三得统治者赏识，征授南京御史。"从而解开了少年汤显祖《广昌哭王守备庙》之谜，有力地否定了所谓农民起义军"攻克了临川"的论断。杞国无事，何乱之有？！应该拨乱反正。

少年汤显祖离家出逃避乱，不是从临川出逃外地，而是从外地的重灾区广昌逃入安全区——临川，流寓临川，终老临川。

少年汤显祖《广昌哭王守备庙》，既是朦胧、迷茫之谜，又是开启少年汤显祖寻根问祖之门的钥匙。一波三折，跌宕起伏，谜中有谜，戏中有戏。其中有历史的误会，也有汤显祖诞生之地、汤显祖终老之乡的遗憾！汤显祖拥有情动世界的"临川四梦"，却难圆叶落归根的乡情乡愁梦！如果他在天有灵，一定会呐喊抗争！"我要寻根问祖！我要回家看看！"

汤显祖《牡丹亭》用典考释

高 琦

摘 要 汤显祖在《牡丹亭》中大量引用了各类典故,大多能贴切到位,生动传神,为剧情及人物服务,成为剧作的重要组成部分。这样用典不失为秉承智慧的一种巧妙而又便捷的语言表达方式。

关键词 汤显祖;牡丹亭;典故;为剧情及人物服务

蕴于《牡丹亭》中的语言文化,博大精深,璀璨夺目,值得深入发掘,传承发扬,"让书写在古籍里的文字活起来"(见《习近平用典》)。汤显祖在《牡丹亭》中大量引用了各类典故。何为典故?即诗文中引用的古代故事和有来历出处的词语(见《辞源》)。典故可分为事典和语典。事典以故事为材料,可包括历史故事、神话故事、寓言故事、戏曲故事、成语故事、逸闻琐事等;语典则以语句为材料,所取语句只要有出处来历即可。尽管只有短短的几个字或一句话,都能引出一段故事、一串人物、一篇诗文,言简意赅,以少胜多,引人入胜。汤显祖在创作《牡丹亭》时,尽显才情、信手拈来,独具匠心地引用典故,大多能贴切到位,生动传神,为剧情及人物服务,成为剧作的重要组成部分。这样浑然天成地用典,不失为秉承智慧的一种巧妙而又便捷的语言表达方式。

那么,汤显祖在《牡丹亭》中都引用了哪些典故?据笔者初步查证,散见于曲文中的典故大约有三百多个。为使书写在古籍中的文字活起来,帮助读者增长知识,理解剧作,笔者不惜耗时费力,择其引用的部分典故做些分析解说,以飨读者，交流共益。

1. 三生路

【用典】第一出《标目》："但是相思莫相负，牡丹亭上三生路。"

【注释】a. 牡丹亭：双关语，既指后花园中的牡丹亭，又指剧作《牡丹亭》。b. 但是：只要是。c. 三生路：通向夙世姻缘的路，此处借指夙世姻缘。

【典源】典出"三生石"。见唐袁郊《甘泽谣·圆观》：唐代李源与惠林寺僧人圆观友善，曾同游三峡，圆观指着一个汲水的妇女说："这是我托身之所。"并相约十二年后在杭州天竺寺相会。后来李源赴约，见到一牧童唱着《竹枝词》道："三生石上旧精魂，赏月吟风不要论。惭愧情人远相访，此身虽异性长存。"这个牧童是圆观的化身。三生石，位于杭州天竺寺后，即李源、圆观的相会之处。旧时诗文中常用作宿缘的典故。

【解说】标目，古代戏曲中的开场白，通常是由"副末"角色上场，照例念诵两首词调来说明作者的创作意图和剧情概要。所引两句念白为副末上场念诵的第一首词调《蝶恋花》中的最后二句，内含典故"三生石"，意在预告《牡丹亭》剧演绎的是杜丽娘因游园而惊梦，死后还魂回生，并与柳梦梅再续前缘的传奇故事。美妙浪漫的爱情传奇，生动曲折的剧情悬念，适宜各层次观众欣赏。难怪《牡丹亭》会被誉为经典剧目，四百年盛演不衰。

2. 赴高唐

【用典】第一出《标目》："三年上，有梦梅柳子，于此赴高唐。"

【注释】a. 梦梅柳子：指柳梦梅，自称为"唐宋八大家"之一的柳宗元的后人。b. 高唐：楚观名，即高唐观，在云梦泽中，亦为男女幽会情爱之所。

【典源】见战国楚宋玉《高唐赋序》。相传楚怀王游高唐，梦与巫山神女幽会，临去时，神女告辞说："妾在巫山之阳，高丘之阻，但为朝云，暮为行雨，朝朝暮暮，阳台之下。"楚怀王因此为她立庙，名曰朝云。后遂以"高唐、云雨、巫山"等喻指男女幽会。

【解说】所引的这几句曲辞为副末上场时念诵的第二首词调《汉宫春》上片中的最后二句。用"赴高唐"典喻指男女幽会,实则代指《牡丹亭》剧情中有柳梦梅与杜丽娘在后花园梦中相会相爱的剧情。也是再次告示剧情概要,留下悬念,起到吸引观众的作用。

3. 东墙

【用典】第二出《言怀》:"无萤凿遍了邻家壁,甚东墙不许人窥。"

【注释】a. 无萤句:这里用了汉代匡衡凿壁偷光的故事,因为没有萤烛的亮光,所以只得遍凿邻居墙壁利用墙洞借光读书。b. 甚:什么。c. 东墙:指战国楚宋玉被邻家美女登墙偷窥三年的故事。d. 窥:接近、偷看。

【典源】用战国楚宋玉《登徒子好色赋》典。登徒子在楚王面前说宋玉好色,宋玉不承认,并说:"天下之佳人,莫若楚国。楚国之丽者,莫若臣里。臣里之美者,莫若臣东家之子……然此女登墙窥臣三年,至今未许也。"宋玉东邻之女的容貌,能使楚国贵公子汇聚的阳城、下蔡二县为之倾倒,为之迷乱。然而此女却爬上墙头偷看宋玉整整三年,宋玉都并不为之动心。后遂以"宋玉东邻、东墙"等来指称多情美女或有如多情美女一样的事物。亦用指女子寄情之所。

【解说】此出《九回肠》曲调为柳梦梅所唱。因柳梦梅梦见美女于梅树下与之道以姻缘,故柳梦梅倾诉对美女的思念之情。爱美之心人皆有之,何况是在梦中与美女相聚相欢,其情绵绵怎能忘记。足见柳梦梅是个多情种,杜丽娘是个多情女。引用"东墙"典故,意在表明柳梦梅对爱情的专一,不是随便用情之人。

4. 走马章台

【用典】第二出《言怀》:"那时节走马在章台内,丝儿翠,笼定个百花魁。"

【注释】a. 那时节:那时候,到时候。b. 走马:跨马经过。c. 章台:汉代长安的一条街道名。d. 丝儿翠:翠丝儿,指丝鞭。古代男方接受女方递与的丝鞭,是订婚的一种仪式。e.笼定百花魁：双关语，指既科举高中，又娶梦中美女。

【典源】见《汉书·张敞传》：京兆尹张敞"无威仪，时罢朝会过走马章台街，使御史驱，自以便面附马。"后以汉代张敞不顾威仪的故事喻指功成名就、如愿以偿的得意形态。

【解说】这两句为柳梦梅唱词中的句子。引用此典故，语言双关；一是到时科举及第，春风得意，跨马游街；二是接受丝鞭与天下最美女子成亲。柳梦梅信心满满，憧憬着美好未来，大有志在必得之态势，形象更加丰满。后面的剧情发展果然如此，柳梦梅高中状元，与杜丽娘圆满成婚。

5. 伯道无儿

【用典】第三出《训女》："中郎学富单传女，伯道官贫更少儿。"

【注释】a.中郎：指蔡邕，东汉文学家，曾做过左中郎将的官。b.学富：学识渊博。c.单传女：中郎只有一个女儿蔡琰，字文姬，是汉末著名诗人。d.伯道句：河东吴郡太守邓攸，字伯道，为官清廉，没有儿子。

【典源】见《晋书·邓攸传》。邓攸为河东太守时，适逢石勒兵乱，携妻儿及侄儿一起逃难。在难以两全的情形之下，他舍去自己的儿子来保住侄子，从此没有儿子。时人哀怜他，说："天道无知，使邓伯道无儿。"后遂以"伯道无儿"代称无子嗣，亦称"伯道之忧"。

【解说】此两句为杜丽娘之父杜宝的上场诗句。杜宝身为南安太守，在剧中首次出场，难免要作一番自我介绍。所吟诗句及典故涉及到的两个人物非常切合杜宝的身份，亦为后面剧情的发展留下了伏笔。杜宝夫妇只有杜丽娘这么一个漂亮的宝贝女儿，自然会视为掌上明珠，要施以最良好的教育。夫妇俩商定选聘私塾先生调教女儿，望女成凤，要把杜丽娘培养成像蔡琰那样的才女。可怜天下父母心，古今为人父母者亦如此。

6. 人之患在好为人师

【用典】第四出《腐叹》："人之患在好为人师。"

【注释】a. 患：祸患，毛病，担心，此处应指祸患、祸事。b. 好：喜欢，喜好。c. 全句意为：人的祸事之一就在于喜欢充当别人的老师。

【典源】语典见《孟子·离娄上》。孟子曰："人之患，在好为人师。"孟子告诫人们不要自以为是，轻易地去充当别人的老师。

【解说】此语是孟子的一句名言，被引用作为私塾先生陈最良口中的念白。陈最良作为封建时代的读书人，尽管"灯窗苦吟"，然而却是"科场苦禁"，屡屡受挫，仍是个穷秀才。当他收到请帖，得知被杜太守选中聘为私塾先生时，诚惶诚恐表现出故作谦虚的一面，又有颇为得意的一面，腐儒的形象被刻画得惟妙惟肖。孟子的这句话极为精辟，提出并论及个人修身应注意的问题。陈最良虽迂腐，但还是有自知之明，深知"好为人师"是不易的。而孔子、孟子等千古良师，他们忠于教育、热爱学生、乐教善教，为万世所称颂。

7. 莲步鲤庭趋

【用典】第五出《延师》："莲步鲤庭趋，儒门旧家数。"

【注释】a. 莲步：指美人的小脚或美人步态的优美。b. 鲤：孔鲤，孔子的儿子。c. 庭：厅堂，指学长或老师施教之所。d. 儒门：尊崇信奉儒教，儒学世家。e. 家数：家规，家风。

【典源】"莲步"典见《南史·废帝东昏侯本纪》：东昏侯令人"凿金为莲花以贴地，令潘妃行其上，曰：此步步生莲花也。"潘妃脚小，步态轻盈，走在贴有金莲的地上，步步生莲花。后遂用"金莲、莲步"等形容美人的小脚或美人步态的佳美。"鲤庭趋"典见《论语·季氏》：孔子的儿子孔鲤因敬畏父亲，轻轻地快步走过孔子所在的厅堂，并受到孔子学诗学礼的教诲。后遂以"趋庭、鲤庭趋"等指子女或学生受教，亦指对尊长的敬畏之礼。

【解说】杜丽娘的这句唱词引用两个典故，非常贴切到位，符合人物的身份特征，展现了杜丽娘是个知书达理、温良恭让的名门闺秀形象。杜宝夫妇为了给女儿最好的教育，聘请了陈最良为家庭老师。杜丽娘奉命来到厅堂拜见老师。未闻其声，只见她脚步轻移，款步走来，显得那样有礼有节，让人喜欢这一形象,引领着观众对她命运的关注度。

8. 蒲柳之姿、桃李之教

【用典】第五出《延师》:"学生自愧蒲柳之姿,敢烦桃李之教。"

【注释】a.自愧:自己感到惭愧,自谦语。b.蒲柳之姿:蒲柳一般的资质,自谦语。蒲柳,植物名,因其早凋,常用于比喻柔弱的体质。c.敢烦:哪敢劳烦。d.桃李:称有出息的弟子和所举荐的贤士为桃李。e.教:教育培养。

【典源】见南朝宋刘义庆《世说新语·言语》。晋代顾悦和简文帝同年,但顾头发早白,问其原故,回答说:"蒲柳之姿,望秋而落,松柏之质,凌霜弥茂。"蒲柳,作为早衰的象征。

【解说】这是杜丽娘在拜见先生陈最良时说的自谦语。杜丽娘在行为举止上小心谨慎,轻移脚步来到厅堂;在言语交谈中低调谦虚,尊敬师长不轻狂。杜丽娘能修炼到这个程度,表明杜丽娘确实是个有教养、有素质的好学生。谦虚谨慎,尊老敬贤,是中华民族的传统美德,从杜丽娘的出场表现,观众应有所领悟和启迪。

9. 腹便便

【用典】第六出《怅眺》:"经史腹便便,昼梦人还倦。"

【注释】a.经史:泛指诗书、经纶学问。b.腹便便(pián pián):肚子肥满,挺着个大肚子的样子。c.昼梦:白天瞌睡作梦。

【典源】见《后汉书·边韶传》。东汉边韶字孝先,以文章知名。曾在白天和衣打盹,弟子们就嘲笑他说:"边孝先,腹便便,懒读书,但欲眠。"边韶听后便应声答道:"边为姓,孝为字。腹便便,五经笥。但欲眠,思经事。寐与周公通梦,静与孔子同意。师而可嘲,出何典记?"那些嘲笑他的弟子听后都深感惭愧。后遂用"孝先便腹、腹便便"等作为形容肚子肥满的戏谑之语,亦喻学识丰富、学问满腹之人。

【解说】此为柳梦梅上场时吟唱的两句台词,表明自己有满肚子的学问,是个才华出众的书生，为后面高中状元的剧情做了铺垫。"腹有诗书气自华"（苏轼语），边韶在回击弟子们嘲笑他的答话就有力地证明了这一点。边韶的言下之意就是说满腹学问不是白天打瞌睡就可获得的，而是经过刻苦学习、勤于思考得来的。边韶腹有诗书，自然就理直气壮，让学生佩服。

10. 不患有司之不明，只患文章之不精；不患有司之不公，只患经书之不通

【用典】第六出《怅眺》："先祖昌黎公有云：'不患有司之不明，只患文章之不精；不患有司之不公，只患经书之不通。'"

【注释】a.先祖：即祖先。b.昌黎公：指韩愈，字退之，"唐宋八大家"之一。自谓郡望昌黎，世称韩昌黎。c.不患有司之不明：患，担心；有司，指官吏、主管。明，明察。d.精、公、通：精深，公正，畅晓。

【典源】语典，见韩愈《进学解》："诸生业患不能精，无患有司之不明；业患不能成，无患有司之不公。"意为：读书人只担心学业不能精深，不要担心主管官员不明察；只怕品行不能养成，不必担心主管官员不公正。后多以此语作为勉励学生的名言。

【解说】这是韩秀才在与柳梦梅对话之时引用的韩愈之语，此处略为作了改动，但语意基本不变，更显剧中的人物韩秀才这个书呆子的迂腐可笑。书生韩秀才自称是韩愈的后人，可是连先祖的话语都记不准确，还讲错了几个词。这是作者有意安排描摹书生的口吻，切合韩秀才的身份，衬托韩秀才的迟钝呆气，活跃剧场气氛，让观众轻松一下心情。韩愈是著名的文学家、教育家，他在《师说》《进学解》等文章中关于教育、修身、学习等方面的哲理名言，至今仍闪耀着先哲智慧的光芒，对我们的读书学习、为人处世有着深刻的教育启迪意义。

11. 书涂嫩鸦

【用典】第七出《闺塾》："女郎行那里应文科判衙？止不过识字儿书涂嫩鸦。"

【注释】a. 女郎行（háng）：女儿家，女儿辈。行，们，辈，用在人称代词之后表示复词。b. 应文科：指应科考。c. 判衙：指坐堂办事。d. 止不过：只不过。e. 书涂嫩鸦：随手乱涂，随便写几个字。涂鸦，指字写得不好，一个个像老乌鸦。

【典源】见明蒋一葵《尧山堂外纪》："卢仝举子名添丁，其幼喜涂抹诗书，往往令黑，仝戏赋诗曰：'忽来案上翻墨汁，涂抹诗书如老鸦。'"卢仝的小孩喜欢涂抹诗书，卢仝于是作诗形容其涂的墨团像老鸦。后遂用"涂鸦、书涂嫩鸦"等指作文、写字、绘画的拙劣与技巧的不成熟，多用作谦词。

【解说】从陈最良口中唱出这样的台词，并不奇怪。他毕竟是个老学究，迂腐透顶，封建礼教旧有观念"重男轻女""男尊女卑"等仍烙印在他的脑海中。他要求丽娘、春香学习"之乎者也"，又瞧不起女孩，不想让她们有更大的进步，真是太迂腐了。难怪春香会闹学，骂他是个"村老牛、痴老狗，一些趣也不知！"先生的迂腐及对女孩的轻蔑，也是促使杜丽娘青春觉醒的因素之一。

12. 囊萤、趁月亮、悬梁、刺股

【用典】第七出《闺塾》："古人读书有囊萤的，趁月亮的……悬梁、刺股呢？"

【注释】囊萤的、趁月亮的、悬梁、刺股：分别指四个古人因家贫而刻苦读书的故事。

【典源】"囊萤"典亦称"囊萤照读"，典见《晋书》：晋代车胤好学不倦，因家贫无钱买灯油来晚上读书，于是把捉来的几十只萤火虫装进白沙布袋中，吊在书本上方，借着微弱的光线来读书。"趁月亮"典见《南史》：南齐的江泌好学，少年时家贫点不起灯，于是在晚上手握书卷到房顶上趁着月亮读书。"悬梁"典见《汉书》：汉代孙敬好学，夜晚读书有倦意时，以绳系住头髻悬于屋梁，以防止瞌睡。"刺股"典见《战国策》：战国时，苏秦发奋读书，倦而欲睡时，就用锥自刺其股。

【解说】陈最良受聘担任杜丽娘的家庭教师。这几句台词正是他与春香对话时的念白。他所列举的正是四个古人刻苦读书的故事,以此来启发教育自己的学生杜丽娘、春香(陪读)要以古人为榜样刻苦读书。古人读书的刻苦精神可见一斑,家长、先生对学生的良苦用心也一并可见。现今的生活条件、学习环境比古代好多了,学生们无须采用古人读书的那些方法,但刻苦认真的学习精神还是要继承发扬的。书山有路勤为径,学海无涯苦作舟,学子们不能松懈啊。

13. 朱輶引鹿

【用典】第八出《劝农》:"竹宇闻鸠,朱輶引鹿,且留憩甘棠之下。"

【注释】a. 竹宇:竹荫。b. 闻鸠,听到斑鸠、山鸠的叫声。鸠,斑鸠,山鸠一类的鸟。c. 朱輶:车乘两旁的红色车障,指显官的车乘。d. 留憩:留下休息,歇息。e. 甘棠:甘棠树,亦称棠梨。

【典源】见《后汉书·郑弘传》。东汉淮阳太守郑弘下乡劝农,所乘车辆有白鹿跟随在车的两侧担任护卫。有人告诉他:"闻三公车輶画作鹿,明府必为宰相。"这是做宰相的征兆。后遂用"车輶引鹿"作为官运亨通的典故。

【解说】劝农,指古代地方官员在春夏农忙季节时,巡行乡间,督促鼓励农民抓紧农时耕作,这是地方官员理当应尽的职责。这几句唱词就反映了官员下乡的场景。杜宝身为南安太守,下乡劝农,巡视所辖乡邑,民众是欢迎拥戴的。引用"朱輶引鹿"典故,一是表明杜太守能下乡劝农是个勤政为民的好官;二是预示杜宝后来果然升官至宰相的剧情。那种"官也清,吏也清……农歌三两声"的生动场景,正是汤显祖亲民爱民政治理想的体现。

14. 流霞

【用典】第八出《劝农》:"官里醉流霞,风前笑插花,采桑人俊煞。"

【注释】a. 官里醉:官民同乐、同饮、同醉。b. 流霞:传说中的仙酒,这里泛指美酒。c. 插花:插上鲜花,打扮漂亮。d. 俊煞:口语,美极了,高兴死了。俊,美好、快乐。

【典源】见王充《论衡·道虚》:项曼都好道学仙,后随仙人上天,饿了之后就饮一杯流霞,则数日不饥。后来他复回人间,人称"斥仙",即人间仙人。后遂用"流霞酒、流霞、霞液"等指称仙酒、美酒或者用来形容彩霞如酒。

【解说】这几句唱词描写太守下乡劝农时,官民同乐、同庆的热闹场面。展示了杜太守是个勤政爱民、与民同乐的好官形象,为杜太守的日后升迁进行了预热和铺垫。农夫、牧童、采桑农妇、采茶农妇等四批人员依次领酒、插花,表现了官民同乐、同喜、同饮、同醉的乡风民俗。这种种乡风民俗,这幅幅田园风光,也隐隐折射出当年汤显祖"情"治遂昌、勤政爱民、为民所拥的事迹。只可惜这热闹场面,这为政业绩,上级是看不到的。汤显祖的悲叹也由此透出。

15. 扶风帐

【用典】第九出《肃苑》:"老书堂,暂借扶风帐。"

【注释】a. 老书堂:旧的书房,读书的地方。b. 扶风帐:指家塾、学馆、教书。因东汉学者马融是陕西扶风茂陵人,曾设馆教书,故称扶风帐。

【典源】见《后汉书·马融传》:马融,字季长,扶风人。"才高博洽,为世通儒,教养诸生,常有千数……常坐高堂,施绛纱帐,前授生徒,后列女乐,弟子以次相传,鲜有人入其室者。"马融学识高深渊博,常在高堂上设置红色帐帷,为生徒讲授。后遂用"绛帐、扶风帐"等指师长设立讲座,传授生徒,多含尊崇称美之意。

【解说】这两句唱词为陈最良所吟唱。坐馆教书叫设帐。陈最良受聘为杜宝府上的家庭教师,在府内的旧书堂里设帐教书,所教学生是杜丽娘和春香(作为陪读)。陈最良兴致勃勃地来到书堂,开始履行教书育人的职责,一副颇为得意的神态于此可见。唱词衬托了陈最良这位老学究的人物性格,丰富了剧中的人物形象,让观众有更多的欣赏余地。

16. 良辰美景,赏心乐事

【用典】第十出《惊梦》:"良辰美景奈何天,赏心乐事谁家院?"

【注释】a. 良辰美景:良好的时辰,美丽的景色。辰:时节。b. 奈何天:无可奈何地过着愁闷无聊、伤心抑郁的生活。天：生活、日子。c.赏心乐事：使内心喜悦快乐安逸的事。赏心：心情舒畅。乐事：快乐的事情。d.谁家院：还成个什么院落。谁家：哪家，什么啥子。

【典源】见南朝宋谢灵运《拟魏太子邺中集诗序》："天下良辰、美景、赏心、乐事，四者难并。"良辰、美景、赏心、乐事被古人称为四美，往往连称。

【解说】这两句为杜丽娘在游览花园后观景伤情所发出的阵阵哀怨：美好的时辰，优美的景色，奈何天公总是吝藏；欢愉的心情，快乐的事物，又是谁家院落的景象？言下之意就是美丽的景色被关闭无人欣赏，自己的后花园无人收拾，还成什么院落，还有什么赏心乐事。这就表达了杜丽娘由欣喜到失望再到哀怨，直至无限惆怅的复杂心情，哀叹之中隐隐地透出杜丽娘的一种人性自我觉醒。这两句成为刻画人物复杂心理的妙句。

17.南柯一梦

【用典】第十出《惊梦》："忽值母亲来到，唤醒将来，我一身冷汗，只是南柯一梦。"

【注释】a.忽值：忽然间正好碰到。b.南柯一梦：唐代传奇故事。南柯：指梦境，比喻梦幻。

【典源】见唐李公佐《南柯太守传》：淳一棼喜欢喝酒，一日在门南大槐树下喝醉，梦入一大槐安国，被招为驸马，又出任南柯太守，历尽人间的荣华富贵与穷通得失。醒来后发现庭前槐树下和槐树南枝下各有一个蚁穴，原来这就是梦中的大槐安国和南柯郡。后来遂用"南柯一梦、南柯太守、槐安国"等喻指梦境或慨叹人生如梦、富贵权势的虚无飘渺。

【解说】这是杜丽娘内心独白的几句台词。杜丽娘游玩后花园后回房休息，做了一个梦，梦中与柳梦梅幽会。梦醒后，杜丽娘有大段独白，复述梦中情思。杜丽娘渴望自由爱情，但又不敢公开表达，仍有父母的威严及训诫，封建礼教不时地在约束着她，梦醒后才会吓得一身冷汗，原来仅是一场梦。这就再次见证了杜丽娘的无限惆怅，吸引观众关注她的命运变化以及结局。

18. 千头木奴

【用典】第十三出《诀谒》："家徒四壁求杨意，树少千头愧木奴。"

【注释】a.家徒四壁：家中仅有四面墙壁，形容家境贫困，一无所有，一贫如洗。b.求杨意：求人推荐。杨意，汉代蜀人，由于杨意的介绍推荐，司马相如才为汉武帝所知，并得到赏识重用。c.树少千头：果树稀少，难以维持生计。d.木奴：以橘为奴。

【典源】见《三国志·吴志·孙休传》三国吴丹阳太守李衡晚年曾派人种柑橘千株。临死前他对儿子说："汝母恶吾治家，故穷如是。然吾州里有千头木奴，不责汝衣食，岁日一匹绢，亦可足用耳。"李衡呼橘为奴，畜橘养家，以后赖以生活，衣食不用愁了。后遂用"千头木奴、橘奴"等作为橘的代称或指能维持生计的些许家产。

【解说】这两句诗的意思是：家里贫困只好外出求人找工作，家产无有，果树稀少恐怕难以维持生计。柳梦梅的念白，符合实情。他虽是个饱学名儒，然家里贫困仍是个穷秀才。他再也不能坐吃山空，为了生计，应外出求人引荐找工作，博取功名。这就表明柳梦梅具有不甘藏身荒圃，死守果园，而要外出游访求取功名的志气和决心。柳梦梅走出岭南的命运又将如何，悬念设置，将观众带入剧情中，引人入胜。

19. 株守

【用典】第十三出《诀谒》："自株守，教怨谁？让荒园，你存济！"

【注释】a.自株守：自己等在那里不想办法。b.株守：即守株待兔。比喻死守家园，不知变通。c.存济：过活，度日。

【典源】见《韩非子·五蠹》："宋人有耕田者，田中有株兔走，触柱折颈而死。因释其耒而守株，冀复得兔，兔不可复得，而身为宋国笑。"正在种田的宋人有一次拣到一只触树桩而死的兔子，便放下农活守候在树桩边，等待再发生拣兔的事。后遂用"守株待兔、株守"等比喻墨守成规、不知变通或坐以待成、妄想不通过主观努力而得到意外收获。

【解说】这几句唱词为柳梦梅所吟唱,表达了他由不思进取到醒悟想改变现状的一种心态。"自株守,教怨谁?"感叹自己心存侥幸,虚度时光,怨不得别人。"让荒园,你存济",自己准备外出谋取功名,托付交代郭园公好生照看果园、过日子。对自己的不良行为能反思后悔并加以改正,踏实干事,一定会有好的前程。柳梦梅正在一步步走向成功之路,让观众试目以待。

20. 远山

【用典】第十四出《写真》:"断肠春色在眉弯,倩谁临远山。"

【注释】a. 断肠春色在眉弯:指伤春的悲哀怨情都表现在眉宇间。眉弯,指眉宇。b. 倩谁临远山:请谁来画眉毛。倩,请。临远山,画眉毛。远山,形容女子秀丽的眉毛或指女子眉毛的一种式样。

【典源】见晋葛洪《西京杂记·卷三》:"文君姣好,眉色如望远山,脸际常若芙蓉,肌肤柔滑如脂。"卓文君美貌,双眉如远山隐隐。后遂以"远山眉、远山"等形容女子秀丽的眉毛,也借指美女。

【解说】这是侍女春香的念白,上承"梦残"一语,渲染杜丽娘为景而伤感的心绪和哀怨的情态。意为:杜丽娘那带着忧伤的美艳都表现在动人的眉弯上,不知道要请哪位丹青妙手才能描绘她那远山般的秀眉。"倩谁临远山"句还暗暗地含有同情杜丽娘青春无偶之意。知杜丽娘者春香也,只有她才能真正揣摩出小姐的心思,不愧是小姐的贴心侍女、知己丫环。观众由此可捕捉到剧情的发展和杜丽娘的悲喜命运。

21. 金屋藏娇

【用典】第十四出《写真》:"则怕呵,把俺年深色浅,当了个金屋藏娇。"

【注释】a. 则怕:真是担心。b. 年深色浅:随着岁月的推移,画的色彩会褪得浅淡模糊。c. 当了个:口语,应了个。d. 金屋藏娇:是个古语。金屋,华美的房屋。娇,美丽的女子。让自己心爱的女子住在金屋里。

【典源】见汉代班固《汉武政事》:在汉武帝刘彻小时候,有一次其姑母长公主抱着他坐在膝盖上,问他要不要老婆,并指着自己的女儿说:"阿娇好不?"刘彻笑着回答说:"好!若得阿娇作妇,当建造金屋贮之也。"汉武帝小时候很喜爱表妹阿娇,说如能得到阿娇作妇,要用黄金做屋让她住。阿娇,即后来的陈皇后,失宠后移居于长门宫。后用"金屋藏娇"表女子得宠或写新娶娇妻美妾极得宠爱,或谓妻妾失宠而禁于深宫幽室。

【解说】这是杜丽娘的自诉语。她由心喜转为心焦,担心随着年龄的增大,自己会年老色衰,虚度了青春年华,不由得哀叹道:只怕这自画像藏得年久日深,颜色消褪,真应了个"金屋藏娇"的古语。言为心声,表明杜丽娘有着青春的萌动与觉醒,有着对美好爱情的向往与追求。杜丽娘为此在不断地抗争,不断地努力。

22. 弄玉吹箫

【用典】第十八出《诊祟》:"不闻弄玉吹箫去,又见嫦娥窃药来。"

【注释】a. 弄玉吹箫:弄玉在神话中传为春秋时秦穆公的女儿,她与丈夫都很会吹箫,后来引来凤凰,并随之飞天为仙。b. 嫦娥窃药:嫦娥在神话中传为后羿之妻,后羿从西王母处得到不死之药,嫦娥偷吃后遂奔月宫,成为月的精灵。

【典源】见汉代刘向《列仙传》:"萧史者,秦穆公时人也,善吹箫,能致孔雀、白鹤于庭。穆公有女,字弄玉,好之,公遂以为妻焉。日教弄玉作凤鸣,居数年,吹似凤声,凤凰来止其屋。公为作凤台,夫妇止其上。不下数年,一旦,弄玉乘凤,萧史乘龙升天而去。"弄玉在善于吹箫的丈夫调教之下,吹似凤声,夫妻均随凤龙飞升成仙。后遂用两典均可指喻女子求仙、成仙升天之事。

【解说】这是石道姑来给杜丽娘看病念的两句上场诗。杜丽娘游园之后惊梦,相思成病。陈最良和石道姑先后来为杜丽娘治病。这两句上场诗所引之典故,一是喻指陈最良、石道姑都懂得点医道,都很关心杜丽娘的病情,悬壶济世,医者仁心,反映了人物性格的另一面;二是喻指杜丽娘将由生至死、死后还魂、成鬼成仙、回来团圆,预告了后面的剧情。

23. 孟母三迁

【用典】第二十出《闹殇》："他背熟的班姬《四诫》从头学，不要得孟母三迁把气淘。"

【注释】a. 班姬《四诫》：东汉班超，字惠姬，作有《女诫》七篇，明代通行的是四篇，故云"四戒"，并作为封建社会妇女的读物。b. 孟母三迁：孟子的母亲为选择良好的教养环境三次迁居。

【典源】见汉代刘向《列女传·邹孟轲母传》或汉赵岐《孟子题词》："孟子生有淑质，幼被慈母三迁之教。"孟母为教育好幼小的孟子，让孟子能有一个好的学习和成长环境，曾为选择环境搬家三次，终于把孟子培养成为一代大儒。后遂以"孟母择邻、孟母三迁、三移教子"等写慈母希望子女成才，选择良好的学习环境，教育有方。

【解说】"孟母三迁"形容母亲教育子女的苦心，实为颂扬母教之词。杜丽娘病死，老夫人杜母最为伤心痛哭，回想起往年培养教育小姐的情景过程更是悲痛欲绝。出自老夫人之口的这几句唱词就是对这个过程的倾诉，也表明了她们母女情深，后面的剧情发展亦说明了这一点。近朱者赤，近墨者黑，环境对一个人的学习是很重要的因素。孟母的见识做法，老夫人培养教育女儿的良苦用心值得借鉴。

24. 海上槎

【用典】第二十一出《谒遇》："一杯酒酸寒奋发，则愿你呵，宝气冲天海上槎。"

【注释】a. 酸寒奋发：去掉寒酸气，杯酒壮胆，努力奋行。酸寒，即寒酸，指穷苦读书人。b. 宝气冲天：运气很好，光彩四射。c. 海上槎（chá）：神话传说。形容努力向上爬，做官。槎：木筏。

【典源】见晋张华《博物志·卷三》：传说天河与海相通，"近世有人居海者，年年八月有浮槎，去来不失期。人有奇志，立飞阁于槎上，多赍（jī）粮，乘槎而去。"海边的人见年年八月海上木筏按期往来，便带粮乘筏，泛游至天河，见到了牛郎织女。后遂用"乘槎、海上槎、仙槎"等写出使或远行所乘之船只，也指游仙、升天所乘的仙舟。

【解说】柳梦梅来到澳门多宝寺，拜谒钦差大人苗舜宾，得到赏识，并由苗大人资助了赴京的路费。在送别柳梦梅北上的酒席上，苗大人吟唱了这几句台词，对柳梦梅寄予厚望，既勉励又祝福。可见苗大人是个识才、爱才、重才的官员，送上几句祝福才子好运的话，亦在情理之中，也为后面的剧情中苗大人以主考官的身份再次出现埋下伏笔。

25. 尾生抱柱题桥

【用典】第二十二出《旅寄》："尾生抱柱正题桥，做倒地文星佳兆。"

【注释】a. 尾生抱柱：传说故事。b. 正题桥：传说故事。c. 倒地文星：跌倒在地，好像文曲星踢斗倒地。文星（或奎星）都是主文运的星宿，在科举时代又附会为神，改奎星为魁星，并就魁字取象，在庙里的形象是鬼形跷起一脚踢斗，似倒地状，所以文星又叫倒地文星。d. 佳兆：好兆头。

【典源】"尾生抱柱"典见《庄子·盗跖》："尾生与女子期于梁下，女子不来，水至不去，抱梁柱而死。"尾生和女子相约在桥下相会，女子失约，河水上涨，尾生便抱着桥柱，直至被水淹死。后因以"尾生抱柱"喻指人坚守信约，忠诚不渝。"题桥"典见晋常璩《华阳国志·蜀志》：汉代司马相如离蜀赴长安，曾在成都升仙柱上题句曰："不乘赤车驷马，不过汝下也。"发誓不得显贵，不回家乡。后遂用"题桥、题桥柱"等喻指立志求取功名富贵。

【解说】尾生坚守信约，司马相如志于功名荣显，陈最良在唱词中连用这两个典故，鼓励柳梦梅"权将息度岁而行"，战胜困难，调养身体，下定决心，求取功名。暗示了后面的剧情发展，柳梦梅果然高中状元，夫荣妻贵，有个圆满结局。

26. 董狐落款

【用典】第二十三出《冥判》："真乃是鬼董狐落了款,《春秋传》某年某月某日下,崩薨葬卒大注脚。"

【注释】a. 董狐：春秋时鲁国的史官,以秉笔直书著称。这里是判官自指。b. 落了款：署上名。c. 春秋传：即《春秋》,五经之一,我国最早的编年体史书,相传为孔子据鲁史修订而成。d. 崩薨葬卒：自周代始,称人的死亡有等卑之分。《礼记·典礼下》："天子死曰崩,诸侯曰薨,大夫曰卒,士曰不禄,庶人曰死。"唐代则三品以上称薨（hōng）,五品以上称卒,六品以下至庶民称死。e. 大注脚：注解、说明,这里指各色人等死亡的身份、日期。

【典源】见《左传·宣公二年》：春秋时,晋国将军赵穿袭杀晋灵公于桃园。身为晋国的正卿赵盾（赵穿之族兄）对此事怀有私心,没有认真管控。史官董狐认为赵盾应负一定责任,便在史策上记载说："赵盾弑其君。"后来孔子称赞说："董狐古之良史也,书法不隐。"后遂以"董狐直笔、董狐落款"等称颂史官刚正不阿、直书不隐的精神。

【解说】这几句唱词出自判官之口。判官,传说是阴司中阎王属下掌管生死簿的官,拥有生杀大权。判官出场,自称是鬼董狐,赞颂晋国史官董狐的秉笔直书,刚正不阿的精神,其实也是判官自夸,也会像董狐那样做一个正直公道秉公断案的好判官。他在查明杜丽娘之死的真实情况后,对杜丽娘的痴情深表同情,毅然放她回生,成全人间一桩美事。判官表面狰狞,内心善良,是个可圈可点的人物。

27. 望梅止渴

【用典】第二十六出《玩真》："小生待画饼充饥,小姐似望梅止渴。"

【注释】a. 画饼充饥：画个饼子来解饿,比喻有名无实无补于事。b. 望梅止渴：想起吃酸味的梅子就会流口水而止渴。比喻愿望无法实现,可望而不可得到,只好用想象或虚物的东西来自慰。

【典源】见南朝宋刘义庆《世说新语·假谲》：魏军口渴而不能行走,曹操诡称前有梅林，使士兵想到梅酸的味道，皆口齿生津，暂缓干渴，得以前行。后遂用"望梅止渴、梅林止渴"等比喻以空想安慰自己。

【解说】《玩真》这出基本上是小生柳梦梅的独角戏。这几句亦为柳梦梅赏玩杜丽娘画像时吟唱的几句唱词，表达了柳梦梅对杜丽娘的爱慕思念之情。柳梦梅拾得画像，如获至宝，将杜丽娘的画像挂展开来，每日早晚玩之、叫之、释之、赞之，期盼美女能从画像中走下来。然而这只不过是有名无实，聊以用画像自慰而已。画像中的杜丽娘手指青梅以及"不在梅边在柳边"的题词，同样是虚幻空想。戏中表现的书生呆气、美女空想，真是脱然活现，精彩传神。

28. 鼓盆歌

【用典】第三十三出《秘议》："秀才，既是你妻，鼓盆歌庐墓三年礼。"

【注释】a.鼓盆歌：指丧妻。庄子妻死，他没有哭泣，只是鼓盆而歌，这是庄子哀悼亡妻的一种方式。b.庐墓三年礼：指住在墓旁守墓三年之礼。这个礼是为父母孝用的，对妻子不用。

【典源】见《庄子·至乐》：庄子妻死，他的朋友惠施前去吊丧，看到庄子在敲击瓦盆唱歌，就责备庄子不近人情。庄子说："人死是复归，人的生死变化如同四季运行一样，人家已静静地安息于大自然中，而我还在啼哭，这岂不是更不通情理吗？"惠施亦无话可说。后遂以"鼓盆歌、鼓盆悲"代称丧妻之哀。

【解说】这是石道姑说的调侃语。庄子从道家观点出发，认为人死是复归，故在妻子死时击瓦器而歌，以表丧妻之哀。这种哀悼方式是庄子对生死所持的达观态度。"庐墓三年礼"，这个礼仪对妻子是不用的。石道姑故意这样说带有与柳梦梅开玩笑的口吻，也是再次测试柳梦梅的爱杜态度：是否真爱，是否真悲。为后面剧情的展开留下了伸缩的空间。

29. 如烟入抱

【用典】第三十六出《婚走》："尚疑猜，怕如烟入抱，似影投怀。"

【注释】a.尚疑猜：尚，正在，疑猜，怀疑猜测；正在怀疑猜测。b.如烟入抱、似影投怀：投入怀抱时像一股青烟不见了，似一个黑影消逝了。

【典源】见晋干宝《搜神记·卷十六》：吴王夫差的小女紫玉与韩重相爱，因吴王不同意他们成婚，小玉气结而死。但小玉的鬼魂仍与韩重相爱，并赠以径寸明珠。吴王怀疑韩重盗墓挖坟，玉魂自往向吴王表白澄清。"夫人闻之，出而抱之，玉如烟然。"吴夫人想去抱女儿小玉时，小玉就化成一股青烟散开不见了。后遂以"如烟入抱"喻指人鬼相恋的故事。

【解说】这几句唱词为石道姑与杜丽娘共唱。柳梦梅与起死回生的杜丽娘完婚之后即乘船出走赴淮安。石道姑为照顾杜丽娘，便一同随往。人鬼相恋相爱的故事早已有之，唱词中所引的故事即为一例。杜丽娘与柳梦梅相爱的故事亦有人鬼相恋的成分，其结局如何令人莫测，吸引着观众非看下去不可，关注着主人公的命运。

30. 朱衣点头

【用典】第四十一出《耽试》："且当青镜明开眼，惟愿朱衣暗点头。"

【注释】a.青镜明开眼：明亮的镜子高悬公堂，喻指官吏明察秋毫，执法公正严明。b.惟愿：但愿，只是希望。c.朱衣暗点头：即朱衣点头，指文章获选，科举录取中选。

【典源】见宋·赵令畤《侯鲭录》："欧阳修知贡举日，每过考试卷，坐后尝觉一朱衣人时复点头，然后其文入格……尝有句云：'唯愿朱衣一点头。'"欧阳修主持贡院举试，每次批阅试卷时，觉身后有朱衣人时复点头，凡朱衣人点头的都是合格的文章。后遂用"朱衣点头、朱衣点额"等指科举中选或被考官看中。

【解说】欧阳修是"唐宋八大家"之一，他在担任主考官期间曾留诗云"惟愿朱衣一点头"。这个"朱衣点头"的典故就落在欧阳修的身上。柳梦梅获准补考，递上试卷，但能否选中，心里并不踏实。他吟唱的这二句下场诗，正体现了他应试后的心理活动：但愿苗大人这个主考官能像欧阳修那样明镜开眼，慧眼识才，将我文章点为合格予以录取。对明代的科举考试，汤显祖走过近20年的科考之路，深有体会。期盼考试公平，录取公正，古今学子亦然。

31. 燕幕

【用典】第四十二出《移镇》："夫主挈兵符，也相从燕幙栖迟。"

【注释】a. 夫主挈兵符：丈夫掌管带兵打仗的兵权指杜宝担任镇守淮安的安抚使。b. 相从：跟随，随同。c. 燕幙栖迟：燕幙，即燕幕，燕子在帐幕上筑巢；栖迟，指游息、居留。此句比喻处境十分危险。

【典源】见《左传·襄公二十九年》：春秋时卫国的孙林父（即孙文子），因得罪国君受贬。国丧之日，他还在家里击钟奏乐，吴公子季礼好心劝诫他说："你得罪了国君，住在这里如同燕把巢筑于帐幕之上，随时都有危险；现在正遇国丧，怎能还寻欢作乐自招杀身之祸呢？"后遂以"燕巢于幕"比喻处境极端危险。

【解说】这句唱词出自老夫人杜母之口，老夫人时刻牵挂领兵在外的丈夫杜宝的生命安全。引用此典喻指丈夫处境危险。李全袭淮，城池告急，杜宝受命于危难之际，奉旨移镇淮安。他们夫妻俩生死与共，相濡以沫，经过战乱流离，互相牵挂担忧对方安危，乃人之常情。这同样为后面剧情的展开做了铺垫。

32. 白云亲舍

【用典】第四十四出《急难》："白云亲舍，俺孤影旧梅梢。"

【注释】a. 亲：指父母双亲。b. 舍：居住。白云亲舍：白云之下是父母居住的地方，喻指客居异乡。c. 孤影：离开双亲一个人。d. 梅梢：梢，末端，末尾。倚立在梅树下遥望双亲的居住地。

【典源】见《新唐书·狄仁杰传》："仁杰赴并州，登太行山，南望见白云狐飞，谓左右曰：'吾亲所居，在此云下。'瞻望伫立久之，云移乃行。"狄仁杰离开家乡到并州去做官。他登上了太行山，南望白云，对身边的人说：我的父母就居住在白云的下边。后遂用"白云亲舍、白云所处、白云孤飞"等作为游子思念父母之辞。

【解说】这是杜丽娘的唱词,表达了杜丽娘思念双亲的孝道之情。回生后的杜丽娘听说淮扬战事,担心父母安危,于是要柳梦梅前往淮扬打探父母消息。夫妻俩依依惜别。丽娘在唱词中引用"白云亲舍",怀念双亲的心情油然而生。也再一次见证了杜丽娘曾受过良好的家庭教育,才有孝敬思念父母之举动。孝顺父母的传统美德不可丢。

33. 腰缠十万

【用典】第四十五出《寇间》:"要腰缠十万,教学千年,方才满贯。"

【注释】a. 全句意为:要腰缠十万贯,得教书千年,方才凑得满这个数。b. 贯:银贯,旧时大约一千枚铜钱串为一贯。腰缠万贯,形容某人极其富有,随身携带的钱财很多。

【典源】见南朝梁殷芸《小说》:"有客相从,各言所志,或愿为扬州刺史,或愿多赀财,或愿骑鹤上升。其一人曰:'腰缠十万贯,骑鹤上扬州。'"几个人在一起各言其志,有的想做高官,有的想发财,有的想骑鹤上天成仙。其中一人想发财、成仙、当官三者兼得。

【解说】此为陈最良这位教书先生上场时的一句唱词,是说教师收入微薄,要达到腰缠十万贯,得教一千年书。这句台词出自陈最良之口,看似随便说出,实则含义深刻,亦有含告诫人不要过分贪欲、想占尽好处的寓意。一个人立志不要好高骛远,要想升官、发财、成仙三者兼得绝非易事。过分贪欲终究会摔跟斗,还是踏踏实实做事、老老实实为人的好。

34. 范蠡载西施

【用典】第四十七出《围释》:"范蠡载西施,五湖在哪里?"

【注释】a. 范蠡(lǐ):春秋时越国的大夫。b. 西施:美女。c. 范蠡载西施:越灭吴后,范蠡载着西施同泛五湖而去。d. 五湖:即太湖,或泛指江湖。

【典源】见《吴越春秋·勾践阴谋外传》:越灭吴,范蠡"乃乘舟出三江,入五湖,人莫知其所适。"越王勾践败于会稽,范蠡进献西施于吴王夫差,使其迷恋忘政，用美人计帮助越王灭吴。灭吴后，范蠡认为越王是个"可与共患难，不可共处乐"的人，于是便易名改姓乘舟载西施泛湖而去。后遂用"范蠡出江湖、范蠡载西施"等写功成身退、避祸远难，或写优闲泛舟、归隐江湖。

【解说】此为李全与其妻杨氏的对话。投金汉将李全，其妻杨氏梨花枪万人无敌，处处威风，李全一切听从妇命。李全奉命率军骚扰淮扬，被杜宝的劝降化解，解除了淮扬之围。李全夫妇商议出路，他们决定学范蠡，避祸远难，入海归隐。范蠡在认识到越王"可与同患，难以处乐"的面目后，于是弃官私隐、变易姓名、载着西施泛游江湖，经商致富。范蠡能看破官场，功成身退，乃高明之极。李全夫妇能学范蠡，激流勇退，亦为明智之举。

35. 珠去复旋

【用典】第四十八出《遇母》："肠断三年，怎坠海明珠去复旋？"

【注释】a. 肠断三年：肠断，即断肠，形容悲伤悲痛。三年，杜丽娘病死已三年。b. 坠海：掉进海里，指丢失。c. 复旋：重新返回。旋：还，返回。

【典源】见《后汉书·孟尝传》：孟尝"迁合浦太守，郡不产谷实，而海出珠宝，与交址比境，常通商贩，贸籴粮食。先时宰守并多贪秽……珠遂渐徙于交址郡界……尝到官，革易前敝，求民病利。曾未逾岁，去珠复还……称为神明。"广东合浦郡沿海产明珠，因前任太守贪秽无极，珠遂迁移到相邻的交趾郡内。孟尝到任，革敝利民，迁离的明珠又回到合浦界内。后遂用"合浦珠还、珠去复旋"等比喻人去而复还或物失而复得，对其人其物含有称美之意。

【解说】杜老夫人与回生女儿杜丽娘相认后，母女俩连唱带诉，倾吐思念之情，此句即为唱词中的佳句。老夫人痛失女儿三年，现在女儿死而复生，母女相认，既惊奇又激动。舐犊之情溢于言表。母爱是最崇高的爱，杜老夫人与女儿相认的几句唱词真是动人心魄，催人落泪。

36. 一饭千金

【用典】第四十九出《淮泊》："太史公表他，淮安府祭他，甫能勾一饭千金价。"

【注释】a. 太史公表他：太史公，指司马迁；表他，在《史记》中表彰了漂母（洗衣妇女）。b. 淮安府祭他：淮安府立祠祭祀漂母。c. 甫能勾：才能够。勾，即够。

【典源】见《史记·淮阴侯外传》："信钓于城下，诸母漂，有一母见信饥，饭信，竟漂数十日。信喜，谓漂母曰：'吾必有以重报母。'"及韩信帮助刘邦取得天下，封楚王，"信至国，召所从食漂母，赐千金。"韩信年少家贫，曾钓鱼于淮阴水边，受餐于漂母，及其达志以后投千金以为报答。后遂用"一饭千金、千金答漂母"等谓报恩厚重。

【解说】柳梦梅为寻访岳父，一路忍饥挨饿来到淮安，暂息"漂母祠"。柳睹祠生情，吟唱这几句曲辞对漂母表示崇敬，对韩信表示赞赏。有一漂母见韩信饥饿，一连几十天供给他饭吃；后韩信做了楚王封为淮阴侯，送漂母千金以报旧恩。柳梦梅被这个故事所感动。在唱词中引用此典，说明柳梦梅的人品尚可，不是忘恩负义之人，懂得知恩报恩，亦可见他对杜丽娘的真心真爱。滴水之恩当涌泉相报，不忘父母养育之恩，不忘朋友相助之恩，不忘国家培育之恩，是我们每个人应具的美德。报恩的方式有多种，努力工作，好生为人，是最好的报恩。

37. 牛马风

【用典】第五十三出《硬拷》："你岭南，吾蜀中，牛马风遥，甚处里丝萝共？"

【注释】a. 风：一说通"放"，放逸，走失；一说兽类雌雄相诱谓之"风"，牛马不同类，不致相诱。b. 遥：远。c. 丝萝共：菟丝与女萝，均为蔓生植物。共：缠绕在一起，不易分开。d. 此句意为：你是岭南人，我是四川人，相隔遥远，凭什么缔结姻缘？

【典源】牛马风，即风马牛的倒文。见《左传·僖公四年》："四年春，齐侯以诸侯之师侵蔡。蔡溃，遂伐楚。楚子使与师言曰：'君处北海，寡人处南海,唯是风马牛不相及也。'"意思是,齐国征伐楚国,楚国派人对齐军说"你们在极北,我们在极南",齐楚相距很远,即使马牛走失,也不致跑到对方境内。后遂用"风马牛不相及""牛马风"等比喻事物之间毫不相干。

【解说】这是杜丽娘父亲杜宝的几句台词。杜宝位居相位,高高在上。当柳梦梅要认这位岳丈大人时,杜宝傲气固执,坚决不认这位女婿,并将柳梦梅奚落一番。杜宝的这几句台词表明了杜宝是用静止的观点看待事物的变化,是老朽僵化的表现。殊不知,世间事物不是一成不变的。人的情感是很微妙的东西,它没有时空的限制,是能够心心相印的,正所谓"有缘千里来相会""两情若是长久时,又岂在朝朝暮暮"。杜丽娘与柳梦梅的梦中情,不就是如此吗?怎能说杜柳两人的恋情是"风马牛不相及"呢!

38. 燕冢

【用典】第五十四出《闻喜》:"不道燕冢荒斜,再立起鸳鸯舍?"

【注释】a. 燕冢(zhǒng):燕子的坟墓。冢:坟墓。b. 荒斜:荒凉,杂草丛生。c. 再立:重新建一个,立一个。d. 鸳鸯舍:夫妻的居住地,这里指夫妻合葬的墓地。

【典源】见唐李公佐《燕女坟记》:南朝宋代末,娼女姚玉京从良嫁襄州小吏卫敬瑜。卫溺死,玉京守志。有双燕在其家梁上筑巢,后雄燕被鸷(凶猛的鸟)所害。玉京用红线系雌燕足上,秋去春来,年年不断。玉京死后,雌燕哀鸣不停。家人指点玉京坟址,最后雌燕落在玉京坟上,也哀鸣而死。后以"燕冢"喻指重情重义。

【解说】这是春香唱词中的几句,所引典故确实是很感人的。燕子尚且能这样重情重义,那人对情义的追求与执着,理应做得更好。春香是杜丽娘的贴身侍女,知心伴儿,亲如姐妹,有着深厚的主仆情义。杜丽娘从学书、游园、相思、生病到死去回生,再到逃难团圆等,春香一直跟随在旁,生前精心侍候照顾,死后扫坟哀思祭悼,春香对主人的忠诚可谓做到了极致。做人讲忠诚情义,感同身受,会给观众带来一定的启迪与感悟。

39. 影中蛇

【用典】第五十四出《闻喜》:"小姐,你香魂逗出了梦儿蝶,把亲娘肠断了影中蛇。"

【注释】a. 香魂:指杜丽娘的魂魄。b. 逗:逗引,招引。c. 梦儿蝶:指梦境,蝶梦。d. 肠断:形容悲痛之极。e. 影中蛇:杯中有蛇影,误将酒杯中的弓影认为是蛇。

【典源】即成语"杯弓蛇影"。见《晋书·乐广传》:"尝有亲客,久阔不复来,广问其故,答曰:'前在坐,蒙赐酒,方欲饮,见杯中有蛇,意甚恶之,既饮而疾。'于时河南厅事壁上有角弓,漆画作蛇,广意杯中蛇即角影也。复置酒于前处,谓客曰:'杯中复有所见不?'答曰:'所见如初。'广乃告其所以,客豁然意解,沉疴顿愈。"意为客人在喝酒时,见杯中有蛇影,惊吓成病;后来主人告诉他,那是壁上挂着弓的影子,客人明白了真相,解除了疑虑,病就好了。后称因幻觉引起疑虑恐惧为"杯弓蛇影",形容怀疑多端,自相惊扰。

【解说】这是杜丽娘的贴身侍女春香所唱的几句曲词。春香陪同还魂后的杜丽娘去寻找爹娘。一路上主仆两人随意交谈。春香告诉小姐,杜母因思女心切,日夜愁思,受到惊吓而疑神疑鬼。这就把老夫人胆小恐惧的形象表现出来,帮助观众理解剧中人物的性格特征。"杯弓蛇影"这个成语告诉人们,在任何事情面前,要不急不躁,不惊不怕,不疑虑不猜忌,而要坦然面对,泰然处之,否则就是心疑多虑,担惊受怕,自相惊扰,杯弓蛇影,造成身心的伤害了。

40. 东窗事发

【用典】第五十五出《圆驾》:"一到阴司……只一对七八寸长指抠儿,轻轻的把那撇道儿掐,长舌揸。(末)为甚?(旦)听的是东窗事发。"

【注释】a. 阴司:阴间,地狱。b. 长指抠儿:指弯曲的长指甲。抠,环状物。c. 撇道儿:此指嗓子。d. 掐:扼,掐住。e. 揸:把手指伸张开。f. 发:暴露。

【典源】"东窗事发"是宋元间流行的传说故事。见明代田汝成《西湖游览志余》卷四。传说秦桧与妻王氏在东窗下密谋定计杀害岳飞。秦桧死后受谴责,在地狱里受苦。他于阴曹托人告诉王氏说,东窗下的密谋暴露了。后将"东窗事发"或"东窗事犯"比喻密谋暴露,罪案发作,将被惩治。

【解说】陈最良被授予奏事黄门之职,这是他与还魂后的杜丽娘对话中杜丽娘所回答的几句台词。在两人的对话中,杜丽娘介绍了自己在地狱中的所见所闻,特别着重介绍了秦桧夫妇在地狱里所受到的惩罚情况:秦桧紫荆肝被"剁作三花",秦妇人被剥去"凤冠霞帔,赤体精光"。秦桧夫妇坏事做尽,在阳间密谋害死岳飞,在阴司受酷刑惩罚,真是罪有应得的下场。恶有恶报,善有善报,做坏事的人一定会受到天怒人怨,钉在历史的耻辱柱上,遗臭万年。无论是为官还是为民,都应该慈悲为怀,积善积德,不可害人。秦桧夫妇的可悲下场就是最好的警示。

41. 照胆镜

【用典】第五十五出《圆驾》:"朕闻人行有影,鬼形怕镜。定时台上,有秦朝照胆镜。"

【注释】a. 朕闻:我听说。朕:皇上自称。b. 人行有影:人在行走时会留下影子。c. 鬼形怕镜:鬼怪害怕镜子照出它们的原形。d. 秦朝照胆镜:秦咸阳宫中有方镜,可以照见人的内胆,故称照胆镜。

【典源】见晋代葛洪《西京杂记·卷三》:秦始皇宫里有一方镜能照见人的五脏六腑,鉴别人心的邪正。"女子有邪心,则胆张心动,秦始皇常以照宫人,胆张心动者则杀之。"后遂以"秦镜、方镜、照胆镜"等指明镜,能分辨是非,鉴别善恶。

【解说】柳梦梅高中状元与丽娘家人团聚,但杜宝仍不承认女婿、女儿的婚事,结果闹到金殿之上,由皇上亲自裁定。这几句台词正是皇上在裁定时的念白,皇上提出用照胆镜来辨别杜丽娘身份的真伪。结果"镜无改面,委系人身",化解了翁婿之间的矛盾误会。圣旨下,终于完婚团圆,有情人终成眷属,皆大欢喜。至情真爱的言情主旨得到高扬,剧情圆满结束。

试论《牡丹亭》的逆向思维创作手法

赵 勤

摘 要 《牡丹亭》是经典不朽的戏曲艺术作品。几百年来，人们从主题、人物、艺术方法、作者、历史文化背景等方面对《牡丹亭》进行研究。笔者在反复地分析、比较中，发现《牡丹亭》的成功，与作者运用了"逆向思维创作手法"分不开。在过去的研究中，研究者缺乏从"逆向思维"这个角度去分析、探讨《牡丹亭》。因此本文力图从"逆向思维"这个角度，对《牡丹亭》在塑造杜丽娘形象及其创作思想"至情论"等方面进行分析论证，从而说明汤显祖运用"逆向思维"创作手法是《牡丹亭》重要的成功因素之一。

关键词 《牡丹亭》；逆向思维；创作手法；杜丽娘；至情论

汤显祖（1550—1616），字义仍，号海若。江西临川人。汤显祖"一峰独秀"，为明代最杰出的戏曲家。"临川四梦"，"得意处唯在《牡丹》"[①]。

《牡丹亭》千古绝唱！她一问世，"家传户诵，几令《西厢》减价"[②]，此"贵妃"一出，"六宫粉黛无颜色"。

浪漫主义是《牡丹亭》成功不可或缺的因素，作品借助浪漫主义的翅膀塑造了一个不按封建道德标准行动，以情抗理，虽柔弱无助，而直面现实、穿越

[①] 郭预衡主编：《中国文学史·第四册》，上海古籍出版社1998年7月第1版，第156页。

[②] 袁行霈主编：《中国文学史·第四卷》，高等教育出版社1999年8月第1版，第143页。

生死、永不放弃的杜丽娘形象；同时作品中的浪漫主义把"至情论"理论推演到了一个高峰。殊不知，《牡丹亭》浪漫主义离不开逆向思维创作手法，正是《牡丹亭》运用了相反相成的逆向思维的构思，才塑造了绝无仅有的杜丽娘的形象，才使浪漫主义在《牡丹亭》中大放异彩。

一、逆向思维特征

逆向思维，"就是把事情颠倒过来，朝相反的方向和角度，从相反的方面或因素去思考问题或提出解决办法的一种思路。"[①] 逆向思维有悖于人们传统习惯性思维方式，巧妙地从相反或相对立的角度，也即对立统一的角度去思考问题，给人新的启迪和感受。

逆向思维广泛运用于社会的各个领域。在文学艺术实践的创作中运用"逆向思维"，对塑造人物、创造意境、深化主题、超越现实而激起浪漫主义浪花，都有意想不到的效果。逆向思维的创作常常能出奇制胜，给人以无限遐想，从而达到"有无之相生"之境。

汤显祖非常娴熟地运用了相反相成的逆向思维的创作方法，使《牡丹亭》站在了那个时代的戏曲之巅。

二、《牡丹亭》逆向思维的运用

（一）"至弱"到"至强"逆向变化下的杜丽娘

《牡丹亭》因创造杜丽娘形象而不同凡响。杜丽娘最显著的性格特征是追求

---

① 苏富忠：《思维科学》，黑龙江人民出版社2002年版，第93页。

理想爱情、追求自由平等，反对封建礼教。而且杜丽娘为了人性的理想，舍生忘死，有着"出生入死""入死出生"惊天动地的变化。

这些变化，就是因为作者在塑造杜丽娘形象时，从多角度、多方面大胆地运用了逆向思维的创作手法。

1. 人物个性与社会环境的逆向差距

杜丽娘追求爱情的个性，与封建礼教的压抑，逆向而矛盾。

自然、人和社会是个密不可分的结合体。人们的行为必须遵循自然规律、社会规律；社会的法律制度、规矩准绳也必须符合人性特征、符合社会发展规律。如此，三者的平衡，才能产生一个和谐社会；反之，人与自然、人与社会就会矛盾丛生，逆向而冲突。

人物个性与社会环境的逆向差距，也许是把美好撕碎，但在戏曲中创作中却能帮助作者成功塑造人物形象，杜丽娘就是逆向思维下不可多得的一例。

在中国封建礼制社会，在男尊女卑的社会背景下，女性的附属地位使她们的内心愿望不被重视。因此，在当时社会的各个角落、各个阶层，也许表面风平浪静，而暗藏汹涌波涛。

戏曲中的杜丽娘虽然生活在宋代，但反映的是明代的社会现实。明代统治阶级大力推崇程朱理学，皇帝和皇后亲自编写《女戒》之类的书来提倡"女德"，极力表彰妇女贞节。据《明史·列女传序》记载，当时妇女因节烈殉死而"著于实录及郡邑志者，不下万余人"。在如此背景下，"父母之命，媒妁之言"成了社会"铁的纪律"。所以当时青年男女没有任何交往的自由，更不要说自由恋爱。因此，《牡丹亭》的社会背景严重压抑了人的自然天性。"顺则昌，逆则亡"，这是封建社会普遍的法则。在封建礼教的重压之下，大有顺从者。而杜丽娘就是那个时代的"异类"，她敢于追求、敢于叛逆。所以她与社会碰撞之后，必定有璀璨的火花而陨落。作者就是在这逆向的矛盾之间捕捉到了戏剧的效果。

在杜丽娘身上，可以看到封建礼教对人性的扼杀。杜丽娘从懵懂未知的小女孩到情窦初开的少女的重要人生阶段,几乎幽闭在"杜府"中,甚至16岁的杜丽娘竟然没有到过自家的后花园。当她第一次在后花园看到百花争艳,莺燕起舞之景,她就意识到自己爱好天然的个性,"可知我常一生儿爱好是天然"①。所以,杜丽娘一旦发现大自然的美,就全身心融入到这美景中。"[皂罗袍]原来姹紫嫣红开遍,似这般都付与断井颓垣。良辰美景奈何天,赏心乐事谁家院! 朝飞暮卷,云霞翠轩,雨丝风片,烟波画船——锦屏人忒看的这韶光贱!"②杜丽娘16年的年华,大门不出,辜负了好春光! 也叫她好不悲伤! 由赏花而人性复苏,这就是杜丽娘不同于其他女子的地方,也是她能够叛逆封建礼教的基础。

扼杀人性的封建势力是强大的。首先这股势力不是来自别人,而是杜丽娘身边最亲的亲人,是她的父母、是她的师傅。其次,是站在杜丽娘父母、师傅背后的无形的社会力量。这些势力掌控了"弱势群体"的杜丽娘,甚至掌控了杜丽娘衣食住行的细枝末节。就是午睡这样的日常小事,杜丽娘之父杜宝都觉得应该监视在其眼皮底下。因为杜宝怕杜丽娘白天睡觉必定是晚上胡思乱想。所以,杜宝知道了杜丽娘午睡后,觉得不能容忍,"(外)适问春香,你白日眠睡,是何道理? 假如刺绣余闲,有架上图书,可以寓目,他日到人家,知书知礼,父母光辉,这都是你娘亲失教也。"③并责备夫人,"你才说'长向花阴课女工',却纵容女孩儿闲眠,是何家教?"④

这看起来是为了教育杜丽娘,但实际上是为了维护封建社会秩序、维护封建礼教的道德标准。更重要的是这样的道德标准能够让杜丽娘嫁"到人家,知书知礼,父母光辉",才能延续、维护"杜府"的利益和尊严。因为身为"太守"和"将军"的杜宝,本身就是封建社会秩序、封建礼教的既得利益者。

杜宝不光自己严格按照礼教来约束着杜丽娘,还请来陈最良做女儿的师傅,

---

① 汤显祖:《牡丹亭·第十出惊梦》,人民文学出版社1963年第1版,第43页。
② 同上。
③ 汤显祖:《牡丹亭·第三出训女》,人民文学出版社1963年第1版,第8页。
④ 同上。

为封建礼教、为自己再修筑一道防线。陈最良是个典型身受封建制度毒害的秀才。他考了十五次,还是没有改变秀才的身份。陈最良读书有限,走不出《四书》《五经》和八股文的范围。所以他不能理解抒发爱情的《关雎》,只能从宣扬"后妃之德"、"宜室宜家"、"有风有化"的与封建礼教制度相称的伦理道德常识方面解释《关雎》。

所以,杜丽娘的父母、师傅就是当时社会环境的构筑者、就是封建礼教的缩影、就是封建礼教的卫道士。

因此,在塑造杜丽娘性格特征时,作者运用了逆向思维手法,把两个逆向差距很大的因素放在一起,一方面是杜丽娘热爱自然、追求理想的爱情、追求自由的个性;一方面是封建礼教对人性的压抑,两个极端的逆向差距却相反相成,突出了杜丽娘叛逆封建礼教、挣脱封建道德枷锁的个性特征。

2."有"与"无"的逆向矛盾

在杜丽娘"死而复生"之前,她追求爱情是内心的"有",而杜丽娘四顾茫然,没有爱情对象。这个剧情无疑设置了"有"与"无"的逆向矛盾。

杜丽娘是个活生生的"二八"女子,她向往的爱情也是鲜活可触摸的情感。但爱情是双方的,那"学富五车"的才子或"玉树临风"的富家子弟在哪里?没有!剧中的杜丽娘从一生下来,她只见过两位男人,一位是可敬可畏的父亲,一位是腐儒气息的师傅。杜丽娘是个有着与崔莺莺相同的家庭背景、有着与崔莺莺相同追求理想爱情的女子。但崔莺莺有个实实在在的张生在等待,而杜丽娘只有一个梦中与柳梦梅的邂逅;崔莺莺总还是有与张生接触的机会,总还是有红娘的帮助;而杜丽娘只能拥有一个梦,即使春香想帮忙,也使不上劲。如果没有杜丽娘出生入死、起死回生的柳暗花明,她永远可能停留在第十二出的"寻梦"之中并叹息着,"咳,寻来寻去,都不见了。牡丹亭,芍药阑,怎生这般凄凉冷落,杳无人迹?好不伤心也!"

崔莺莺与张生是面对面,是"有"对"有";而杜丽娘是面对梦中的柳梦梅,是"有"对"无"。把人物置身于"有"对"无"逆向矛盾中去塑造人物,是汤显祖对杜丽娘这一形象的独具匠心。

作者在"有"对"无"逆向巨大反差中去表现杜丽娘对爱情的渴望，同时也是对封建礼教扼杀人性、扼杀爱情的有力批判。也为后面杜丽娘出生入死，入死回生奠定了基础。

3. "至弱"到"至强"逆向性格变化

"至弱"、"至强"是两个逆向能量。如果说，杜丽娘是个传统的女性，逆来顺受，接受父母之命、媒妁之言，那么这个形象毫无光彩可言；杜丽娘形象的价值在于突破传统，在于对人性、对爱情逐渐的觉醒。而这个过程，就是她"至弱"到"至强"的逆向性格变化过程。

杜丽娘刚出现在舞台上是"至弱"性格特征。她没有人生自由，在十几年的人生中，就是在杜府中度过的，甚至连自家的后花园，她也不知道、也没有踏进一步。杜丽娘严格按照父母对她的要求去打造自己，她能逐一记诵《四书》，"男、女《四书》，他都成诵了"。[①]作为掌上明珠的独生女儿，她对父母无比孝顺；作为女学生，她对老师十分尊敬，一见面就提出要为师母绣双寿鞋，"（旦）敢问师母尊年？（末）目下平头六十。（旦）学生待绣对鞋儿上寿，请个样儿。"[②]此时的杜丽娘一切顺从父母、顺从师傅、顺从社会，并按照礼教来规范自己。她此时是没有了自己、"弱"化了自己。这是因为杜丽娘不知道杜府门外还有阳光明媚的春天、还有伸手可摘的爱情果实。如果她一直这样走下去，杜丽娘会成为"三从四德"的"好女人"。

但杜丽娘是个不以封建礼教思想为自己思想之女性。在《诗经·关雎》启发和游园之后，第一次感受到自己和春天一样美丽，"恰三春好处无人见，不提防沉鱼落雁鸟惊喧，则怕的羞花闭月花愁颤"[③]。但貌美，而没有赏花之人。所以杜丽娘只有叹息，"吾生于宦族，长在名门。年已及笄，不得早成佳配，诚为

[①] 汤显祖：《牡丹亭·第五出延师》，人民文学出版社1963年第1版，第16页。
[②] 汤显祖：《牡丹亭·第七出闺塾》，人民文学出版社1963年第1版，第27页。
[③] 汤显祖：《牡丹亭·第十出惊梦》，人民文学出版社1963年第1版，第43页。

虚度青春，光阴如过隙耳。"①这声叹息，已是对没有自由、不能追求情感现实的不满。这就是她性格"走强"的开始。

杜丽娘要实现自己的理想，有着相当的压力。她没有恋爱对象、没有任何人能够帮助自己走出困境。所以她只能求助于自己，只能借助梦境来实现心愿。在游园中"身子困乏了，且自隐几而眠"②，她在梦中与梦中情人幽会于花园的牡丹亭畔，享受了鱼水之欢。梦醒之后尽管发现这是一场春梦，而这个梦境正是杜丽娘对封建礼教大胆反叛。她敢于逾越家庭、社会给她灌输的思想意识，按照人的本性愿望，去找寻理想。这个梦也是杜丽娘性格"进一步走强"的特征。

杜丽娘是有血有肉之躯，她不可能永远迷恋于虚无的梦幻之中。游园"惊梦"之后，她一直在"寻梦"，"只图旧梦重来，其奈新愁一段。寻思展转，竟夜无眠。"③她带着期望、怀着重温旧梦的心情去寻梦。但她来到牡丹亭畔，已是梦去冷落，"杳无人迹"。无依无靠的杜丽娘几乎绝望。忽然间，杜丽娘看到一棵梅树，"无人之处，忽然大梅树一株，梅子磊磊可爱。"④于是杜丽娘在梅树前倾诉衷肠，[二犯幺令]"偏则他暗香清远，伞儿般盖的周全。他趁这，他趁这春三月红绽雨肥天，叶儿青。偏迸着苦仁儿里撒圆。爱杀这昼阴便，再得到罗浮梦边。罢了，这梅树依依可人，我杜丽娘若死后，得葬于此，幸矣"。⑤寻梦不成，杜丽娘又发出了"更强"的声音，"这般花花草草由人恋，生生死死随人愿，便酸酸楚楚无人怨。待打并香魂一片，阴雨梅天，守的个梅根相见。"⑥这就是杜丽娘，她要的就是遵从人的本性生活，有真实纯真的爱情而不是苟且偷生，为此就是付出生命的代价也在所不惜。

---

① 汤显祖：《牡丹亭·第十出惊梦》，人民文学出版社1963年第1版，第44页。
② 同上。
③ 汤显祖：《牡丹亭·第十二出寻梦》，人民文学出版社1963年第1版，第53页。
④ 同③，第55页。
⑤ 同③，第55页。
⑥ 同③，第55—56页。

但现实无法实现杜丽娘的梦想。火一般的爱情几将耗尽她的生命，在生命的尽头，杜丽娘变得"越来越强大"。她毫不隐瞒地把一切心事告诉春香，并通过写真，把自己的真容留在世间，留给意中人。"说真话"、"留真容"就是杜丽娘向封建礼教留下的宣战书！而杜丽娘的死更是对那个社会、对封建礼教"最强烈"的控诉！这也是《牡丹亭》最有价值的情节。

杜丽娘从"至弱"一步步走向"至强"境界。作者也是通过她由"至弱"到"至强"逆向性格变化，强烈地表现了杜丽娘是用生命反叛封建礼教的人物性格特征。

汤显祖从多个角度用逆向思维创作手法塑造了传奇浪漫的杜丽娘的形象；同样，逆向思维创作手法也把"至情论"诠释得精彩绝伦。

（二）"生"与"死"逆向生命状态下的"至情论"

在《牡丹亭·题辞》中，有一段牵人心魄的文字，"情不知所起，一往而深，生者可以死，死可以生。生而不可与死，死而不可复生者，皆非情之至也。"这就是汤显祖关于"至情论"创作思想的著名文字！

汤显祖借助《牡丹亭》这部戏，把"至情论"淋漓尽致地表现出来。在作品中，作者大胆运用了"生"与"死"两个逆向生命状态形象地表达抽象的"至情论"。

杜丽娘因情而梦，因梦而病，因病而亡，又因情而生。这个角色经历由"生"到"死"，又由"死"到"生"的过程。人间万物从"生"到"死"是自然、真实的现象；但由"死"到"生"的死而复生是不存在的。作者之所以把现实中的"不可能"变为戏剧作品的"可能"，是因为在汤显祖的观点和理论中，把"情"看成具有感天动地、超越生死的力量，他在许多诗文中都肯定了情感的能量。在《耳伯麻姑游诗序》，汤显祖写道，"世总为情，情生诗歌，而行于神。天下之声音笑貌，大小生死，不出乎是。"所谓"情生诗歌"就是肯定了情感对万事万物的推动力。因此，汤显祖把现实中的"不可能"变为戏剧作品的"可能"，是借助《牡丹亭》、借助杜丽娘，尤其是借助"生"与"死"两个逆向生命状态形象地表达"至情论","意在把戏剧中的杜丽娘作为'至情'典范来演绎,以戏剧形式展现其哲学理念。"[①]

同时,作者通过"不可能"转变成"可能",是以"情"来唤醒人们看清封建礼教扼杀人性的本质,以杜丽娘穿梭在"生生死死"的两个逆向生命状态,来呐喊还人间一个正常的人性社会。

《牡丹亭》正是因为"至情论",正是因为"生"、"死"两个逆向生命状态,使《牡丹亭》与其他作家相同题材的作品相比,更耐人寻味、使人深思。譬如,著名的莎士比亚剧作《罗密欧与朱丽叶》,该剧也表达了青年男女以生命抗争现实,追求爱情自由的主题,该剧也描写了"生"、"死"两个逆向生命状态,但莎士比亚只写了真真切切的"生"到"死"的两个空间,所以该剧定格于"把美好的东西撕碎给人看"的现实主义悲剧;而《牡丹亭》跨越了"生"到"死",又由"死"到"生"梦幻而求的两个逆向生命状态,所以是"峰回路转"的浪漫主义悲喜剧,令人喜极而泣之后是更深刻的思考。

《牡丹亭》通过"生生死死"、"出出入入"两个逆向生命状态形象地演绎了"至情论",也为该剧的浪漫主义想象增添了翅膀。

(三)"阴"与"阳"逆向空间结构下的人物和理论

为了更好地塑造杜丽娘的形象和表达"至情论",《牡丹亭》中运用了"阴"与"阳"两个逆向板块的空间结构。

《牡丹亭》结构由三个部分组成。前面两个部分是该剧的核心价值所在。在第一个部分,杜丽娘经历了《闺塾》《惊梦》《寻梦》《写真》等痛苦的情感铺垫后,在《悼殇》因情而死。杜丽娘由"阳"入"阴"的空间;而在第二个部分,柳梦梅、杜丽娘经历了《谒遇》《拾画》《玩真》《冥判》《魂游》《幽媾》《欢挠》《冥誓》等旷古未有的人、鬼相遇、相识、相恋、相爱后,杜丽娘《回生》。杜丽娘由"阴"入"阳"的空间。

---

① 刘松来:《〈牡丹亭〉"至情"主题的历史文化渊源》,《文艺研究》2007年第3期。

文学作品结构是形式，是为主题、人物服务的。

杜丽娘两次变换空间的前后，其性质发生根本变化。第一次是由"阳"入"阴"；第二次是由"阴"入"阳"。第一次是杜丽娘由"柔弱"到"刚强"，付出了生命的代价；第二次是坚定信心、勇往无前、继续斗争而获得重生。所以作为杜丽娘来说，"阴"与"阳"逆向空间是她自身发生重大变化的结构。

而汤显祖表现"至情论"及展示"生天生地生鬼生神，极人物之万途，攒古今之千变"①之状，用"阴"与"阳"两个逆向空间是最形象的结构方式。

综上所述，正是因为汤显祖在《牡丹亭》中恰当运用"逆向思维创作手法"，才使杜丽娘形象在舞台上独具魅力，也使"至情论"哲学在人们心中情有惟牵。

三、《牡丹亭》逆向思维产生的原因

（一）逆向思维是戏剧艺术表现手法之一

戏剧是舞台艺术，时间、空间有限，所以它必须高度集中地反映生活，要求有集中的戏剧情节和激烈的戏剧冲突。戏剧冲突是戏剧艺术的生命，戏剧正是通过它来与观众沟通，攫住观众的感情。也因此，戏剧创作需要艺术手法去表现戏剧冲突。而"逆向思维创作手法"是创造戏剧冲突的手法之一。

逆向思维与习惯思维相对立，它要求打破由习惯或经验形成的心理定势，打破思维的模式化，不苟同于传统观念，从相反的方向去思考、去发现事物的新的特点，反中求正，异中见同，异中求深。体现在戏剧上就是在差异的概念上，使矛盾爆发。如果没有杜丽娘执着遵从人的个性，怎能有她愿意付出生命

---

① 袁行霈主编：《中国文学史·第四卷》，高等教育出版社1999年8月第1版，第130页。

的代价去反对封建礼教的行为；如果没有汤显祖崇尚的"至情论"，怎能有"死而复生"的杜丽娘！"至情论"本身就是突破传统概念的束缚，逆向而行，才创造了《牡丹亭》的卓越！

（二）逆向思维反映了客观现实

社会现实必然影响作者的思维和手法。在明代社会的各个领域，呈现了逆向的社会现象。

明代统治阶层自身的行为与对下层百姓的要求是逆向的，"一方面是上层社会的寻欢作乐、纵欲无度；另一方面是统治阶级对女性的高度防范与严厉禁锢。"[①]

同时当时文化阶层为了反对程朱理学、反对封建礼教，争取人性自由，"一是以情反理"，"二是崇尚个性解放，突破禁欲主义。"[②]

文学艺术是反映客观现实的。现实中从上到下、从精神到现实都是逆向反差，这使得当时社会在社会形态和人们精神方面呈现的不合理和扭曲的现象。这也必定深深影响到作者的创造态度和方式。应该说，汤显祖大量运用逆向思维创作手法，无不打上时代的烙印。

（三）逆向思维是对传统文化的继承

《牡丹亭》运用"逆向思维"创作手法，是汤显祖对传统文化的继承。

"出生在读书世家，汤显祖承袭了四代习文的家风。他5岁就能属对联句。10岁学古文词，对《文选》颇为喜爱。14岁补为诸生，在县学里名列前茅。"[③]在全国性进士科考中，张居正发现了汤显祖的优异，他让汤显祖为自己的儿子陪考。汤显祖婉言拒绝。正是因为如此，他屡考屡败。直到张居正去世后，汤

---

① 袁行霈主编：《中国文学史·第四卷》，高等教育出版社1999年8月第1版，第136页。
② 同上。
③ 同上书，第127页。

显祖才获得第三甲第 211 名的进士。如此的失败反而显示了汤显祖出色的才识。汤显祖在官场上奔走了 15 年，几经沉浮，在 1598 年，他辞官归隐。之后，他创作了《牡丹亭》等著名的戏剧。

汤显祖归隐创作时，已经有很成熟的思想。他是全方位接受了中国传统的儒、道、释等思想，并加以融会贯通。"有无相生，难易相成，长短相形，高下相盈，音声相和"，这是老子《道德经》中著名的逆向哲学。汤显祖对此并不陌生。这些有无、难易、长短、高下、音声相反逆向，但相辅相成。汤显祖在中国文化中，耳濡目染，这些逆向哲学无形就在他身心和作品中生根、发芽、结果。因此，在汤显祖作品中，尤其在《牡丹亭》中，大量运用逆向思维的手法就不足为奇，这就是汤显祖对中国传统文化的继承！

《牡丹亭》精彩绝伦、千载扬名。增之一分则失真，减之一分则失情。而这种恰到好处的分寸，正是因为作者使用了"逆向思维创作"手法，才使《牡丹亭》成功，才使其现实主义与浪漫主义完美地结合，才使观众和历史对杜丽娘和"至情论"永远"一往情深"！

汤显祖与黎川

龚重谟

摘 要 黎川即新城，位于武夷山中段的山间小县。汤显祖没有到过黎川，但他12岁已知这个县有个"杉关"，还有异形怪鸟鸣唱声如洞箫的箫曲峰。这里小河纵横，主流黎滩河是抚河源头之一。小县藏大雅，自古文风昌盛，至明末在抚州府"文章光气，半在新城"。汤显祖的老师是罗汝芳，而罗汝芳的老师是黎川张洵水，黎川张洵水便是汤显祖老师的老师。黎川有汤显祖的同僚与师友。黎川佛教繁盛，有寿昌、福山、妙法三大名寺，汤与寿昌寺无名和尚有交游，并为他作了《五灯会元序》。黎川的山、水、人与汤显祖有着千丝万缕的关系。

关键词 汤显祖；黎川；箫曲峰；黎滩河；张洵水

在汤显祖所处的明代，中国的版图上还没有出现叫作"黎川"的县。而武夷山的中段、日峰山下、黎滩河边有座宋绍兴八年（1138年）前就已存在的古邑，称作"新城"，而这"新城"在民国三年（1914年）全国统一地名后更名为"黎川"。因此，本文所称的黎川即新城；新城即今天的黎川。

我为黎川籍的汤显祖研究者，关注世界文化巨匠汤显祖与黎川的关系是乡情使然。据我研究，汤显祖虽没有去过黎川，然黎川的山、黎川的水、黎川的人与汤显祖有着千丝万缕的关系。

黎川是座山间小县。在我的记忆中，宏村的会仙峰和我出生地——湖坊的仙山是黎川的名山。它们不仅高，"势临武夷俯闽赣"，且山名都带有"仙"字，都流传一段与仙道有关的美丽传说。还有黎川"守护神"之称的日峰山,虽高不过百米,却为黎川人家喻户晓。我现在要介绍的是座富有神奇色彩的箫曲峰。它高过千米,坐落在社苹乡境内,峰峦如聚,怪石嶙峋。传说唐时此峰有一异形怪鸟在峰巅鸣唱,婉转深沉,声如洞箫。箫曲峰得名于此,却鲜为人知。然早在400多年前临川大才子汤显祖便为之而神往,他在《寄建武张洪沙公子游武夷六绝》①诗中,写下了"箫曲峰头惯弄箫"一句。全诗黎川洵口乡《张氏宗谱》卷十也有载,只是诗题中"张洪沙"的后面少了"公子"二字。这是张洪沙去武夷山避暑,汤显祖写给他的抒怀之作。"张洪沙"是明代大司空张槚的长子张应祥,字长卿,号洪沙,汤显祖与之交游。"建武"是南唐在南城设置的"建武军",宋代改为"建昌军",明代改为"建昌府",黎川是其领地。汤显祖用其所在府名代其籍贯。从6首绝句可知,汤显祖虽没有踏上黎川土地,但对黎川的箫曲峰有着向往之情。

黎川"七山一水半分田",山多,关隘多,最著名的是与福建光泽县交界处的"杉关"。杉关是出入闽赣的咽喉之地,自古就是军事要塞。在少年时代,汤显祖曾经历了一场与"杉关"相关的战乱。《汤显祖诗文集》开篇是他12岁时写的一首题为《乱后》的诗。诗序云:"杉关贼大人,破下县,连数千里,守令闭城束手。临川十万户,八九逃散,历二秋而定。"②"杉关贼"指的是从两广征集来抗击倭寇的民兵在冯天爵、袁三等带领下,不去抗倭寇,却在闽清县夺取国库中的军粮发给百姓,博取民心,后发展成一支"虏奸妇女、扣押官员、伪造关防"的危害社会的流寇。这支流寇从杉关攻入黎川、南城、临川。"临川十万户,八九逃散"。汤显祖逃难在外一年多,亲历了这场战乱,记下了战乱给百姓带来的痛苦。

黎川山多河也多,境内有大小河流84宗,主流是黎滩河。黎川的"黎"本是众多之意。"新城"改"黎川"可谓改得"有文化"。圣洁的黎河水,不仅哺

---

① 〔明〕汤显祖:《汤显祖诗文全编》(三),上海古籍出版社2015年版,第1132页。
② 〔明〕汤显祖:《汤显祖诗文全编》(一),上海古籍出版社2015年版,第97页。

育了世世代代的黎川人,还开启了现代"章回小说大家"张恨水文学创作的源头。那是1905年,11岁的张恨水随父赴黎川上任,张恨水说:"在由南昌到新城木船上,发现了一本《残唐演义》,我四叔再读着,指我吸引住了,我接过来看下去,把我吸引引住了。我就开始读小说"①,从此他与章回小说结下不解之缘。您可知道,这黎河水早在400多年前还哺育了世界文化巨匠汤显祖。抚河是抚州人的母亲河。汤显祖是喝抚河水长大的。抚河由临水和汝水交汇而成。文昌里的汤显祖故居就在汝水岸边。汝水上游是盱江,盱江的上游是黎滩河。由黎滩河汇成的抚河水,日日夜夜从其故居前流过,形成"远色入江湖,烟波古临川"的迷人景色。少年时代的汤显祖曾在这条河上荡着船去到浒湾春游;青年时代5次乘船顺流而下,从南昌入赣江再到鄱阳湖,然后从大运河进京参加科考,为人生理想拼搏;上疏遭贬的汤显祖还驾着船顶着逆流而上,从盱江到大余,然后翻过梅岭去岭南徐闻;弃官归临川后,又驾着风帆上溯盱江,陪同达观禅师去从姑山凭吊其先逝的恩师罗汝芳;还是在这条水路,远送来访的达观禅师去南昌,并在行进中的水途中就"情"与"理"的问题与达观"几夜交芦话不眠"。抚河水啊黎滩河,见证了汤显祖坎坷而又多彩的人生!

  黎川是位于赣东的边陲小县,然而小县藏大雅,黎川自古文风昌盛,名儒巨子,彬彬辈出。有人查过地方文献,从宋至清四朝,黎川籍进士有171人之多。黎川历史上的风云人物,有唐末五代年间主政抚州27年刺史,奠定抚州城的危全讽、其侄元德昭(吴越王钱镠,认为"危"不吉利,遂赐姓"元")任吴越丞相二十余年、南宋淳祐七年(1247年)京试夺冠的状元张渊微、乾隆年间继乡试第一名后又高中探花的陈希曾、拔贡出身历任五部尚书的军机大臣陈孚恩、明代三朝直臣张槚,还有北宋思想家李觏等。至明末,黎川文风之盛达到顶峰。汤显祖的弟子、临川陈际泰曾感叹:"近日文章光气,半在新城,予逊谢不遑。"②

---

① 张恨水:《我的写作生涯》,四川人民出版社1981年版,第5页。
② 转引自王思俊《复社与明末清初政治学术流变》,辽宁人民出版社2013年版,第114页。

汤显祖的成才得益于文学老师徐良傅和理学老师罗汝芳为他打下的扎实功底。汤显祖17岁时负笈于从姑山从罗汝芳深造理学。汤显祖对罗汝芳尤其尊崇，曾有言："如明德（罗汝芳）先生者，时在吾心眼中矣。"[1]罗汝芳的老师是黎川张洵水，那黎川人张洵水就是汤显祖老师的老师。罗汝芳15岁"以道学自任"，拜张洵水为师。张洵水老先生"豪爽高迈，且事母克孝"的人品不仅深深影响了罗汝芳，也塑造了汤显祖的高洁品格。黎川洵口的张槚是与汤显祖共同经历了嘉靖、隆庆、万历三朝的大臣，官至南京工部尚书，比汤显祖大17岁，早汤显祖24年中进士。张槚因直言上谏，以致仕途三起三落，是明朝的直节名臣；而汤显祖是弹劾首辅而闻名的弹劾大臣，为此《明史》为他立了传。汤显祖与张槚惺惺相惜，当万历十九年（1591年）汤显祖被贬到徐闻时，张槚已是第三次遭黜回到老家黎川。张槚去世后，汤显祖为他写了《大司空心吾张公年谱序》，将张槚评价为："公为人至性，外顺内健，与人庶几易亲而可从。顾前后遭历，未尝不险以阻。阻而因以通，险而常以夷。"[2]

汤显祖在黎川有同僚、有师友，还有校友邓元锡。邓元锡是县城南津（日峰镇）人，大汤显祖21岁，17岁赴南城从姑山游学于罗汝芳门下。明万历年间，江西理学兴盛，邓以王（阳明）学见著，是明中后期理学家、文学家。《明史》载："自吴与弼后，（邓）元锡、（刘）元卿、（章）潢并蒙荐辟，号江右四君子"[3]他是张槚的表兄，12岁的张槚从邓元锡攻读举子业。

黎川文士中与汤显祖交情最深的是邓渼。邓渼，字远游，比汤显祖小19岁。邓家是黎川的名门望族。邓渼万历二十六年（1598年）中了进士，在任秀水县令时主动登门拜访已弃官并被吏部夺去官阶的汤显祖，从此结成"亦师亦友"的关系。11年后，汤显祖已是"蹭蹬穷老"，风烛残年。邓渼调任云南巡按，上任前再访汤显祖，并在汤家玉茗堂住了半年。他们交情完全不受各自身

---

[1]〔明〕汤显祖：《答管东溟》，《汤显祖诗文全编》（四），上海古籍出版社2015年版，第1727页。

[2]〔明〕汤显祖：《汤显祖诗文全编》（四），上海古籍出版社2015年版，第1450页。

[3]〔清〕张廷玉：《明史·列传》卷171《儒林》。

份、处境的影响,见面后,上下古今,无话不谈,论文说政,推心置腹。他们是真懂得友谊之命脉在于"相须相佑","可以心腹告语"。邓渼还给汤显祖写了《春日述怀寄汤义仍四十韵》五言长诗,描述了汤的坎坷人生与他的交往。邓渼为官,关心民瘼,任人唯贤,清正廉洁,取信于民。汤显祖的文学思想、人格魅力与官德都深刻地影响着邓渼。

　　黎川是佛教文化繁盛之地,寿昌寺、福山寺、妙法寺是黎川三大佛家道场和理学讲堂。汤显祖钟情佛教,在南京为官时,高僧达观收他为方外弟子,并在高座寺为他作了"受记"。汤也精通佛理,30岁在南京国子监读书时就在清凉寺登坛说法。从黎川的地方文献中,我们发现汤显祖与寿昌寺高僧无名和尚有交往。虽然在汤显祖的诗文中不见他与无名和尚交往的书信和诗文,但现存的《寿昌语录》中载有无名和尚答汤显祖的书信一封和诗一首,回信与答诗的题目都是《答汤海若祠部》。无名和尚回信的主要内容是说,为了弘扬佛法,他将宋代编撰的5种记载禅宗历代法师传法机缘的著作《五灯》进行刻印,并请汤显祖作了序文。他将汤的序文视作美玉,对汤在序文中批评"强项魔王,痴心调达,跳出《五灯》之外,不殊一打鼓之弄琵琶"的见解尤其敬佩。该序即为《汤显祖诗文集》中的《五灯会元序》。无名和尚答汤显祖的诗是一首七绝:

　　　　举措施为看起因,了知起处即心明;
　　　　头头总是西来意,法法全彰最上乘。

　　从答诗可知汤显祖写给无名和尚的也是一首七绝,内容是通过佛理,弘扬佛教事业。无名和尚强调要心怀西天佛祖,遵照佛法的宗旨。

　　综上所述,黎川的山、黎川的水、黎川的人与汤显祖有如此分量的关系,作为世界文化巨匠的汤显祖,已属于全世界,更属于临川,也属于黎川!

后 记

《汤显祖研究集刊》是东华理工大学江西戏剧资源研究中心主办的"汤学"学术集刊，致力于展示"汤学"研究的前沿信息和本校研究人员在"汤学"研究领域的最新成果，迄今已经出版三辑，在学界产生一定的影响。

江西戏剧资源研究中心是江西省高校人文社科重点研究基地，中心整合文学、艺术、传播学等学科学术力量，组建了一个学历、年龄结构合理，科研能力强的学术团队。以汤显祖、蒋士铨等明清文人戏曲研究为重心，辐射到傩戏、孟戏、采茶戏、赣剧多个研究领域，出版有"临川地方戏剧研究丛书""汤显祖研究书系"等一系列科研成果，在汤显祖和地方戏曲研究领域逐步形成优势与特色。

本期集刊集中展示了汤显祖与晚明文化思潮、汤显祖戏曲美学、临川四梦的传播、汤显祖文献发掘等方面的研究成果。部分论文曾经在"2016中国·抚州汤显祖剧作展演暨国际高峰学术论坛"上宣读过，有些论文曾经在学术刊物上发表过。感谢作者抬爱，为我们整理"汤学"学术资料的努力提供支持。

2020年，我们将迎来汤显祖诞辰470周年。这本《汤显祖研究集刊》（第三辑）权作我们向汤翁的致礼！

是为记。

编者

2019年12月11日